Lieber Gutmensch!

Eine Abrechnung von links

von Lilith Infidel

Vorwort

Da jeder, der den Begriff „Gutmensch" verwendet, zuweilen von ganzen Herden derselben niedergeschrien und mit dem Vorwurf konfrontiert wird, der Begriff sei schon in dunklen Zeiten deutscher Geschichte verwendet worden, möchte ich zunächst eines deutlich sagen. Im deutschen Sprachgebrauch des Jahres 2016 hat das Wort „Gutmensch" eine ganz spezifische Bedeutung, nämlich die eines selbstgerechten und zutiefst intoleranten Menschen, der im Sinne einer vollkommen übertriebenen Political Correctness versucht, jegliche kritische Stimmen mundtot zu machen, sowohl seine politischen Gegner als auch Andersdenkende aus den eigenen Reihen als rechtsextrem zu diffamieren und dabei oft sehr aggressiv und immer gerne in der Gruppe vorgeht. In dieser – und nur in dieser – Bedeutung verwende ich den Begriff in meinem Buch.

Menschen, die während der Nazizeit als „Gutmenschen" beschimpft wurden, waren keine Gutmenschen im heutigen Sinne, sondern genau das Gegenteil. Sie waren mutige, bewundernswerte Menschen mit einem guten Herz, kompromisslosen ethischen Werten und einem tiefen Gerechtigkeitssinn, der so stark und tief verwurzelt war, dass weder staatliche Propaganda noch gesellschaftlicher Druck ihn ausschalten konnten. Diese Menschen wussten, wie wichtig und wertvoll Meinungsfreiheit, Pressefreiheit und eine öffentliche Diskussion mit unterschiedlichen Meinungen sind, und sie wären die letzten gewesen, die versuchen, kritische Menschen einzuschüchtern und deren Würde zu verletzen. Davon abgesehen bedeutet die Tatsache, dass das Naziregime bestimmte Worte benutzte, natürlich nicht, dass es diese Begriffe gepachtet hat, und vor allem nicht, dass sich die Bedeutung eines Begriffs nicht verändern kann.

Ob die Gutmenschen von heute, die so gerne auf diese überholte Bedeutung verweisen, sich selbst den mutigen Menschen von damals für ebenbürtig halten? Gehen sie möglicherweise schulterklopfend und arrogant ganz selbstverständlich davon aus, sie wären die „Gutmenschen" von damals gewesen? Falls sie das tun, liegen sie meiner Meinung nach falsch. Genau wie die Gutmenschen von heute, gab es auch damals Leute, die sich in blindem Gehorsam der bequemsten Meinung unterwarfen, Andersdenkende niederschrien und diffamierten, für die der Zweck die Mittel heiligte und die sich selbst als die besseren Menschen sahen. Aber die wurden nicht Gutmenschen genannt.

Inhalt

Freiheit nur für die Anhänger der Regierung, nur für Mitglieder einer Partei – mögen sie noch so zahlreich sein – ist keine Freiheit.

Freiheit ist immer die Freiheit der Andersdenkenden.

Nicht wegen des Fanatismus der „Gerechtigkeit", sondern weil all das Belebende, Heilsame und Reinigende der politischen Freiheit an diesem Wesen hängt und seine Wirkung versagt, wenn die „Freiheit" zum Privilegium wird.

Rosa Luxemburg

1. Ihr und Wir

Lieber Gutmensch!

Wahrscheinlich bist du schon jetzt von der Anrede empört und hast mich, gemeinsam mit allen anderen, die dich so nennen, in die Kategorie eingeordnet, in welche deiner Meinung nach alle gehören, die nicht ganz so denken wie du, besonders bei den aktuellen und hoch komplexen Themen wie die deutsche und europäische Flüchtlingspolitik, Migration, die Gefahr des Terrors und Islamismus und die Rolle des Islam.

„Alles RassistInnen!" schreist du. Denn du bist ja politisch korrekt.

Das klassische Totschlagargument, wenn du ganz plötzlich echten, fundierten Argumenten gegenüberstehst – unangenehmen Wahrheiten, vor denen du dich so fürchtest, dass du sie niederschreien musst, weil du sie nicht erträgst, weil nicht sein kann, was nicht sein darf.

In deinem Kopf beginnt sich ein Bild von mir zu formen, denn du kannst dir schon denken, was ich für ein Mensch bin. Du kennst mich nicht, aber du siehst mich mit der linken Hand (denn die rechte zeigt bestimmt gerade zum Himmel) vor Häme triefend und Hass und Hetze verbreitend auf die Tastatur einschlagen, nachdem ich mir meine gemeinen und rassistischen Vorurteile auf den entsprechenden Websites von Kopp bis PI habe bestätigen lassen, hinter mir im Regal „White Power"-Literatur, sämtliche Ausgaben von „Mein Kampf" und wohl noch das ein oder andere Pamphlet gegen Chemtrails. Auf dem Tisch ein Aluhut gleich neben meinem Schlagstock, und auf meinem Kopf eine weiße KKK-Maske mit Schlitzen im klassischen Stil, während die auf meinen Fingerknöcheln eintätowierten Buchstaben H-A-S-S rhythmisch zu meinen getippten Hasstiraden auf und nieder hüpfen. Dazu läuft im Hintergrund, etwas rauschig, aber doch noch mitreißend und zu eifrigem Salutieren auffordernd, „Heil dir im Siegerkranz" mit der bekannten Melodie der Hymne unserer angelsächsischen Nachbarn.

Es mag jetzt ein Schock für deine heile, schwarz-weiße Welt sein, in der alles so einfach ist, in der die Guten am Bahnhof klatschen und die Bösen mit lauten „Wir sind das Volk!"-Rufen das vierte Reich heraufbeschwören, aber ich muss dich enttäuschen. In meinem Bücherregal stehen neben meinen geliebten Krimis, spannenden Scifi-Romanen, unvermeidlichen Harry-Potter-Bänden, einigen träumerisch-schönen Büchern von Jane Austen und Theodor Fontane, verschiedenen Werken von Richard Dawkins und Michael Schmidt-Salomon für den gesunden Menschenverstand und nicht zu vergessen leckeren veganen Kochbüchern auch *Das Kapital* von Marx, *Die Frau und der Sozialismus* von August Bebel (findest du bei Wikipedia) und einige andere Glanzlichter der Literatur, die der durchschnittliche Neonazi wohl nicht mal buchstabieren könnte. Also, Bücher, die auch in deinem Regal stehen könnten, wenn du eines hättest. (Sorry, aber das musste sein.) Vielleicht mit Ausnahme verschiedener Ausgaben von Emma, deren vollständige Redaktion ja deiner Ansicht nach dieselbe weiße Kappe trägt wie ich, und einem Buch von Hamed Abdel-Samad. Oje! Zeit für Frauengold!

Ja, ich höre dich schon wieder schreien, bis hierher, lieber Gutmensch. Aber mir ist auch nach Schreien zumute. Ich möchte laut aufschreien, um vor lauter zurückhaltendem Schweigen nicht zu ersticken, um mich nicht diesem lähmenden Gefühl zu ergeben, das einen erfasst, wenn man zu Unrecht mit den schlimmsten Titeln belegt wird. Mit schwerwiegenden Anschuldigungen, die erschrecken und schockieren, die verletzen und einem die Stimme verschlagen, die sich anfühlen wie ein Messer im Rücken aus den eigenen Reihen. Und viele erschrecken so sehr, dass sie schweigen.

Aber ich bin wütend, und ich habe es satt. Ich habe es satt, von dir und deinen Freunden in eine Kategorie gerückt zu werden, in die ich nicht gehöre. Ich habe es satt, dass das jedem passiert, der nicht 100-prozentig eurer Meinung ist oder es wagt, auch nur eine vorsichtige Kritik zu äußern. Und ich habe es verdammt noch mal satt, dass wir auf diese Weise in eine Verteidigungsposition gedrängt werden, statt zu einem offenen Dialog eingeladen zu sein; dass kritische Autorinnen und Autoren, einige mutige Medienschaffende, Politikerinnen und Politiker, Musikerinnen und Musiker und viele mehr, die in der Mitte unserer Gesellschaft oder links davon stehen und vor einer allzu naiven Haltung gegenüber Merkels Flüchtlingspolitik, dem Islamismus oder gar dem Islam warnen, von euch bezichtigt werden, „Hetze" zu betreiben, weil sie laut eurem einfachen Weltbild einfach nur „das Fremde hassen".

Fremdenhass ist immer zu verurteilen, ist furchtbar und sicherlich in unserer Gesellschaft – in jeder Gesellschaft – vorhanden. ABER (und jetzt gut aufpassen, denn das ist das, was ihr nicht versteht) Religionskritik, und diese steht ja bei den Debatten um die Flüchtlingspolitik meist im Vordergrund, ist KEIN Fremdenhass, KEIN Rassismus und NICHT RECHTS. Kritik an Religionen kam traditionell immer aus der Linken, und – bei Gott – sie ist notwendig und überlebenswichtig für unsere westlichen Gesellschaften, in denen wir es uns hart erkämpft haben, dass Frauen und Männer gleichberechtigt sind, dass Menschenrechte und Demokratie über religiösen Geboten stehen und dass, zumindest theoretisch, alle Menschen bei den politischen Entscheidungsprozessen mitbestimmen.

Und wenn Bürgerinnen und Bürger darüber besorgt sind, dass unter den Menschen, die zu uns kommen, auch einige sind, deren Vorstellungen von Menschenrechten, Gleichberechtigung und einer freiheitlichen Demokratie von unseren abweichen oder mit diesen inkompatibel sind, ist das zunächst mal richtig und verständlich. Besorgt zu sein, ist nicht grundsätzlich etwas Schlechtes, im Gegenteil. Ohne besorgte Bürgerinnen und Bürger oder gar „Wutbürger", die laut und mit ordentlich viel Wut im Bauch auf die Straße gegangen sind und ihre Stimme erhoben, würden die Atom- und Kohleindustrien heute den Energiemarkt dominieren, wäre TTIP längst eine abgemachte Sache, gäbe es in Deutschland vermutlich deftige Studiengebühren, läge der Umfang an Waffenlieferungen weit über den heutigen (immer noch beschämenden) Zahlen, hätten die Gewerkschaften eine weit schwächere Verhandlungsposition, wäre es den ehemaligen Heimkindern und Missbrauchsopfern der Kirche noch schwerer gefallen, endlich ein bisschen Gerechtigkeit zu bekommen, wäre Abtreibung vermutlich noch strafbar und Vergewaltigung in der Ehe noch nicht, und auch die Einführung des Frauenwahlrechts nach der Novemberrevolution 1919 hätte wohl noch Jahrzehnte auf sich warten lassen. Öffentlicher Druck und Protest, die laute, wütende Stimme der Bürgerinnen und Bürger (fast hätte ich es gewagt, „des Volkes" zu schreiben) sind wichtige Mittel, um politische Entscheidungsprozesse in Gang zu bringen. Warum ist es also gerade die Sorge oder Wut der Menschen, die Gutmenschen so gern zur Kritik anführen?

Bei der Flüchtlingsfrage und der damit verbundenen Islamkritik sollen wir auf einmal nicht mehr besorgt oder wütend, kritisch oder skeptisch sein, sondern still und gehorsam mit seligem Lächeln die Politik der Regierung bejubeln, denn die da oben wissen schon, was gut für uns ist. Sorry, aber diese kafkaeske Untertanenmentalität liegt nicht in meiner Natur, und sollte auch nicht in eurer liegen.

Viele von euch setzen zwei Dinge voraus. Erstens, Religion sei grundsätzlich etwas Gutes, das den Menschen helfe und ihnen Anleitung und Kraft gäbe. Das würde aber nur dann stimmen, wenn die Lehren der Religionen bessere ethische Grundsätze vermittelten als unsere moderne Gesellschaft. Doch, das musst selbst du zugeben, lieber Gutmensch, dem ist nicht so. Unsere modernen Werte, unsere Menschenrechte und Grundrechte wie das Recht auf Selbstbestimmung, die Gleichberechtigung der Geschlechter, das Recht auf Gründung von Gewerkschaften, das Recht auf Bildung, das Recht auf ein faires Verfahren und Gehör vor Gericht, Gedanken-, Gewissens- und Religionsfreiheit, Presse- und Informationsfreiheit, der Schutz vor Körper- und Prügelstrafen und nicht zuletzt das Recht der freien Rede und Meinungsfreiheit begründen sich nicht aus den Glaubensgrundsätzen der Religionen, sondern mussten gegen den Widerstand organisierter Religionen, in diesem Fall der christlichen Kirchen, erkämpft werden. Und dieser Kampf dauert bis heute an, wenn es um das Beschneiden von Jungen, das grausame Schächten von Tieren, Schwimmunterricht für muslimische Mädchen, Scharia-Gerichte oder auch allzu verständnisvolle Urteile für „Ehrenmörder" geht.

Zweitens geht ihr davon aus, jede Religion sei gleich friedlich. Sehr einfach und sehr politisch korrekt, aber eben auch sehr falsch. Diese Annahme ist genauso naiv und vereinfachend wie die Annahme, alle politischen Parteien vom linken bis zum rechten Rand seien gleichermaßen friedlich und demokratisch und „wollen doch irgendwie alle nur dasselbe".

Natürlich sieht die Realität anders aus. Auch wenn man momentan den Eindruck gewinnen könnte, alle etablierten Parteien seien – wie es der britische Politiker und Talkshow-Moderator George Galloway so elegant bezüglich der Parteienlandschaft im Vereinigten Königreich ausdrückte – Backen vom selben Hinterteil (und wenn ein Hinterteil vier Backen haben könnte, könnte man in vielen Fragen sicherlich auch die Grünen und Linken, ja sogar die Piraten dazuzählen, wenn noch ein fünftes in die Hose passt!), gibt es in unserem Land ein breites politisches Spektrum, und durchaus große Unterschiede. Selbst ein und dieselbe Aussage bietet zuweilen ein riesiges Interpretationsspektrum, abhängig davon, von wem sie stammt. So hat der Satz „Ich möchte, dass wir in diesem Land die Macht übernehmen!" eine völlig andere Bedeutung, je nachdem, ob er aus dem Mund der Herren des gruseligen Dritten Wegs, von Gregor Gysi oder Martin Sonneborn stammt. Ähnlich verhält es sich mit den Religionen, die aufgrund ihrer Entstehung in verschiedenen Ländern und Zeiten noch viel unterschiedlicher sind als Parteien. Deshalb ist es nicht nur falsch, sondern kontraproduktiv, denkfaul und polemisch, eine Religion von vornherein als „friedlich" oder als „kriegerisch" zu betiteln. Um eine Religion zu beurteilen und vielleicht sogar die ketzerische Frage zu stellen, ob sie noch Religion oder schon Sekte ist, kommt man nicht an einer sorgfältigen Lektüre deren „heiliger" Schrift vorbei, und schon gar nicht an einem genauen Blick auf ihren Erfinder, den du im Falle des Islams in eifrigem, vorauseilendem Gehorsam so selbstverständlich „Prophet" nennst.

Wie lächerlich es ist, diese beide Voraussetzungen wie heilige Kühe zu verteidigen, zeigen Beispiele von so manchen grünen oder „linken" PolitikerInnen, die sich in Talkshows in überlegener, süffisanter Selbstgerechtigkeit zurücklehnen und erklären, sie haben den Koran selbst zwar nicht gelesen und wissen nicht sehr viel über Mohammeds Werdegang, aber selbstverständlich sei der Islam eine friedliche Religion und jeder, der das Gegenteil behaupte, müsse sich einfach besser informieren.

Ohhh, die Ironie!!! Auch wenn Vertreter von Islamverbänden rigoros fordern, den IS in Zukunft als „sogenannten islamischen Staat" zu bezeichnen, da die arme, missverstandene Religion von „diesen Verbrechern" so hinterhältig missbraucht werde, fühlt man sich in ein Kabarettprogramm versetzt. Wehrt sich jemand gegen diese Prämisse, und seien es Muslime selbst oder auch Ex-Musliminnen und Ex-Muslime, läuft in euren Köpfen sofort Schema F ab und eine Diskussion ist beendet, bevor sie überhaupt begonnen hat.

Doch wer seid „ihr" eigentlich und wer sind „wir"? Das ist gar nicht so leicht zu beantworten, denn Menschen haben ja viele Facetten. Diesen künstlichen „Wir <-> Ihr"-Gegensatz habt ihr geschaffen, deshalb gehe ich zunächst mal darauf ein. „Ihr", das ist eine bestimmte Gruppe von hauptsächlich „Linken", aber auch aus anderen Teilen des politischen Spektrums, die manche von uns, fast zu liebe- und verständnisvoll, „Gutmenschen" nennen (was viele von euch als Kompliment nehmen, weil sie die Ironie nicht verstehen). Manche von „uns" nennen euch auch „Meinungsfaschisten" oder auch – ebenfalls etwas ironisch gemeint, denn „links" seid ihr nicht, auch wenn ihr euch selbst so begreift – „linksverdreht" oder „Linksfaschisten" (ein Begriff, der extra für euch erfunden werden musste, der aber passt wie die Faust aufs Auge). Oft stammt ihr wohl ursprünglich aus der Linken und seht euch teilweise auch selbst so, habt euch aber von deren Werten so weit entfernt, dass ihr rechts außen wieder ankommt. Im nächsten Kapitel werde ich euch noch etwas genauer unter die Lupe nehmen.

Doch wer sind wir? Wie gesagt, du meinst, die Antwort schon zu kennen. Und, wie gesagt, du liegst falsch, wie bei vielen anderen Fragen. Wir – Das sind „echte" Linke, die die traditionellen Werte der Linken vertreten, die empört und wütend darüber sind, wie ihr die gesamte linke Bewegung von innen spaltet, oder auch Menschen aus der Mitte, die von eurer politisch korrekten Gutmenschelei endlos genervt sind.

Wir – Das sind engagierte Bürgerinnen und Bürger, die sich in vielen anderen Fragen für oder gegen dieselben Dinge einsetzen wie ihr, und die sich selbst auch dann treu bleiben, wenn das politische Klima in eine andere Richtung führt. Wir – Das ist eine bunte Mischung von Menschen aus allen möglichen Teilen der Gesellschaft, von FeministInnen, AtheistInnen, AgnostikerInnen bis zu SozialdemokratInnen, TTIP-GegnerInnen, AntifaschistInnen, AtomkraftgegnerInnen, TierschützerInnen, LehrerInnen, GewerkschaftlerInnen, KomödiantInnen, Medienschaffenden, KabarettistInnen und SatirikerInnen, und ein kleiner Rest aufrechter (nein, auch das ist kein rechter Begriff) Grüner. Menschen, die es sich in dieser verrückten und verwirrenden Zeit erlauben, selbstständig zu denken, zu hinterfragen, Probleme beim Namen zu nennen und eben auch, Religionen zu kritisieren. Menschen, die verstehen, dass Religionskritik wichtig und notwendig ist und auch bedeutet, für die Werte und Grundsätze des 21. Jahrhunderts einzutreten. Menschen, die genauso viel Angst vor Neonazis haben wie ihr, die ebenso besorgt (hier dürfen wir es wieder sein) über die Angriffe auf Asylbewerberheime sind, und die oft genug gegen rechts auf die Straße gegangen sind, während ihr oft genug Seite an Seite mit rechtsextremen Salafisten und anderen Islamisten marschiert, um gemeinsam gegen harmlose Islamkritiker in den Krieg zu ziehen – das ad absurdum der Political Correctness. Höchste Zeit für eine klare Ansage und Zeit, Dinge beim Namen zu nennen.

Bis hierher und nicht weiter. Es reicht!

2. Homo Gutmenschus non-sapiens

Also, lieber Gutmensch, wenn ich dir schon aus lauter Ärger und zur Beruhigung meiner armen Nerven ein ganzes Buch widme, sollte ich wohl zunächst mal die Frage erörtern, was ein Gutmensch überhaupt ist. Der Begriff in seiner heutigen Bedeutung ist ja noch relativ neu (siehe Vorwort), taucht aber immerhin schon seit 2003 im Duden auf. In der öffentlichen Diskussion wird er heute hauptsächlich für Menschen verwendet, die der Flüchtlingspolitik allzu naiv und optimistisch gegenüberstehen, sich selbst gerne als besonders hilfsbereit, weltoffen und „multikulti" sehen und sich Andersdenkenden gegenüber oft extrem intolerant, feindselig und selbstgerecht verhalten. Sind Gutmenschen, die manchmal sogar auf die Bezeichnung stolz sind, automatisch gute Menschen? Nein. Natürlich ist der Begriff ironisch gemeint und ist wahrhaftig kein Kompliment, was die folgende Definition unterstreicht:

Gutmensch: [naiver] Mensch, der sich in einer als unkritisch,

übertrieben, nervtötend o.ä. empfundenen Weise im Sinne der

Political Correctness verhält, sich für die Political Correctness einsetzt

(Duden)

(Nervtötend – das kannst du laut sagen, lieber Duden-Redakteur!)

Deshalb ist der Gegensatz zum Gutmenschen auch keineswegs der „Schlechtmensch", sondern ein tatsächlich guter Mensch, der selbstständig und kritisch denkt, sich selbst eine Meinung bildet, anderen aus gutem Herzen und nicht aus Geltungssucht hilft und seine Mitmenschen auch dann respektiert, wenn sie eine andere Meinung vertreten.

Gutmenschen gibt es in vielerlei Variationen, aber eins haben sie alle gemeinsam. Sie wollen als gute Menschen dastehen. Sie wollen ihre Stimme erheben, wo es alle hören, damit jeder sieht, was für gute Menschen sie sind. Gutes tun von mir aus, aber möglichst publikumswirksam und gnadenlos politisch korrekt. Dabei weigern sie sich vehement, auf Argumente der Gegenseite einzugehen, geschweige denn darüber nachzudenken. Oft sind sie extrem und ausschließlich gefühlsgesteuert und weigern sich, das Pro und Contra der aktuellen Flüchtlingspolitik und anderer Fragen rational und objektiv zu betrachten, und ihre eigenen auf Emotionen basierenden Vermutungen einem Faktencheck zu unterziehen.

Doch bevor meine Abrechnung mit den Gutmenschen losgeht, möchte ich fairerweise die Zielobjekte meiner Kritik genau abgrenzen. Eine Gruppe, über die ich zwar oft verständnislos den Kopf schüttle, die aber hoffentlich noch lernfähig ist, sind die noch nicht ausgewachsenen Exemplare des Homo Gutmenschus non-sapiens oder auch Gutmenschwelpen. Diese Kids und Jugendlichen lieben es, sich zu engagieren und wollen die Welt verbessern, wodurch sie sich leicht von ausgewachsenen Gutmenschen beeindrucken lassen. Da ihre Fähigkeit der sachlichen, objektiven Betrachtung politischer Zusammenhänge noch nicht ganz ausgereift ist, haben sie oft gar keine andere Chance, als auf den Gutmenschzug aufzuspringen und geraten ganz schnell unter die Gleise, wenn irgendwann ihre eigene Kritikfähigkeit die Weichen neu stellt.

Ich habe übrigens den Eindruck, dass die Alterspyramide der Gutmenschen im Vergleich zur übrigen Bevölkerung auf dem Kopf steht, d. h. viele von ihnen sind noch sehr jung, oft noch minderjährig, gehen noch zur Schule oder haben gerade ihre Ausbildung angefangen, sind schnell empört, laut und wollen sich engagieren. Engagement braucht ein Objekt, also etwas, für das oder gegen das man sich engagiert. Rassismus bietet sich immer an, denn es macht die Person, die sich dagegen einsetzt, scheinbar zu einem guten Menschen, der sich zurecht auch gut fühlen kann. Bei den noch nicht ausgewachsenen Gutmenschen ist allerdings oft nicht genügend Lebenserfahrung vorhanden, um echten Rassismus (der absolut zu verurteilen ist und gegen den wir uns wehren müssen, um unsere Demokratie zu schützen) von

Meinungsäußerungen zu unterscheiden, die zwar kritisch sein mögen, aber weit davon entfernt sind, rechts, intolerant oder gar rassistisch zu sein. Den minderjährigen Gutmenschen kann man das nachsehen, sie wissen es noch nicht besser und lassen sich leicht von ihren ausgewachsenen Glaubensbrüdern und -schwestern verblenden. Voller Sturm und Drang wollen sie sich einbringen, Ungerechtigkeit, Leid und Gleichgültigkeit bekämpfen und eine bessere Welt schaffen, und das soll in dem Alter, und möglichst noch lange danach, ja auch so sein. Als brave, stets meinungskonforme Gutmenschen erreichen sie zwar genau das Gegenteil, aber sie sind ja noch jung und lernfähig, und genießen daher Welpenschutz. Deshalb will ich mit meiner Zurechtweisung auch keine Jugendlichen angreifen, ob sich diese bei Demonstrationen, als eifriges Parteimitglied der Grünen, Jusos oder Linken oder auch mit feurigem Einsatz bei der Antifa engagieren, irgendwann lernen sie hoffentlich von selbst dazu. (Auch wenn sie ganz schön ärgerlich sind, die kleinen Kläffer!)

Ebenso wenig richtet sich meine Kritik an Menschen, die tatsächlich einfach nur anderen Menschen in Not helfen möchten; die den Flüchtlingen und Migranten am Bahnhof das Gefühl geben, willkommen zu sein; die Teddybären an verängstigte, erschöpfte Kinder verteilen; die ihren Kleiderschrank durchstöbern und warme Jacken, Decken und Pullover spenden; die ehrenamtlich Sprachunterricht geben; die die Flüchtlinge bei Behördengängen begleiten, um sich durch den Bürokratie-Dschungel zu kämpfen, an dem mancher Deutscher schon verzweifelt, oder die sich auf andere Weise aus einem guten Herzen heraus engagieren – und ohne die die Flüchtlingspolitik der Bundesregierung gar nicht möglich wäre.

Denn die Umsetzung der selbstherrlichen Versprechungen und fanatischen Durchhalteparolen aus Berlin steht und fällt mit dem freiwilligen Engagement von Helferinnen und Helfern, die keine Stimme bei den Entscheidungen der deutschen und europäischen Politik hatten, und die jetzt einfach anpacken, weil Menschen frieren, traumatisiert und überfordert sind, Angst haben und Hilfe brauchen. Kein Wunder also, dass die Regierung die öffentliche Meinung eifrig mit Drama und Emotionen und dem Verschleiern unangenehmer Tatsachen manipuliert, um den Strom der Freiwilligen stets am Fließen zu halten und im wahrsten Sinn des Wortes Meinung und Stimmung, gar Laune macht. Von daher wäre der Slogan „Wir schaffen das" wesentlich glaubwürdiger, wenn Merkel, Altmaier, Gabriel oder Maas auch nur ein einziges Mal selbst in einer Aufnahmeeinrichtung mit angepackt hätten. Doch für diese niedrigen Arbeiten ist das Fußvolk da. Viele dieser Helferinnen und Helfer haben schon bei anderen politisch brisanten Themen gegen den Weg der Merkel-Regierung protestiert – etwa bei TTIP, den Forderungen nach einer direkteren Demokratie mit Volksabstimmungen und mehr Möglichkeiten der Einflussnahme seitens der Bürgerinnen und Bürger, oder auch bei der NSA-Abhöraffaire. Auch bei diesen Fragen war es übrigens nur allzu deutlich, wie antidemokratisch und gefährlich eine große Koalition für unseren Rechtsstaat ist. Gegen den Willen der Bürgerinnen und Bürger, und bei diesen Themen immerhin noch gegen den Widerstand der Grünen, Linken und Piraten, stand für die Merkel-Regierung mit ihrem absolutistischen Führungsanspruch nicht die Vertretung des Volkes im Vordergrund – falls das überhaupt eine Rolle spielte – sondern die Interessen der Wirtschaft, der Großkonzerne und Banken, der mächtigen Lobbys und der US-Regierung, vor der die Bundesregierung in unserem Namen immer wieder auf peinlichste Weise auf die Knie fällt. Nimmt man solchen Menschen, für die Macht und Geld bei ihren Entscheidungen eine so große Rolle spielen, ihr so laienspieltheatergeübtes, zur Schau gestelltes Mitgefühl mit den Flüchtlingen noch ab? Ich hoffe nicht. Ich würde sogar sagen, wer tatsächlich glaubt, „unsere" Kanzlerin handle aus Gerechtigkeitssinn, Hilfsbereitschaft und Sorge um die Schwachen, muss schon ein ausgewachsener Gutmensch sein. Doch auch und gerade diejenigen, die das nicht tun, packen mit an, um die Suppe auszulöffeln, die uns die Damen und Herren in ihrem abgeschirmten Berliner Elfenbeinturm eingebrockt haben.

Diese engagierten Menschen, die die vollmundigen, leeren Versprechen der Regierung mit Inhalt füllen und Hilfe leisten, weil sie nötig ist, sind nach meiner Definition keine Gutmenschen, sondern einfach gute Menschen.

Meine Kritik richtet sich daher an ausgewachsene Gutmenschen, die es besser wissen könnten, wenn sie sich die Zeit nehmen würden, über komplizierte politische und religiöse Zusammenhänge nachzudenken und sich aus ihrer peinlichen Profilierungssucht zu befreien. Bei einem Gutmenschen, der diese Beschimpfung verdient hat, kommt meiner Ansicht nach in den meisten Fällen ein mehr oder weniger aggressives, ausgrenzendes und zutiefst intolerantes, respektloses Element dazu.

Im Gegensatz zum guten Menschen, der aus einem guten Herzen heraus hilft, steckt im Gutmenschen eine gute Portion Selbstherrlichkeit, Verachtung für Andere und Unsicherheit, die er auf seine Umwelt projiziert. Es geht ihm in erster Linie nicht darum zu helfen, sondern sich gut dabei zu fühlen und vor anderen als guter Mensch dazustehen. Zu diesem Zweck muss er – um sich selbst zu erhöhen – Andersdenkende klein machen und ihren Charakter diffamieren. Dies wurde leider wieder einmal nach den furchtbaren Terroranschlägen am 22. März 2016 am Flughafen und im EU-Viertel in Brüssel deutlich, besonders bei der Berichterstattung in den Öffentlich-Rechtlichen, von den berichtenden JournalistInnen und KommentatorInnen bis zu den in den hektisch einberufenen Talkrunden eingeladenen Gästen. Noch am Tag der Anschläge versuchten medienschaffende Gutmenschen, jegliche kritische Stimmen zu diffamieren, die es auch nur wagten, den religiösen Hintergrund der Täter vorsichtig als einen der möglichen Gründe zu erwähnen. Im Kommentar der Tagesthemen hieß es gar, diese warnend von einem Zusammenhang sprechenden Menschen „betreiben das Geschäft der Attentäter, Muslime an den Rand zu drängen". Von „Hetze", „Hass" und „Schuldzuweisungen" waren die Rede, gar von „volksverhetzenden" Angriffen auf eine Minderheit und von „Rassismus" und „Islamophobie". Fast schien es, als seien diese religionskritischen Stimmen und nicht die Terroranschläge das eigentliche Problem.

Der typische Gutmensch kann es nicht ertragen, dass andere Meinungen als seine eigene respektiert werden und ordnet in seiner schwarz-weißen Welt, die er doch immer so bunt haben möchte, Menschen in wenige, deutlich voneinander abgegrenzte

Kategorien ein. Seine Logik ist kalt, unbarmherzig und berechnend, und er rechtfertigt seinen Mangel an Respekt gegenüber jenen Mitmenschen, die nicht seiner Meinung sind, mit deren angeblich schlechtem Charakter. Wie jeder andere Bully, der eine andere Gruppe diskriminiert, muss er diese Gruppe zunächst diffamieren, zu geringeren Menschen, zu „Rechten" oder „Nazis" machen, um diese, seiner Ansicht nach wertloseren Menschen, diskriminieren, diffamieren und diskreditieren zu können, ohne sich selbst dabei in Grund und Boden zu schämen. Er wähnt sich hoch moralisch und tanzt wie in Trance mit zuckenden Bewegungen, hysterisch in die Hände klatschend und wie eine Droge sein Mantra wiederholend, um das goldene Kalb der Political Correctness.

Da es sich oft um zutiefst verunsicherte, oft unfassbar naive Menschen handelt, greifen sie gern zu einfachen Antworten und Lösungen und weisen der Political Correctness eine höhere Bedeutung zu als einem aufrichtigen Dialog. Daher sind sie beileibe nicht die Alternative zu den Rechten, die alles Fremde hassen, sondern einfach die andere Seite der Medaille. Ohne ihre wertvolle Zeit für eigene Recherche, Nachdenken über die Argumente der Gegenseite oder gar Zweifel am eigenen Standpunkt zu verschwenden, haben sie ihre Meinung einfach schon mal vorbereitet und lieben bedingungslos alles „Fremde", ob es sich dabei um Menschen aus anderen Ländern, Gläubige verschiedener Religionen und überhaupt alle menschlichen Wesen handelt. Das hört sich auf den ersten Blick gut und aufgeschlossen an (und dieser erste Blick ist ihnen wichtig), ist aber auf den zweiten Blick sehr oberflächlich. Übertriebene, bedingungslose Fremdenliebe, wie auch Frauenrechtlerin und Emma-Herausgeberin Alice Schwarzer dieses Phänomen bezeichnet, ist sicher sympathischer als Fremdenhass, aber genauso kurz gedacht, und zwar aus zwei Gründen. Erstens werden Probleme, die mit der Kultur und Religion von Menschen zusammenhängen, einfach ignoriert und somit Lösungen von vornherein erschwert oder verhindert, wie ich später noch ausführen werde. Zweitens bedeutet bedingungslose Fremdenliebe bzw. grenzenlose Toleranz gegenüber einer fremden Kultur auch, Dinge hinzunehmen, die unseren Werten und ethischen Grundsätzen widersprechen und die wir bei „Unseresgleichen" nicht akzeptieren würden. Damit werden die uns fremden Menschen nach einem anderen Maßstab beurteilt, und ihnen so auch die Chance verwehrt, diese „Ihr-und-Wir"-Grenze zu überwinden und sich in unsere Gesellschaft zu integrieren. Diese Art der Ausgrenzung und Doppelmoral wird in Bezug auf den Islam besonders deutlich und bedeutet letztendlich, dass an westliche nicht-muslimische Menschen höhere, strengere Maßstäbe der Menschlichkeit gestellt werden als an Musliminnen und Muslime – ein Phänomen, das ich im Kapitel 8 (Die unheilige Allianz zwischen „Linken" und Islamisten) noch näher ausführen werde.

Der Autor zahlreicher religionskritischer Bücher Richard Dawkins spricht in diesem Zusammenhang von der Engstirnigkeit und Borniertheit seitens übertoleranter „Linker", die sich in herablassenden Äußerungen zeigt:

> *Die schrecklichen Dinge, die in der islamischen Welt getan werden –*
> *natürlich nicht von allen Muslimen, bei weitem nicht – aber die*
> *schrecklichen Dinge, die Homosexuellen und Frauen angetan werden, wie*
> *die Steinigung von Frauen für das Verbrechen, vergewaltigt worden zu sein;*
> *Säure, die ins Gesicht einer Frau geworfen wird, weil sie das Verbrechen*
> *begangen hat, die Heirat mit ihrem Cousin zu verweigern; Länder, in denen*
> *Frauen nicht Autofahren und das Haus nicht ohne einen männlichen*
> *Verwandten verlassen dürfen, diese schrecklichen, frauenverachtenden*
> *Dinge. Es ist fast so, als würde man sagen: ‚An euch Menschen mit brauner*
> *Hautfarbe stellen wir nicht die gleichen Maßstäbe der Gleichberechtigung*
> *von Frauen wie an uns. ' Ist das nicht bevormundend und herablassend,*
> *einen anderen Maßstab anzulegen, zu sagen ‚Wir kritisieren euch nicht, weil*
> *Frauenhass zu eurer Kultur gehört'?*
>
> Richard Dawkins während eines Interviews auf der Buchmesse in Miami
> 2014 https://www.youtube.com/watch?v=lOe5NSGdg-c

Dieses Phänomen bei Gutmenschen, alles Fremde zunächst einmal willkommen zu heißen und zu tolerieren, zeigt sich allerdings nicht nur bei der aktuellen Zuwanderung von über einer Million Menschen, meistens jungen Männern mit einem uns fremden kulturellen und religiösen Hintergrund, sondern dürfte auch eine gewichtige Rolle bei der zuweilen fehlgeschlagenen oder mangelhaften Integration von Menschen muslimischen Glaubens spielen, die oft schon seit Generationen in unserem Land leben – manche mit uns, manche neben uns – und teilweise auf dem Papier schon deutsche Staatsbürgerinnen und -bürger sind. Ich weiß, oft habt ihr es gut gemeint, lieber Gutmensch, aber oft genug waren es Menschen wie du, die die Integration dieser neuen MitbürgerInnen erschwert und sabotiert haben, und ihr tut ihnen damit keinen Gefallen. Wie kann es sein, dass in muslimischen Familien in Deutschland, die seit Jahrzehnten in unserem Land leben, die Tochter nicht bei der Klassenfahrt mitfahren darf, sich vom jüngeren Bruder Vorschriften machen lassen muss; dass heute immer noch Bräute aus der Türkei und anderen Ländern importiert werden, um dem Sohn eine „ehrbare Jungfrau" zu präsentieren; dass sogenannte „Ehrenmorde" begangen werden und sich Parallelgesellschaften gebildet haben, die die westliche, freizügige, deutsche Gesellschaft verachten? (Jaaa, ich weiß, deutsche Männer schlagen und ermorden auch manchmal ihre Frauen und Töchter, siehe Kapitel ‚Whataboutery'). Menschen, die als unsere Mitmenschen gemeinsam mit uns leben, arbeiten, diskutieren, lachen und unsere Freiheiten genießen sollten, habt ihr zu Andersmenschen gemacht, die jenseits unserer Maßstäbe und Werte leben.

> *Das ist ein unterschwelliger, unausgesprochener Rassismus. Damit setzen auch Linke einen unüberwindlichen Unterschied zwischen Zivilisierten und Unterentwickelten voraus; zwischen unseren und euren Verhaltensweisen, Kulturen, jeweiligen politischen Lagen. Hinter dieser Festschreibung der Andersartigkeit verbirgt sich ein uneingestanden hierarchisches Denken (...)*

Emma, März April 2016, Artikel *Die Linke hat uns Frauen* verraten von Marieme Hélie-Lucas, S. 31

Natürlich gibt es auch viele moderate und liberale, sogar säkular orientierte Musliminnen und Muslime, die vollkommen integriert sind und ihre Töchter liberal aufwachsen lassen, und für welche die Vorstellung von Zwangsheiraten oder „Ehrenmorden" so exotisch, falsch und undenkbar sind wie freie Rede und Frauenrechte für den türkischen Präsidenten Erdowie, Erdowo, Erdogan. Aber die anderen sind leider keine kleine Minderheit. Davon abgesehen ist jedes Schicksal einer zwangsverheirateten „Braut" und jeder „Ehrenmord" an der zu westlich gekleideten Tochter eine Tragödie, und auch ein einziges Opfer sollte uns auf die Barrikaden bringen. Wer hat diese Mädchen im Stich gelassen, um ihren Vätern und Brüdern zu beweisen, wie tolerant man ist? Wer hat den Tod von halben Kindern in Kauf genommen, nur um nicht wegen vorsichtig geäußerter Kritik am kulturellen und/oder religiösen Hintergrund als rassistisch beschimpft zu werden? Wer hat vorsichtshalber lieber weggeschaut, wenn Homosexuelle von Gangs junger männlicher Muslime zusammengeschlagen wurden, weil diese ihre Gewalt unbequemerweise mit dem Koran begründeten? Sorry, wenn ich das so sagen muss, aber das waren nicht die bösen Rechten, sondern Gutmenschen wie du, die in blinder Toleranz im Namen der Weltoffenheit für andere Kulturen die Unterdrücker in diesen Kulturen unterstützten und die Unterdrückten ihrem Schicksal überließen.

> *Wir haben die Söhne nicht ernst genug genommen und die Frauen und Mädchen nicht vor den Fundamentalisten geschützt. Gleichzeitig haben wir die von uns so mühsam errungenen Werte, wie Rechtsstaat oder Gleichberechtigung, nicht wirklich verteidigt, sondern stattdessen eine unrealistische Fremdenliebe propagiert. Diese Art von Fremdenliebe aber, die den anderen nicht ernstnimmt, sondern in einem exotischen "Anderssein" belässt, ist in Wahrheit nur die andere Seite der Medaille Fremdenhass.*

> Alice Schwarzer, Interview auf RP Online, 9. 1. 2015: *Demokratische Muslime müssen Farbe bekennen*, http://www.aliceschwarzer.de/artikel/demokratische-muslime-muessen-farben-bekennen-318267)

Einige von euch Gutmenschen sind sich über die Folgen ihrer Einstellung und ihres Handelns vermutlich gar nicht bewusst, und manche von euch wollen auch wirklich die Welt ein Stück besser machen, indem sie, wenn auch publikumswirksam, für die scheinbar gute Sache streiten. Ich denke allerdings, einige von euch, oft handelt es sich dabei leider um einflussreiche Medienschaffende und PolitikerInnen, wissen es besser und sind sich vollkommen darüber im Klaren, dass es keine Rassisten, Faschisten oder Nazis sind, gegen die sie anschreien, sondern einfach Andersdenkende, die oft genug selbst Linke oder in der politischen Mitte einzuordnen sind. Trotzdem stimmen sie fröhlich ein in den Chor der BesserwisserInnen, der ZeigefingererheberInnen und der unerträglich Selbstgerechten, um sämtliche kritische Stimmen mundtot zu machen. Warum? Meiner Ansicht nach, um politisch daraus Kapital zu schlagen, um ihre Karriere zu fördern und auf den Zug aufzuspringen, der im Moment gerade im Trend liegt. Wo dieser hinfährt, kann ihnen zunächst mal egal sein, besonders wenn es sich um Gutmenschen aus der Politik handelt, die im 4- oder 5-Jahres-Rhythmus denken und ihren warmen Sessel im Bundestag oder in den Landtagen ungern verlassen möchten.

Gutmenschen verleihen sich durch ihren selbst aufgesetzten Heiligenschein auch bis zu einem gewissen Grad ein Schutzschild gegen Angriffe von außen, der sie, die Engagierten, die selbstlosen HelferInnen, die Menschen mit der einen richtigen Wahrheit, nahezu unangreifbar macht. Zu diesem Abwehrmechanismus gehört auch die Diffamierung jener Personen, die den Begriff „Gutmenschen" überhaupt benutzen. Schon die Nennung dieses Wortes führt in der öffentlichen Diskussion in Talkshows, Pressekonferenzen oder sozialen Netzwerken oft ganz automatisch zur Einstufung in eine Schublade, deren Wände mit Kampfbegriffen wie „rechts", „intolerant", „Nazi", „Pegida", „Hass" und – unvermeidlich – „Hetze" tapeziert sind. So machen sich die Gutmenschen gerne als solche unsichtbar und verschwinden in der Menge. Sie wollen selbst nicht in Schubladen gesteckt oder mit speziellen Begriffen bezeichnet werden, sie wollen „die Normalen", die Norm sein, an der sich alle anderen orientieren und messen lassen müssen. Sie maßen sich an, das Vokabular zu bestimmen, mit dem diskutiert wird und beschneiden im Namen der Political Correctness – oder genauer gesagt im Namen einer vollkommen pervertierten und übertriebenen Form derselben – unsere Freiheitsrechte. Und das Problem ist, sie lauern im Moment überall. Sie rotten sich in sozialen Netzwerken zusammen und schreien und zetern, wenn dort jemand beispielsweise Merkels Flüchtlingspolitik kritisiert. Sie sitzen in den Redaktionen von Nachrichtenmagazinen, Fernsehsendern und Kanälen für Online-News und verfolgen dort eifrig, nicht ganz im Sinne einer neutralen Berichterstattung, ihre ganz eigene politische Agenda. Lieber Gutmensch, denk' nicht so laut, ich kann es bis hierher hören. „Aha, *Lügenpresse*, was? Klares Nazivokabular!" Wirklich? Haben wir das nicht damals bei den Demos gegen Atomkraft auch gerufen, als manche Medien allzu freundlich über Atomkraftwerke und übermäßig schwarzmalerisch über erneuerbare Energien berichteten, oder auch als wir noch gemeinsam gegen TTIP auf die Straße gingen und immer noch gehen, oder als wir nach der NSA-Abhöraffaire Aufklärung forderten und einige Medienvertreter mehr abwiegelten als aufdeckten, als „wir und ihr" noch „wir" waren? Ruhig, Brauner! Es sind ja nicht alle Medien und JournalistInnen gemeint. Aber sollte man nicht denken, dass gerade Medienschaffende bei dem Vorwurf einer unwahren, politisch beeinflussten Berichterstattung aufhorchen und einen Moment innehalten, vielleicht sogar recherchieren, ob diese Vorwürfe auf einige ihrer Kolleginnen und Kollegen zutreffen? Stattdessen reagieren Medienvertreter wie beleidigte kleine Schreikinder, denen man ihr geliebtes Schokoladenei aus der Hand reißt.

Die Reaktion von JournalistInnen, ModeratorInnen, Vorstandsmitgliedern von Fernsehsendern und anderen Medienschaffenden auf die Vorwürfe unter dem zugegebenermaßen sehr verallgemeinernden Begriff „Lügenpresse" war eben nicht „Gut, dann untersuchen wir diese Vorwürfe. Was genau meint ihr damit, worüber hat wer gelogen, was meinen die Kritiker mit politischer Beeinflussung? Lasst uns drüber sprechen." Ich erinnere mich an keinen einzigen Medienvertreter, der sich – und wenn es nur darum ginge, die „Ehre" seines Berufsstands zu verteidigen – so verhalten hätte. Die allgemeine Reaktion der Vertreterinnen und Vertreter von Presse, TV und anderen Medienorganen auf den Vorwurf falscher Berichterstattung lautete in trauter Einigkeit: „Wähhhh, Wähhhh, Wähhhh!" Wie reif, professionell und erwachsen! Ich persönlich teile übrigens nicht die Meinung, der Großteil der MitarbeiterInnen in den deutschen Medien lüge uns an, aber in vielen Fällen wäre es einfach naiv, keine politische Beeinflussung zu vermuten, gerade bei den Öffentlich-Rechtlichen, deren Aufsichtsräte eng mit der Politik verwoben sind.

Die Entscheidungen darüber, welche Gäste zu Talkshows eingeladen werden, welche Bilder gezeigt werden (beispielsweise von verängstigten Gruppen schutzsuchender Mütter mit Kindern, wenn in Wahrheit die große Mehrheit der Flüchtlinge und Migranten junge Männer sind) und welche Bilder nicht gezeigt werden, welche Fragen gestellt und welche nicht gestellt werden, wie viel Redezeit einem Gast zugestanden wird, wie oft ihm der Moderator ins Wort fällt oder über ihn lacht, oder welcher Ton für einen Zeitungsbericht gewählt wird, beeinflussen natürlich auch die öffentliche Meinung und manchmal ist es leider doch sehr deutlich, dass Meinung „gemacht" wird. Das mag nicht unbedingt immer daran liegen, dass gezielt versucht wird, die Meinungsbildung direkt zu beeinflussen, sondern einfach auch daran, dass auch ModeratorInnen oder JournalistInnen nur Menschen sind, die eigene politische Ansichten haben und diese durchaus in den Dialog miteinbringen (auch wenn das nicht sehr professionell ist, denn Berichterstattung sollte doch einen gewissen Neutralitätsanspruch erfüllen).

Aber oft kann man sich eben doch des Eindrucks nicht erwehren, dass gezielt die politische Stimmung und die Meinung der ZuschauerInnen oder LeserInnen beeinflusst werden soll – ganz im Sinne der Politik und in treuer Tradition zum ‚Schwarzen Kanal' unser östlichen Schwestern und Brüder. Und das ist in einer Demokratie und einem Rechtsstaat bedenklich und gefährlich. Gutmenschen sitzen auch in der Politik, gerade in Parteien, die sich als links von der Mitte sehen, was mich als Linke traurig und politisch etwas verwirrt und heimatlos macht. Dort verdienen sie 4-5-stellige Gehälter, schütteln empört die Köpfe über Kritik, und erläutern lästigen GeringverdienerInnen und Haartz 4-EmpfängerInnen, was Deutschland doch für ein reiches Land sei.

Das gemeinsame Erkennungsmerkmal von Gutmenschen ist also nicht nur ihr Versuch, selbst gut, hilfsbereit und weltoffen dazustehen und ihr Anspruch einer überlegenen Moralität, sondern auch die Aggressivität und Diffamierung und Diskreditierung jener Menschen, die irgendwie in ihr Gegnerschema passen oder verzweifelt passend gemacht werden. Eine besonders beliebte Strategie ist das Schubladendenken, d. h. das sofortige Einordnen von Andersdenkenden in bestimmte Kategorien, meistens „Rechts", „Nazi", was in ihren Köpfen übrigens gleichbedeutend ist mit „Pegida" oder „besorgter Bürger". Vor Freude glucksend und voller Häme finden sie ihre Befriedigung darin, jeden Menschen, der ihre eigene Meinung nicht hundertprozentig teilt, abzuwerten, zu verleumden und in die rechte Ecke zu rücken. Frei nach dem Motto „Wer meine Meinung nicht teilt, muss ein Nazi sein".

Da wir echten Linken uns oft einreden, Gutmenschen meinen es ja irgendwie gut, behandeln wir auch die ausgewachsenen oft wie kleine Kinder, die es einfach nicht besser wissen. Wir lassen sie reden, ignorieren ihre unverschämten Unterstellungen und versuchen irgendwie, noch eine ordentliche Diskussion zu führen und unsere Argumente vorzubringen. Wir merken, dass sie genau zuhören, aber nicht verstehen, was wir sagen; dass sie in unverhohlener Vorfreude auf Triggerworte lauern, um uns in die weit offene Schublade zu stecken. Irgendwann haben wir den Eindruck, unsere Argumente werden doch gehört und der Gutmensch hat endlich verstanden, dass wir genauso wenig rechts sind wie er und es in einem Rechtsstaat auch unterschiedliche Meinungen geben darf, ohne dass das dem Gegenüber das Recht gibt, unsere Menschenwürde anzutasten. Dann sind wir erleichtert und freuen uns, endlich ein Stück weiter auf dem Weg zu einem zivilisierten Meinungsaustausch zu sein. Bis der Gutmensch seinen Denkprozess abschließt, ein mysteriöses pfeifendes Geräusch von einer kleinen Rauchwolke umhüllt aus seinen Ohren dringt und er mit stramm erhobenem Zeigefinger aufgebracht schreit: „Dann geh' doch zu Pegida und deinen Nazikumpels!" Und wir denken „Mit wem hat der sich gerade unterhalten?" Statt uns an dieser Stelle schulterzuckend, kopfschüttelnd und mit hochgezogenen Augenbrauen wortlos abzuwenden, sollten wir den Gutmenschen wie einen Erwachsenen behandeln und ihn genauso zur Rede stellen, wie wir das bei jedem anderen Gesprächspartner auch tun würden.

In sozialen Plattformen wie Facebook läuft dieser absurde „Dialog" noch wesentlich aggressiver und beleidigender ab, daher ist eine Kommunikation hier sogar noch schwieriger. Wenn wir versuchen, auf Missstände aufmerksam machen und von den Gefahren des Zuzugs so vieler Flüchtlinge und Migranten, geschweige denn von Asylmissbrauch sprechen, läuten bei dir schon alle Alarmglocken. Niemand sollte in der Öffentlichkeit darüber überhaupt nur reden dürfen, sagst du, denn das vergifte doch nur das Klima, und wer diese Begriffe benutze, müsse auf jeden Fall ein „besorgter Wutbürger" sein, was in deinem Kopf auf einer Stufe mit „rechtsextrem" und „Nazi" steht. Diese Hysterie geht soweit, dass manche von uns echten Linken bei Kommentaren in sozialen Medien, selbst wenn es sich um ein vollkommen anderes Thema handelt, das Wort „besorgt" seufzend löschen und durch ein Synonym ersetzen, welches du nicht gleich als solches erkennst.

Eigentlich verhalten wir uns euch gegenüber schon fast wie sich ein großer Teil der westlichen Gesellschaften gegenüber Muslimen verhält. Wir nehmen euch nicht mehr als Erwachsene und ebenbürtige Gesprächspartner wahr, die wie jeder normale Mensch Kritik und andere Meinungen ertragen können, weil ihr euch nicht so verhaltet. Wir behandeln euch wie rohe Eier, wie kleine Kinder, die sofort einen Wutanfall bekommen, weinen und schreien, bis ihr Wille geschieht. Und wir verhalten uns wie überforderte Eltern, die manchmal einfach keine Kraft mehr haben, das Kind immer wieder in die Grenzen zu verweisen, wenn es sich ständig aufführt wie die Axt im Wald. Deshalb winken viele von uns genervt ab, wenn sich eine Gruppe von Gutmenschen, etwa in sozialen Netzwerken, wie gierige Hyänen um uns schart, in der verzweifelten Hoffnung, einen Nazi zu finden, um ihren Hunger nach Selbstbestätigung und nach der Befriedigung zu stillen, einen wichtigen Schlag gegen rechts gelandet zu haben. Daher sind wir in sozialen Netzwerken schon extra vorsichtig und verzichten ein Stück weit auf die Freiheit der Rede, die uns das Grundgesetz garantiert, nur um keinen Shitstorm auf uns zu ziehen. In sozialen Medien mag das etwas feige sein, aber eine solche öffentliche Auseinandersetzung, wenn man sich denn darauf einlässt, kann auch eine ausgesprochene Antifaschistin mehr kosten, als sie sich zunächst vorstellt.

Gerade Facebook ist eine beliebte Recherchequelle von aktuellen oder zukünftigen Arbeitgebern, Kundinnen und Kunden und zuweilen sogar von Behörden, die sich nicht immer die Mühe machen, den gesamten Diskussionsverlauf zu verfolgen. So eine Diskussion kann ganz harmlos angefangen haben. Ein Beispiel: Eine Person schreibt zu einem Bericht auf der Facebookseite eines Online-Magazins über sexuelle Belästigung von Mädchen in einem Schwimmbad durch Flüchtlinge einen Kommentar, der lauten könnte: „Solche Typen werden in Deutschland leider viel zu lasch bestraft." Viele Leser und ziemlich jede Leserin würden diese Aussage als eine ganz allgemeine Forderung verstehen, Sexualstraftäter härter zu bestrafen, etwa mit längeren Gefängnisaufenthalten, wenn sie dort überhaupt landen. Aber du als echter Gutmensch weißt natürlich, was tatsächlich dahintersteckt, nicht wahr? DRRRINNNG DRRRRINNNG! Du vermutest HETZE! Du musst sofort dafür sorgen, dass diese rassistische Fremdenfeindlichkeit ein Ende hat, Hassreden zum Schweigen gebracht werden und – oh guck mal! Deine Kumpels sind auch schon da. Und ihr alle interpretiert in die Aussage das hinein, was ihr lesen möchtet, um euer Gutmenschentum zu pflegen. Da es sich in dem Bericht um Täter aus einer Flüchtlingsunterkunft handelt, kommt ihr gar nicht auf die Idee, dass mit „solche Typen" allgemein Männer gemeint sein könnten, die Frauen und Kinder belästigen, denn sonst müsstet ihr erst wieder lange suchen, bis ihr den nächsten Trigger-Kommentar findet, um euch zu profilieren.

Selbstverständlich geht ihr davon aus, dass mit „solche Typen" entweder Muslime oder speziell Flüchtlinge gemeint sind. Die Verfasserin MUSS also ein Nazi sein, und schon geht der Shitstorm los und wie ein Rudel scharf gemachter Deutscher Schäferhunde fangt ihr an, mit entblößten Reißzähnen hysterisch zu bellen. „Ah, da kriechen die besorgten Bürger schon aus den Löchern!" – „Oje, da kannst du gleich bei deinem nächsten Pegida-Treffen demonstrieren, Schlampe!" – „Ah, in welches Lager würdest du die Muslime denn gerne stecken?" Dabei unterhaltet ihr euch auch gern untereinander und feuert euch gegenseitig an. „Ist ja kein Wunder, das haben ihm bestimmt seine Nazi-Eltern beigebracht." – „LOL ja, am liebsten hätte er wieder die Todesstrafe, aber nur für die Moslems, die er so hasst." Und so weiter. Ich weiß, als Bully freust du dich wahrscheinlich darüber, aber ein solches Mobbing im Stil einer Jugendgang, die stolz darauf ist, auf dem Schulhof einen Schüler zusammenzuschlagen und diesem zu drohen, es ja niemandem zu erzählen, ist nicht nur nervig und ärgerlich, sondern macht Angst. Weiß das Opfer in diesem Fall, ob sein Arbeitgeber, der diese Diskussion möglicherweise mehr oder weniger zufällig liest, sich die Mühe macht, an den Anfang zurückzugehen und die ursprüngliche, völlige harmlose Aussage zu lesen? Was denken Freunde und Bekannte, Kolleginnen oder Nachbarn, die vielleicht denselben Artikel inklusive der Kommentare lesen? Weiß das Opfer, ob die gnadenlos empörten Gutmenschen, von denen einige vielleicht so weit gehen, ihm tatsächlich direkt oder indirekt zu drohen im Stil von: „Solche Nazis wie dich müsste man ..." oder „Oh interessant, dass du auf deinem Profil deinen Wohnort angibst" diese Drohung tatsächlich wahrmachen? Oder nur einer davon? Wenn nach einer solchen Auseinandersetzung nachts das Telefon klingelt, ist nur ein 08/15-Perverser dran oder einer von euch?

Die eben aufgeführten Kommentare von Gutmenschen, oder besser gesagt Meinungsfaschisten, als Reaktion auf ähnlich harmlose Aussagen habe ich sämtlich von Facebook kopiert. Auch wenn diese oben zitierten Kommentare nicht an mich selbst gerichtet waren, habe ich in dieser Richtung auch selbst schon einiges abbekommen, und während ich zu Anfang noch sofort reagiert und „zurückgeschossen" habe, weil ich wusste, dass solche Anschuldigungen gegen mich unbegründet und unfair sind, hat sich auch meine Reaktion auf diese Art von Mobbing im Lauf der Zeit verändert, und gegen meine Überzeugung bin ich dazu übergegangen, sie immer häufiger zu ignorieren und eben nicht wie mit ebenbürtigen Erwachsenen zu sprechen. Oft sind diese Beschimpfungen jedoch sehr verletzend und sollen es auch sein, das ist mir schon klar. In einigen Fällen empfand ich sie als so ehrverletzend, beleidigend und verleumderisch, dass ich eine Anzeige bei der Polizei erwogen habe, besonders in einem Fall, bei dem ich über einen Kommentar eines besonders engagierten Gutmenschen tatsächlich so schockiert und erschrocken war, dass mir erst mal die Tränen gekommen sind und ich die nächste halbe Stunde fassungslos und ungläubig über diesen Hass und die Hetze mir gegenüber versucht habe, das Gelesene zu verdauen. In diesem Fall hatte ich einen Bericht über die Abschaffung des Blasphemieparagraphen auf der Facebook-Seite eines Nachrichtenmagazins kommentiert mit „Es wird höchste Zeit, dass dieser Paragraph verschwindet, sonst beschweren sich nach den Kirchen gleich die Islamisten über Karikaturen." Ganz ehrlich, ich glaube nicht, dass irgendetwas daran „rechts" war. Aber egal, es folgte das übliche Mobbing durch Gutmenschen, die sich gegenseitig in Ermangelung einer Reaktion von mir hochschaukelten, bis einer von ihnen Folgendes schrieb: „(mein voller Name) wünscht sich die Konzentrationslager zurück, da kann sie dann nach den Juden alle Muslime reinstecken."

Das hat mich wirklich erst mal fertig gemacht. Einige Tage habe ich überlegt, wie ich darauf reagiere. Schließlich saß ich, immer noch ziemlich aufgewühlt, im Auto vor unserem Polizeirevier mit den ausgedruckten Unterlagen, um den gesamten Diskussionsfaden inklusive weiterer Beleidigungen desselben Users zu belegen und Anzeige zu erstatten. Ich kann mir gut vorstellen, dass auch andere Menschen schon in dieser Situation waren und hoffentlich mutiger gehandelt haben als ich. Der Grund, warum ich nicht ausgestiegen und unverrichteter Dinge wieder nach Hause gefahren bin, war Angst, und ich bin nicht stolz darauf.

Angst, als Nazi dazustehen, und dass es keine Rolle spielt, ob diese Anschuldigung zutrifft. Angst vor dem Blick des Polizeibeamten, der den Kommentar des Gutmenschen und dann meine ursprüngliche Aussage liest, die damit in keinem Zusammenhang zu stehen scheint, und der sich fragt, ob es vielleicht weitere Kommentare meinerseits gab und ich diese gelöscht habe. (Ich muss wohl nicht dazusagen, dass dem nicht so war.) Auch wenn mein eigener Kommentar ziemlich harmlos war, hätte sich der Polizeibeamte vielleicht gefragt, ob „da noch irgendwas war", denn irgendeinen Grund müsse es ja geben, dass mich diese Menschen in diese Schublade stecken. Ich hatte Angst, dass mich der Polizeibeamte in dieselbe Schublade steckt und mir nicht nur das Gefühl gibt, es sei ja irgendwie meine Schuld, dass mich dieser Mensch – angefeuert von seinen Mitgutmenschen – so verletzt hat, sondern dass auch er mich für rechts hält. Und dann habe ich abgewogen, was für mich schlimmer wäre. Das Wissen, dass ich in diesem Fall einfach Freiwild war und ungestraft verletzt werden durfte oder der Polizeibeamte und seine Kollegen, die mir im persönlichen Gespräch ins Gesicht schauen und mich für etwas halten, vor dem ich selbst genauso viel Angst habe wie sie. Wie du. Für die meisten Menschen, mich eingeschlossen, ist „Nazi" eine schlimme und ehrverletzende Beleidigung, aber schon allein die Einstufung als „rechts" oder gar „rechtsextrem", wenn man sich selbst als links und antifaschistisch sieht, ist ein Schlag ins Gesicht.

In diesem Fall habe ich nicht zurückgeschlagen, mich noch nicht mal gewehrt, weil der Vorwurf einen so hohen Grad an verbaler Gewalt in sich barg, dass er einen im ersten Moment vollkommen lähmt, und das Gefühl hinterlässt, niemand solle je wieder so von einem denken. Als ich dann wieder zuhause ankam, habe ich erst mal die Facebook-Seite des betreffenden Nachrichtenmagazins für mich gesperrt, denn auch deren Redakteure stimmen stets kräftig in den Chor der Gutmenschen mit ein und hielten es erwartungsgemäß nicht für nötig, den Täter, der mir meines Empfindens nach Gewalt angetan hat, auch nur abzumahnen.

Diese Situation ist für uns Menschen aus der politischen Linken oder Mitte, die an entsprechende Vorwürfe nicht gewohnt sind, noch relativ neu, doch in den letzten Monaten sahen sich viele von uns diesen immer wieder ausgesetzt. Viele haben diese Erfahrung gemacht und sich irgendwann auch von den Hyänen einschüchtern lassen. Aber wir dennoch müssen uns wehren, bevor sich die Gutmenschen an unser Schweigen gewöhnen.

Kritischen Stimmen wird gerne Populismus und Rassismus vorgeworfen. Also überlegt so mancher lieber zweimal (...) ob sie etwas sagen (sic). Das führt zu Selbstzensur und zum Denkverbot. Es hat sich eine Kultur des Wahrnehmens und des Sprechens hinter vorgehaltener Hand herausgebildet. Unliebsame Tatsachen werden verdreht oder als Rassismus stigmatisiert (...) Doch (...) dann ist der Zulauf zu diesen Populisten garantiert.

Emma, März April 2016, Artikel *Schluss mit der Bevormundung* von Ali Ertan Toprak, S. 36

Gutmenschen sind anstrengend, unter anderem deshalb, weil ihnen das Konzept des selbstständigen Denkens vollkommen fremd geworden ist. Dabei erhält die Political Correctness eine so hohe Priorität, dass ihr ursprünglicher Sinn völlig verloren geht. PC ist ja nicht unbedingt etwas Schlechtes. So haben Feministinnen wie die Sprachwissenschaftlerin Luise Pusch und Alice Schwarzer mittels Aufklärung und öffentlicher Diskussion lange daran gearbeitet, dass es zur Selbstverständlichkeit wurde, die weibliche und die männliche Form oder eine Mischform zu benutzen. Heute gibt es zwar hier und da noch etwas Widerstand und die üblichen Liebkindfrauchen, die mit der rein männlichen Bezeichnung „überhaupt kein Problem" haben, aber in der Regel spiegeln sich nun auch die Frauen und Mädchen in der Sprache wider. Und das ist wichtig, denn Sprache bestimmt unsere Vorstellungen, unsere Assoziationen mit einem Begriff. Sie bestimmt, ob wir vor unserem geistigen Auge eine Schulklasse aus

Mädchen und Jungs oder eine reine Jungenklasse sehen, ob unsere Gedanken so geprägt werden, dass die normale Erscheinungsform grundsätzlich die männliche ist. Daher ist diese Art der Political Correctness – oder auch das Miteinbeziehen von Menschen schwarzer Hautfarbe und aus verschiedenen Kulturen in TV-Serien, menschenwürdigere Bezeichnungen für Menschen mit Behinderung und ähnliches – gut und wichtig, weil sie die gesellschaftliche Situation, die Wahrheit widerspiegelt. Wenn eine Schulklasse aus Mädchen und Jungs besteht, dann gibt die Nennung von beiden die Wahrheit wieder und sorgt für eine gerechtere Sprache. Doch Political Correctness im Verständnis eines Gutmenschen ist genau das Gegenteil. Sie dient dazu, die Wahrheit zu verschleiern, etwa wenn man sich mit Händen und Füßen dagegen wehrt, bei den Gewalttaten gegen Frauen, unter anderem an Sylvester, unter anderem in Köln, die Herkunft der Täter zu benennen; wenn man sich weigert, den Einfluss der Religion auf das Denken und Verhalten eines Menschen anzuerkennen oder wenn wie in der britischen Stadt Rotherham und anderen britischen Städten rein muslimische Männergangs aus Pakistan über mehrere Jahre 1400 hilflose Mädchen missbrauchen konnten, weil Stadtverwaltung, Jugendfürsorge und Polizei trotz zahlreicher verzweifelter Hilferufe nicht einschritten, um nicht als „rassistisch" oder „islamophob" zu gelten. Diese Art einer vollkommen pervertierten Political Correctness dient nicht dazu, die Wahrheit abzubilden, sondern dazu, sie zu verschweigen. Sie verunsichert, schüchtert KritikerInnen ein, schützt die Täter und lässt die Opfer im Stich, verschlimmert Leid und tötet. Im Grunde ist es gar keine „Art der Political Correctness", es ist das Gegenteil von Political Correctness, das ihren ursprünglichen Zweck ad absurdum führt:

Aber wieso ist jemand populistisch oder rassistisch, wenn er nur beschreibt, was jeder sehen kann? Wenn er repräsentative Erhebungen zusammenfasst, nebeneinander stellt, wenn er sagt ‚Ich möchte nicht, dass Menschen, die einen anderen ums Leben bringen, dadurch anders beurteilt werden, dass sie andere gesellschaftliche Riten zu Hause pflegen, nach dem Motto: Na, er kennt's ja nicht anders. (...) Wir leben hier in einer westlichen Demokratie. Das ist so, und wir haben bestimmte Lebensregeln. Ich möchte nicht ins Altertum zurückgebeamt werden, und ich möchte, dass all diejenigen, die sagen, sie möchten nach dem Altertum leben (...) schauen, dass sie ein Land und eine Gesellschaft finden, wo ihnen das ermöglicht wird.

Heinz Buschkowsky im Gespräch in der Sendung *Im Dialog* auf *Phönix*

Kann ein Gutmensch zu einem guten Menschen werden? Eventuell, aber bis dahin ist es ein weiter Weg, der viel Training, Ehrlichkeit mit sich selbst und Mut zur Wahrheit erfordert. Vielleicht hilft dieses Buch ein bisschen dabei, vielleicht auch nicht, aber ich würde mich schon freuen, wenn andere echte Linke und Menschen aus der Mitte sich darin wiederfinden und es ihnen sogar ein bisschen aus der Seele spricht. Sicher teilen auch Menschen etwas rechts von der Mitte, die sich im demokratischen Bereich bewegen, unseren gerechtfertigten Ärger, aber bei uns Linken kommt noch das Gefühl dazu, von den „eigenen Leuten" verraten worden zu sein und von diesen an den Rand gedrängt zu werden. Daher soll dieses Buch nicht nur unsere selbstgerechten, grenzenlos arroganten Gutmenschen zurück auf den Boden bringen (um dort vielleicht wirklich etwas zu bewegen) sondern auch deren – soll ich es so sagen? – unschuldigen Opfer, sprich echten Linken und AntifaschistInnen, echten FeministInnen und allen aufrechten Menschen, den Rücken zu stärken und sie zu ermutigen, sich von den Bullys nicht einschüchtern zu lassen und auch in Zukunft frei und ohne Schere im Kopf ihre Meinung zu sagen. Wenn wir das Recht auf freie Rede verlieren oder freiwillig darauf verzichten, wenn unsere Meinung nicht mehr zählt und unsichtbar wird, verlieren wir auch ein Stück unserer Würde und Freiheit als Bürgerinnen und Bürger. Wenn wir uns jetzt nicht gegen die Meinungsfaschisten wehren, ist es irgendwann zu spät und das Hinnehmen, Abnicken und Schweigen wird zur Gewohnheit.

Das Gegenteil von gut ist nicht böse, sondern gut gemeint.

(Kurt Tucholsky)

3. Rassismus und Islamophobie

Rassismus, der

Wortart: Substantiv, maskulin

Bedeutungsübersicht

1. *(meist ideologischen Charakter tragende, zur Rechtfertigung von Rassendiskriminierung, Kolonialismus o. Ä. entwickelte) Lehre, Theorie, nach der Menschen bzw. Bevölkerungsgruppen mit bestimmten biologischen Merkmalen hinsichtlich ihrer kulturellen Leistungsfähigkeit anderen von Natur aus über- bzw. unterlegen sein sollen*
2. *dem Rassismus entsprechende Einstellung, Denk- und Handlungsweise gegenüber Menschen bzw. Bevölkerungsgruppen mit bestimmten biologischen Merkmalen*

www.duden.de/rassismus

Einer deiner bevorzugten Kampfbegriffe, lieber Gutmensch, ist Rassismus. Du benutzt ihn wie ein Laserschwert oder ein klingonisches Bathlet, um alles niederzumetzeln, was sich dir in den Weg stellt, ob der Begriff gerechtfertigt ist oder nicht. Aber was bedeutet überhaupt „Rassismus"?

In den letzten Jahren und Monaten haben wir uns daran gewöhnt, dass Islamkritik grundsätzlich, automatisch und ganz selbstverständlich mit Rassismus gleichgesetzt wird. Gerade nach dem ersten Schock nach den Gewalttaten gegen Frauen in Köln und nach den Anschlägen in Brüssel im März 2016 wurde dieser Begriff in einer wahren Schlammschlacht mit einer erstaunlichen Vehemenz immer wieder in Diskussionen geworfen, in denen der religiöse – und damit in Verbindung stehende – kulturelle Hintergrund der Täter benannt wurde.

Aber hat Rassismus damit überhaupt etwas zu tun? Schauen wir uns zunächst mal die Definition aus dem Duden genauer an. Dort wird das Schlagwort „biologische Merkmale" genannt. Also, ist es rassistisch zu sagen, Menschen schwarzer Hautfarbe seien gewalttätiger als Weiße? Ist es rassistisch zu sagen, die sogenannte „arische Rasse" sei anderen „Rassen" überlegen? Ist es rassistisch zu sagen, die indianischen Ureinwohner in Nordamerika seien den Anforderungen des „zivilisierten" Schulsystems nicht gewachsen?

Ja, Ja und nochmals Ja!

Aber in all diesen Fällen und in vielen anderen geht es immer darum, einen Menschen bzw. eine ganze Gruppe von Menschen aufgrund biologischer Merkmale abzuwerten und sie in ihrer Würde zu beschneiden, um die eigene Gruppe als wertvoller darzustellen – ganz abgesehen davon, dass man sicherlich argumentieren kann, das Wort „Rassismus" sei an sich problematisch, weil es unterstellt, dass es nicht nur eine, sondern tatsächlich unterschiedliche menschliche „Rassen" gäbe, was in Wirklichkeit nicht der Fall ist. Eine „Rasse" ist in der Biologie eine Art, die sich untereinander fortpflanzen kann, was wir theoretisch alle können, es gibt also nur eine einzige

Menschenrasse. Übrigens sind sich zwei beliebige Menschen aus verschiedenen Ländern oder Kontinenten überall auf der Welt ähnlicher als zwei Orang-Utans im selben Urwald, das sollte uns zu denken geben. Von daher ist der Begriff „Rassismus" an sich problematisch, weil er eben diese unterschiedlichen Rassen unterstellt. Aber zurück zum Thema.

Du hast bei den eben genannten Beispielen für tatsächlichen Rassismus ebenfalls eifrig zustimmend mit dem Kopf genickt, aber jetzt behauptest du, genau dasselbe träfe auch irgendwie auf Religionen zu. Wirklich? Ist es rassistisch, Kritik am Islam oder überhaupt an irgendeiner Religion oder Sekte zu üben? Du sagst Ja und in deinem Kopf singst du schon in mitreißendem Marschrhythmus „Keine Macht der Nazipropaganda" oder „Faschismus ist keine Meinung", aber ich sage Nein! Wie Richard Dawkins es so wunderbar ausdrückte, ein Verein, in den man eintreten und aus dem man austreten kann, ist keine Rasse. Natürlich nicht! Übrigens, wenn es für dich Rassismus ist, wenn Kritik am Islam geäußert wird, wie nennst du es, wenn so manche konservativen muslimischen Eltern ihren Töchtern oder gar ihren Söhnen verbieten, eine Deutsche oder einen Deutschen zu heiraten, die oder der nicht dem muslimischen Glauben angehört, statt in die Moschee zur Kirche oder – oh Schreck! – in die Synagoge oder gar in eine Sunday Assembly der säkularen HumanistInnen geht? Wenn sich die Tochter noch nicht mal in einen „dreckigen Schweinefresser" verlieben darf, der Alkohol trinkt und in den Augen der muslimischen Familie auf einer niedrigeren moralischen und menschlichen Stufe steht, also einen geringeren Wert hat? Wenn das eine „Rassismus" ist, dann funktioniert das doch sicherlich auch umgekehrt, oder? Hmmm. Überlegst du noch oder denkst du schon, lieber Gutmensch? Ah, deine Antwort ist angekommen. „Das ist halt deren Kultur!" Ja, klar. Was habe ich auch anderes erwartet. Das ist halt deine Logik.

Und dennoch, wer heutzutage gegen den Begriff des Rassismus in diesem falschen Zusammenhang protestiert, trifft immer häufiger auf ein mit dem altbekannten erhobenen (sehr IS-ähnlichen) Zeigefinger und besserwisserischer Miene vorgebrachtes Argument, es sei auch irgendwie Rassismus, eine Minderheit als Gruppe zu pauschalisieren und zu diskriminieren. Aber dafür gibt es schon einen Begriff: *Diskriminierung von Minderheiten*! Aber mal ganz ehrlich, auch der zieht nicht in dem Zusammenhang, und zwar aus drei Gründen.

Erstens bilden Muslime die zweitgrößte und zweitmächtigste Religionsgemeinschaft der Milchstraße und sind alles andere als eine Minderheit. Auch in Deutschland selbst stellen sie unter den Minderheiten eine relativ große Gruppe dar, die von zahlreichen, einflussreichen Vereinigungen und marktschreierisch lautstarken Lobbys vertreten wird, die wiederum oft von finanzstarken Gruppen aus dem Ausland und fundamentalistischen islamischen Ländern wie Saudi-Arabien gesponsert werden. Und auch darin liegt eine große Gefahr:

> *Das geht in Deutschland nun schon seit 25 Jahren so. Seit Ende der 1980er*
> *Jahre agitieren die Islamisten, ideologisch von Iran und Pakistan und*
> *finanziell von Saudi-Arabien ausgerüstet, in den türkischen Communities*
> *mitten in Köln oder Berlin, Paris oder London. Und wir haben weggesehen.*
> *Wir haben es zugelassen, dass diese radikale Minderheit die friedliche*
> *Mehrheit der Muslime unter Druck setzt und terrorisiert. Diese Rattenfänger*
> *haben den Eltern für das Verschleiern ihrer Töchter Geld gezahlt, und sie*
> *haben die Söhne in den „heiligen Krieg" gelockt.*

Alice Schwarzer, Editorial in Emma März/April 2016: *Was war da los?* Seite 7.

(Wären sie übrigens keine Minderheit, wäre eine Diskussion über freie Rede, Toleranz und Multikulti-Ansätze vermutlich gar nicht mehr möglich, soviel sollten wir aus dem Umgang mit Minderheiten in islamischen Ländern gelernt haben.) Sie haben großen politischen Einfluss und sind mittlerweile eine wichtige Wählergruppe.

Die erzkonservativen Islamverbände mögen nicht die Mehrzahl der Musliminnen und Muslime vertreten, aber sie maßen sich an, für alle zu sprechen. Sie haben die lauteste Stimme. Sie zetern in Talkshows gegen Satire und freie Rede und fordern Rücksicht auf „islamische Werte", sie meckern, schreien, protestieren, sind professionell und schon aus Gewohnheit beleidigt und machen erfolgreiche Lobbyarbeit.

In der Öffentlichkeit bemühen sie sich oft darum, das Bild der Muslime als arme Opfer zu zeichnen, die von allen Seiten getreten und getriezt werden und sich ständig gegen gemeine Vorurteile, Islamkritik (also „Hetze") und Diskriminierung wehren müssen, an den Rand gedrängt von all jenen islamkritischen Stimmen, die nach Meinung der Islamverbände hasserfüllt und ungebildet sind und einfach nicht verstehen wollen, dass man den Koran nur richtig interpretieren müsse, bis er eine durch und durch friedliche Religion sei. Sonst übernehme man die Interpretation der Islamisten, sagen die Islamverbände. Und die Gutmenschen. Übrigens auch die Islamisten.

Dem bunten Treiben dieser höchst fragwürdigen Verbände (Islamverbände) hat die deutsche Politik bis heute fast tatenlos zugesehen, schlimmer noch: Sie hat mit ihnen kooperiert. Die Grünen und Die Linke gehen dabei sogar soweit, so manches Anliegen der Islamisten zu dem ihren zu machen.

(Alice Schwarzer, Artikel *Islamismus: Der alltägliche Terror* auf aliceschwarzer.de)

Wenn Muslime eine unterdrückte, an den Rand gedrängte Minderheit darstellen, was sind dann wir Atheistinnen und Atheisten? Was sind dann FeministInnen, und erst VeganerInnen? Was musste ich mir als Feministin oder erst als Veganerin schon anhören, na und? Wir haben unseren Mund zum Widersprechen! Minderheiten zeichnen sich oft dadurch aus, dass sie kaum eine Lobby haben, die sie verteidigt. Dies trifft jedoch allenfalls auf eine kleinere Gruppe innerhalb der muslimischen

Religionsgemeinschaft zu, etwa der Töchter aus konservativen Familien, die sich für den Geschmack ihrer Väter und Brüder „zu westlich" geben und mit dem Tode bedroht werden. Diese Frauen und Mädchen, und ebenso die zwangsverheirateten Frauen und Kinder, Mädchen, die nicht in den Schwimmunterricht oder auf Klassenfahrt dürfen, deren Brüder ihnen Vorschriften machen und für die Deutschland beileibe kein freies Land ist, sind tatsächlich Minderheiten ohne Lobby. Doch diejenigen, die versuchen, diese Frauen und Mädchen zu verteidigen und zu unterstützen, die vor den konservativen Islamverbänden warnen und unbequeme Fakten ansprechen, von Alice Schwarzer und ihrer Zeitschrift *Emma* bis zu Maryam Namazie, Necla Kelek, Seyran Ates, Ahmad Mansour, Hamed Abdel-Samad, Heinz Buschkowsky und Michael Schmidt-Salomon, werden nicht selten der Islamophobie und des Rassismus bezichtigt, obwohl kein einziger dieser Menschen diese Vorwürfe auch nur ansatzweise verdient hat. Im Gegenteil – jeder von ihnen, gemeinsam mit vielen anderen kritischen Stimmen, tritt für Menschenrechte, die Prävention von Gewalttaten und Demokratie ein. Aber, lieber Gutmensch, es ist eben immer einfacher, auf Seiten der mächtigen Täter zu stehen als auf Seiten der ohnmächtigen Opfer.

Zweitens bedeutet Islamkritik in den meisten Fällen eben nicht, dass alle Muslime über einen Kamm geschoren werden. Islamkritik und Muslimkritik sind zwei verschiedene Paar Schuhe. Meist richtet sich Islamkritik gar nicht in erster Linie gegen die Gläubigen, sondern gegen die Grundsätze der Religion selbst, die im Koran niedergelegt sind, sowie gegen den Erfinder des Islam, den sogenannten „Propheten" Mohammed – ganz im Sinne des britischen Guardian-Journalisten Johan Hari, der es so wunderbar auf den Punkt brachte: *„I respect you too much to respect your ridiculous beliefs."* (Ich respektiere dich zu sehr, um deinen lächerlichen Glauben zu respektieren.) Und Recht hat er, denn Menschen verdienen Respekt, Religionen nicht. Oft sind es leider Linke oder Möchtegern-Linke, die einfach nicht verstehen, dass wir zunächst einmal alle Menschen sind und nicht als ChristInnen, BuddhistInnen, MarxistInnen, Jüdinnen und Juden, SozialdemokratInnen oder etwa Musliminnen und Muslime auf die Welt kommen. Wenn wir es aushalten, dass das, was uns am Heiligsten ist, kritisiert, karikiert und in Frage gestellt wird, halten es auch unsere Mitmenschen aus. Die sind nicht aus Zucker, der beim kleinsten Regentropfen schmilzt. Wenn wir, wie im vorherigen Kapitel erwähnt, Musliminnen und Muslime auf einen Sockel stellen und sie so vorsichtig behandeln wie Dreijährige, die im Supermarkt auf dem Boden liegend mit den Beinen strampeln und nach Schokolade schreien, bis sie im Einkaufswagen landet, tun wir ihnen keinen Gefallen, sondern drücken damit im Grunde aus, dass wir sie nicht ernst nehmen, nicht als gleichwertig und nicht als Erwachsene betrachten. Wenn wir unsere Mitmenschen ernst nehmen und sie tatsächlich respektieren, versteht es sich von selbst, dass wir ihnen dieselbe Kritikfähigkeit zugestehen, die wir von „unseren eigenen Leuten" erwarten, und dass wir auch von Muslimen Toleranz und eben diese Kritikfähigkeit einfordern. Es ist eine Frage des gegenseitigen Respekts.

Drittens ist – anders als bei der Diskriminierung von Minderheiten wie etwa von Menschen schwarzer Hautfarbe, Menschen mit Behinderungen oder Homosexuellen – die Kritik am Koran, am Rechtssystem des politischen Islam (der Scharia) und am sogenannten „Propheten" Mohammed keine hasserfüllte, auf Lügen aufbauende Propaganda, sondern hat einen wahren Kern, spricht echte Probleme an, ist mehr als notwendig und wirkt – ebenfalls im Gegensatz zu echtem Rassismus und zur Diskriminierung von Minderheiten – gegen Gewalt, Hass und Vorurteile. Das Ziel der Islamkritik ist nicht eine Vergrößerung des Leids von Menschen, sondern eine Verbesserung deren Lebensumstände, eine Hinwendung zu demokratischeren Strukturen, eine Stärkung von Menschen- und Frauenrechten und letztendlich auch der Schutz unserer Gesellschaft und unseres mehr oder weniger säkular ausgerichteten Rechtsstaats, vor einer nach unseren Maßstäben barbarischen Ideologie aus dem 7. Jahrhundert, deren Führer und Rechtslehre übrigens nach unseren heutigen Maßstäben alles andere als antifaschistisch waren. Oft wird bei Debatten zum Thema Islam oder Islamismus, folgendermaßen argumentiert: „Wenn Sie den Propheten beleidigen, fügen Sie allen Muslimen Schmerz zu! Meinungsfreiheit muss eine Grenze haben, wenn sie beleidigend wird! Sie würden doch auch keine Beleidigungen gegen Menschen schwarzer Hautfarbe dulden, dann sollte auch die Beleidigung von Mohammed verboten sein!"

Es stimmt, Meinungsfreiheit hat dort ihre Grenze, wo eine strafbare Beleidigung beginnt. Was genau eine Beleidigung ist, hängt aber nicht davon ab, wie sehr sich jemand beleidigt fühlt, also von rein subjektiven Empfindungen, sondern in erster Linie von objektiven Tatsachen. Im Wesen einer Beleidigung liegt unter anderem, dass sie eine Lüge ist. Islam-ApologetInnen haben oft die Angewohnheit, jede Art von Meinungsäußerungen mit den schlimmsten Beleidigungen in einen Topf zu werfen, von harmloser Satire auf der einen Seite bis zum volksverhetzenden Aufruf zu Gewalttaten. Doch es gibt eine klare Grenze. Wie eben schon angerissen, liegt ein wichtiger Unterschied zwischen strafbaren und zu verurteilenden Beleidigungen einerseits und Aussagen, die unter freie Meinungsäußerung fallen und auch Satire umfassen darin, dass das eine auf einer Lüge, das andere auf der Wahrheit basiert. Beleidigende Aussagen gegen bestimmte Gruppen, wie das Beschimpfen von Menschen schwarzer Hautfarbe mit dem „N"-Wort, die Behauptung, Homosexuelle seien nicht fähig, Kindern ein gutes Zuhause zu bieten oder die Abwertung von Frauen als Männern gegenüber minder bemittelt, basieren auf einer Lüge. Eine faire, ehrliche und manchmal unbequeme Religionskritik, die vom Recht auf freie Meinungsäußerung geschützt wird, tut das nicht. Satire hat meist einen wahren Kern, und selbst Karikaturen, die Mohammed auf irgendeine Art und Weise als gewalttätig darstellen, bilden die Wahrheit ab. Egal, wie unangenehm und sogar schmerzhaft dies für manche Menschen sein mag – dies spielt keine Rolle, weil das Recht auf freie Rede wichtiger ist als das subjektive Gefühl, beleidigt zu sein. Unangenehme Wahrheiten zum Vorschein zu bringen, kontrovers zu sein, zur Diskussion anzuregen und unter die Talare zu schauen – dazu ist das Recht auf freie Rede da! Darüber hinaus beschneiden wir mit diesem übermäßigem Respekt an der falschen Stelle unsere eigene Meinungsfreiheit, denn diejenigen, die heute über Mohammed-Karikaturen beleidigt sind und uns dazu bringen, darauf Rücksicht zu nehmen, sind morgen eventuell über Dinge beleidigt, die für uns heute noch selbstverständlich sind, wie Frauen in Führungspositionen, „zu freizügige" Kleidung nicht-muslimischer Frauen oder fehlende öffentliche Gelder für einen Moscheebau. Deshalb ist es heute wichtig, Stellung zu beziehen und die Meinungsfreiheit zu verteidigen.

Aus den genannten Gründen ist eine gesunde, offene Religionskritik also keine Diskriminierung von Minderheiten, und es ist eben nicht dasselbe, wenn einerseits glatzköpfige Neonazis in Bomberjacken Menschen schwarzer Hautfarbe mit dem N-Wort beschimpfen, und wenn andererseits eine Ex-Muslimin einem Vertreter eines mächtigen Islamverbands vorwirft, er ignoriere die Gewaltbotschaften im Koran. Es ist kein Rassismus, wenn ein Schwimmbadbetreiber (muslimischen) Flüchtlingen als Reaktion auf deren Verhalten Hausverbot erteilt, weil in vielen ihren Kulturen für Frauen Hautverbot besteht, und weil der Schutz der Opfer wichtiger ist, als zu verhindern, dass unbeteiligte männliche Flüchtlinge ungerecht behandelt werden und ein paar Tage nicht ins Schwimmbad dürfen. Es ist nicht rassistisch zu fragen, ob die Übergriffe in diesem Ausmaß, diese erschreckende Frauenverachtung, das völlig selbstverständliche Anfassen von Frauen und Kindern ohne jegliches Unrechtsbewusstsein, auch bei christlichen, jüdischen, buddhistischen oder gar atheistischen Flüchtlingen bzw. Migranten aus Syrien, Algerien, Eritrea, Tunesien, dem Irak und anderen Ländern geschehen wären. So gesehen spielt die Religion sogar noch eine höhere Rolle als die Kultur, wenn man beides überhaupt trennen kann, denn gerade der Islam mit seinem politischen Anspruch und der strengen Regelung des gesamten Alltags dringt so tief in eine Kultur ein, bis er zu deren bestimmenden Element wird und alle privaten und öffentlichen Lebensbereiche umfasst. Ist es nicht eher gesunder Menschenverstand sich einzugestehen, dass der Islam in der heutigen Zeit aus irgendeinem Grund ein größeres Gewaltpotenzial zu haben scheint als andere Religionen, und diese Erkenntnis zu nutzen, um Frauen und Kinder egal welcher Herkunft und Religion in unserem Land vor Männergewalt, und auch „unsere Männer" vor Gewalttaten von oft hoch gewaltbereiten und aggressiven Banden zu schützen?

Ich weiß, bei dir schellen mittlerweile alle Alarmglocken, denn du hast Angst, dass dein Friede-Freude-Eierkuchen-Multikultigebäude schon Risse bekommt, wenn du es nur wagst, darüber nachzudenken. Auch ich bin tolerant und anderen Kulturen gegenüber aufgeschlossen, und dagegen, Menschen vorzuverurteilen und zu pauschalisieren. Aber meine Güte, Toleranz muss doch dort enden, wo von uns erwartet wird, intolerantes Gedankengut zu tolerieren. Wenn sich unsere eigene Toleranz gegen uns selbst richtet, wenn sie ausgenutzt wird, um eine intolerante Gesellschaft zu errichten, wenn die Demokratie genutzt wird, um dieselbe zu unterhöhlen und abzuschaffen, muss eine Grenze gezogen werden. Und wir können nicht ignorieren, wie sich religiöse Ideologien auf das Verhalten und die Gedankenwelt eines Menschen auswirken. Eine Gruppe von Menschen, die sich gemeinsame Verhaltensregeln auferlegt und dieselbe „heilige" Schrift liest, besitzt sehr wohl gewisse Gemeinsamkeiten.

Selbst wenn es – auch uns – unangenehm ist, müssen wir diese Fragen stellen.

Warum der Begriff „Rassismus" trotzdem sowohl von Muslimen, und besonders eifrig und gekonnt vorwurfsvoll von den erzkonservativen Islamverbänden als auch von vielen „Linken" immer wieder gern verwendet wird, ist offensichtlich. Es ist ein Wort, das erschreckt und das Gegenüber sofort in die Defensive rückt, es ist laut, aggressiv und einschüchternd – ein klassisches Totschlagargument, um von der eigentlichen Kritik abzulenken.

> *Der Versuch, den Diskurs über Wesen und Alltag des Islam, seiner Sitten und Auswüchse zu verhindern, indem man Kritik oder Ablehnung als "rassistisch" diskriminiert, zeigt wie weit die Islamverbände und die sogenannten Antirassisten ideologisch argumentieren. Das Schreckenswort "Rassismus" wird zum Knüppel gegen Kritik.*
>
> (Soziologin und Frauenrechtlerin Necla Kelek, Artikel *Der menschliche Makel*, TAZ: http://www.taz.de/!5166212/)

Aber es funktioniert und stellt den Beschuldigten in den Augen vieler Menschen in ein schlechtes Licht, wie ein Verteidiger, der versucht, der Aussage einer Zeugin der Staatsanwaltschaft vor Gericht an Bedeutung zu nehmen, indem er die Zeugin diffamiert und unglaubwürdig macht. Oder wie ein Inquisitor, der sein Opfer, das möglicherweise Gedanken geäußert hat oder Handlungen unternommen hat, die der Kirche nicht passten, als „Hexe" bezeichnet, die aus bösem Willen das Verbrechen der Ketzerei beging. Wie sollte man auch „Andersdenkende" auf dem Scheiterhaufen verbrennen, für das Verbrechen der freien Rede oder des selbstständigen Denkens?

Wie bringt man mit solchen lahmen Vorwürfen die Menge zum Grölen? Nein, dafür muss man schon die richtigen Begriffe wählen, die Angst schüren und das Opfer isolieren. Echte Rassisten benutzen genau dieselbe Taktik, um andere Menschen abzuwerten, indem sie diesen ihre Menschlichkeit und Würde ein Stück weit absprechen. Um unsere Mitmenschen zu diskriminieren, müssen wir uns zunächst, zumindest im Geiste, über sie stellen, und genau das machen Gutmenschen oft mit ihrem unbequemen Gegenüber.

Eng mit den Vorwürfen des Rassismus verbunden ist der Kampfbegriff der „Islamophobie", der Islamkritikerinnen und -kritikern ein Vorurteil, eine tief reichende Islamfeindlichkeit unterstellt. Nun ist es nicht unbedingt ein guter Einstieg in die Diskussion, der anderen Seite eine geistige Störung zu diagnostizieren. Eine Phobie bezeichnet eine Angstneurose, also eine krankhafte Angst, für die kein tatsächlicher Grund vorliegt. Aber ist die Angst vor dem Islam wirklich unbegründet, angesichts der schrecklichen Verbrechen, die immer wieder im Namen des Islam begangen werden? Angesichts des Terrors gegen den Westen und westliche Werte (Wie bitte, lieber Gutmensch? Der Westen hat doch selbst einen Terrorkrieg gegen muslimische Länder geführt und viele Terroristen erst geschaffen? Ja, das wissen wir, dagegen protestieren wir auch, siehe Kapitel Whataboutery.) Also, angesichts des Terrors gegen westliche Werte, ob in Form von Bomben oder organisiertem Frauenhass, und angesichts der Gewalt gegen die ersten Opfer dieser Ideologie, muslimische Frauen, homosexuelle

Muslime, moderate oder säkulare/kulturelle Musliminnen und Muslimen, ist Angst vor dem Islam doch mehr als begründet. Und eine begründete Angst ist keine Phobie. Sie ist etwas, gegen das weder eine Angsttherapie noch Beleidigungen und Diffamierungen, sondern nur echte Lösungsansätze helfen.

Gibt es denn überhaupt so etwas wie Islamophobie oder handelt es sich bei diesem Begriff generell um einen Versuch, Islamkritiker mundtot zu machen? Die Frage ist gar nicht so einfach zu beantworten und sicher gibt es mehr als eine Antwort darauf. Meiner Meinung nach gibt es in der öffentlichen Diskussion durchaus auch Stimmen, bei denen sich kaum erkennen lässt, dass sich der Betreffende mit der Thematik befasst hat. Oft handelt es sich dabei um Leute, die ihre Vorurteile gegenüber Menschen schwarzer Hautfarbe, Frauen, Homosexuellen, jüdischen Menschen und vielen anderen Gruppen einfach auf Muslime ausweiten, weil sie „fremd" sind. Natürlich gibt es rechte Idioten, die einfach alles Fremde hassen, und wenn rechte Horden von Männern, die sich wohl noch als Patrioten betrachten, muslimische Frauen angreifen, um ihnen den Schleier vom Kopf zu reißen oder sogar noch handgreiflicher zu werden, ist das keine Islamkritik, sondern purer Fremden- und Frauenhass. Aber es ist keine Islamophobie, also keine unbegründete Angst vor dem Islam, sondern einfach Hass und Lust an der Gewalt, die sie motivieren. Daher gibt es meiner Ansicht nach wenige Situationen, in denen die Nutzung des Begriffs „Islamophobie" gerechtfertigt werden kann, dazu ist der Begriff viel zu belastet. Es ist auch sehr bezeichnend, dass er üblicherweise von einem Personenkreis verwendet wird, der sich sonst nicht gerade durch seine Toleranz und Weltoffenheit auszeichnet und sich nur beschwert, wenn sich Kritik gegen den Islam richtet oder „islamische Werte" gefährdet werden. So bezeichnete Ayatollah Khomeini einst unverschleierte Frauen als „islamophob", weil diese angeblich gegen den Islam handelten. Es ist in den meisten Fällen einfach ein dummes Totschlagargument für Islamisten und islamverliebte, kritiklose Gutmenschen, die in Ermangelung jeglicher eigener Gegenargumente jede Kritik sofort als Hetze und Fremdenfeindlichkeit diffamieren und im Keim ersticken wollen.

Es wäre hilfreich für eine offene und respektvolle Diskussion, wenn dieser kontraproduktive Kampfbegriff endlich in der Tonne verschwinden würde.

4. Nie wieder Deutschland!

Nie wieder Deutschland!

Deutschland du mieses Stück Scheiße!

Deutschland, halt's Maul!

(Plakataufschriften bei den Demonstrationen gegen Pegida und Rassismus, u. a.
am 9. Januar 2016)

Lieber Gutmensch, du bist doch immer so besorgt wegen „Hass" und „Hetze", forderst Toleranz und empörst dich über unfaire Pauschalisierung. Doch der größte Fan unseres Landes bist du nicht gerade, oder? Das scheint mir eine der Grundlagen eures zweifelhaften Engagements gegen „Rassismus" und „Intoleranz" zu sein, aus der ihr eure Motivation bezieht. Als Linke ist es bei mir auch nicht so, dass ich jede Nacht vor dem Einschlafen nach dem Abspielen der Nationalhymne eine überdimensionale Deutschlandflagge küsse, aber ich lebe gern hier, und ich mag dieses Land, manchmal liebe ich es sogar. Davon abgesehen steht für mich die Tatsache, dass ich Deutsche bin, gar nicht im Vordergrund. Zuallererst bin ich Mensch, dann bunt gewürfelt und in abwechselnder Reihenfolge Frau, Tierschützerin, Linke, Atomkraftgegnerin, Lernende des Harfenspiels, begeisterte Krimileserin, Radfahrerin, erfolglose Töpferkursteilnehmerin, Volleyballspielerin und vieles mehr, und irgendwo dazwischen auch Deutsche. Dafür schäme ich mich nicht, denn ich trage weder Schuld noch Verantwortung für die Verbrechen, die Menschen begingen, die auch Deutsche waren.

Ich bin ein Individuum und trage die Verantwortung für mein Handeln allein. Wir sollten begreifen, dass wir weder Schuldgefühl noch Selbsthass brauchen, um uns gegen Faschismus, Rassismus und Hass zu engagieren, im Gegenteil. Deshalb ist mir so etwas wie „Selbsthass" auch ziemlich unbekannt und ich kann dieses Gefühl gar nicht nachvollziehen – vielleicht hat auch einfach das ziemlich grausame Einimpfen von Schuldgefühlen im Geschichtsunterricht bei mir nicht geklappt, bei dem Kinder in viel zu jungen Jahren mit viel zu grauenhaften Verbrechen konfrontiert werden, weil sie Deutsche sind, und wohl davon ausgegangen wird, dass sie es ja irgendwie „verdient" hätten und man auf ihre Gefühle weniger Rücksicht nehmen muss. Natürlich ist es wichtig, über die Zeit des Nationalsozialismus zu informieren, schon allein, damit wir eine Art Warnsystem entwickeln und rechtzeitig die Alarmglocken läuten, wenn Rechtsextreme oder Neonazis wieder versuchen, an Boden zu gewinnen. Das ist aber eine Lektion, die nicht nur Deutschland lernen sollte, sondern gerade auch unser imperialistischer großer Bruder, der sich immer noch selbstgefällig einbildet, er habe uns Demokratie beigebracht (August Bebel, Karl Liebknecht, Friedrich Ebert und Rosa Luxemburg oder auch deren Kampfgefährtin, die Sozialdemokratin, Frauenrechtlerin und Sozialistin Lily Braun sowie nicht wenige PolitikerInnen der Weimarer Republik würden sich im Grab umdrehen!) und mithilfe zweier gleichgeschalteter Parteien stets dafür sorgt, dass die Mächtigen nicht vom Thron gestoßen werden und nicht von lästigen demokratischen Wahlen bei ihren Machenschaften gestört werden. Man möchte Herrn Trump und Frau Clinton einige Geschichtsstunden spendieren, doch viel lernen würden sie wohl nicht. Mal ehrlich, zur deutschen Politik kann man stehen, wie man will, aber im Vergleich zum politischen System der USA glänzt Deutschland mit einer geradezu perfekten Demokratie. Aber welches Land tut das nicht?

Wenn ich mir überlege, in welchem Land der Welt ich am liebsten wohnen würde … Mist, jetzt wollte ich gerade „Deutschland" schreiben, da fallen mir Australien und die Malediven ein, aber ein solcher Umzug ist zeitnah leider nicht geplant. Dennoch wäre Deutschland doch zumindest in meinen Top Ten, sowohl was Menschen- und

Frauenrechte, Demokratie und Rechtsstaat, bürgerliche Freiheiten, als auch was das Gesundheits- und Sozialsystem, die Rechtssicherheit und den gesellschaftlichen Umgang miteinander angeht. Das dürfen wir auch ruhig zu schätzen wissen.

Wenn du „Deutschland verrecke", „Nie wieder Deutschland" oder „Deutschland halt's Maul" schreist oder auf Plakaten hochhältst, wen meinst du eigentlich? Auch „die Deutschen" sind doch kein einheitlich verkneteter Mürbeteig, sondern Millionen von einzelnen Menschen. Soll ich „das Maul" halten? (Das war eine rhetorische Frage.) Warum hältst du es nicht zuerst, du bist doch meistens selbst Deutsche/r?

Was ist in dir kaputtgegangen, dass du dein Land und auch irgendwie dich selbst so hasst, dass du es am liebsten auslöschen würdest und solche Angst vor Deutschland hast? Bist du vielleicht der Meinung, du könntest nur dann wirklich weltoffen sein, tolerant und antirassistisch sein, wenn du dich vorher selbst verleugnest? Auch einige Gutmenschen, die nicht bei Demos mitmarschieren, sondern in Zeitungsredaktionen, Landtagen oder in virtuellen Diskussionsforen sitzen, scheinen derselben Auffassung zu sein. Wie traurig!

Die etwas dümmliche, polemische Parole „Nie wieder Deutschland" kam mir übrigens bekannt vor und ich habe ein bisschen recherchiert. Tatsächlich ist sie schon etwas älter und prangte schon auf Demoplakaten nach dem Mauerfall, als unter anderem grüne und „linke" PolitikerInnen, die heute teilweise in den Führungsspitzen sitzen, Angst vor einem zu großen und zu mächtigen Deutschland hatten und in der Wiedervereinigung sofort das Potential für eine neue rechte Schreckensherrschaft sahen. Ist es nicht erschreckend, dass solche Leute politische Macht besitzen und hohe Ämter bekleiden? Wenn PolitikerInnen ihr Land verabscheuen und den Menschen dieses Landes mit Angst und Misstrauen begegnen, weil sie Deutsche sind, wie sollen solche Leute mit politischer Verantwortung die Anliegen und Sorgen der Menschen ernst nehmen und deren Interessen vertreten?

Apropos Selbsthass der Deutschen, wer oder was sind eigentlich diese „Antideutschen", lieber Gutmensch? Kennst du die? Ich selbst hege zwar durchaus Sympathien für die Antifa, aber die Antideutschen scheinen eine seltsame Truppe zu sein, eine kleine zwar, aber eine, die den Hass auf Deutschland geradezu zelebriert und auf alle anderen projiziert, die zufällig im selben Land geboren sind oder noch geboren werden. Niemand weiß so richtig, wo diese seltsame Truppe herkam. Man vermutet, dass sie sich irgendwann von der Antifa abgespalten hat, vielleicht ist das Ganze auch nur als Satire gemeint und ist bald wie ein böser Spuk vorbei. Aber immerhin – Gegenüber den Damen und Herren der „Antideutschen" mit ihren Parolen, die beispielsweise die Bombardierung Deutschlands fordern, wie „Alles Gute kommt von oben!", „Bomber Harris Superstar, es grüßt die Rote Antifa!" wirkt die gute, alte Antifa wie eine Gruppe erzkonservativer, blondgeschöpfter Burschenschaftler. Die Antideutschen treiben das Antideutsche so dermaßen auf die Spitze, dass sie sogar der Antifa peinlich sind, und zum Glück ist diese verrückte Truppe tatsächlich ein sehr kleiner Kreis. Ich habe die Antideutschen, die übrigens nicht nur Deutschen, sondern auch Musliminnen und Muslimen sehr misstrauisch gegenüber stehen, nur am Rande erwähnt, um zu zeigen, wieweit die Verachtung für das eigene Land gehen kann.

Ein Mensch, der Deutschland nicht negativ gegenüber steht, ist allem Anschein nach auch vielen Gutmenschen schon von vornherein verdächtig. Aber sind wir wirklich schon so weit? Dürfen wir als Deutsche unser Land nicht lieben? Darf überhaupt jemand sein Land lieben oder nur wir Deutschen oder gar wir Linken nicht? Wenn ich mich frage, warum ich mein Land mag, warum ich gerne hier lebe, denke ich nicht an die Macht unseres Militärs oder der Wirtschaft, nicht an Ordnung, Stechschritt, Fleiß und Pünktlichkeit und schon gar nicht an Angela Merkel, denn dann möchte ich selbst im Ausland um Asyl betteln.

Wenn ich an Deutschland denke und überlege, warum ich mich mit meinem Land verbunden fühle und was mir daran gefällt, fallen mir steile Weinberge an Bad Dürkheimer Berghängen oder der Pfälzer Wald ein, das wunderbare Kaltenbrunner Tal in Neustadt an der Weinstraße. Die Nordseeküste mit ihren Inseln, deren nasser Sand sich beim Gehen durch die Zehen drückt, die weiß schimmernden Wellen, die sanft am Strand auslaufen. Wunderbare Spaziergänge in Köln am Rhein, dessen Wasser so beruhigend und leuchtend in der Sonne glitzert. Ich bin froh über die Freiheiten, die ich hier als Frau habe, weil Feministinnen und viele andere „besorgte BürgerInnen" dafür gekämpft haben, und ich weiß sie zu schätzen, denn in den meisten Ländern der Welt ist das anders. Unsere Art zu leben und die Rechte, die wir genießen – Meinungsfreiheit, Pressefreiheit Versammlungsfreiheit, der Schutz des Angeklagten vor Gericht, die Tatsache, dass auch eine Frau sich frei auf der Straße bewegen kann, ohne dass irgendjemand das Recht hat, sie anzupöbeln oder nach Hause zu schicken – all dies ist nicht selbstverständlich, und es gibt keine Garantie darauf, dass es immer so bleibt.

Diese Rechte und Freiheiten müssen beschützt werden und es ist kein rechtsextremes Argument zu sagen, wenn Millionen von Menschen aus Ländern zu uns kommen, in denen Frauen als weniger wert als Männer gesehen werden, bedeutet dies eventuell eine Gefahr für diese Rechte und Freiheiten. Ich lebe gern in einem Land, in dem ich als Bürgerin (normalerweise) keine Angst davor haben muss, von der Polizei zusammengeschlagen zu werden, ohne Anwalt vor Gericht gestellt oder ganz ohne Prozess ins Gefängnis geworfen zu werden, in dem ich mich an die Polizei wenden kann, wenn ich Hilfe brauche und mir geholfen wird.

Ich bin stolz darauf, in einem Land zu leben, dessen erster Verfassungsartikel die unantastbare Menschenwürde unterstreicht. Was für ein tolles und aussagekräftiges Signal, die Würde des Menschen an allererste Stelle zu setzen! Ob dieser Grundsatz in der Praxis immer so umgesetzt wird, ist eine andere Frage, aber dort steht es Schwarz auf Weiß und das bedeutet sehr viel.

Ich mag die deutsche Toleranz und Diskussionskultur, die auch bedeutet, dass ich die Meinung eines Menschen auch dann respektiere, wenn ich gar nicht verstehen kann, dass jemand so denkt; ich mag das allgemeine Verständnis dafür, dass die Freiheit der

Rede gerade dann anfängt, wenn sich Andere auf den Schlips getreten fühlen, denn bei freier Rede geht es nicht um den Austausch von Kuchenrezepten. Seine Meinung offen und ohne Angst sagen zu können, auch wenn es anderen nicht passt und auch wenn einen diese am liebsten mundtot machen würden – dazu ist das Recht auf freie Meinungsäußerung da!

Mir gefällt unsere lange Tradition der politischen Satire mit wunderbaren Sendungen wie Scheibenwischer mit dem unvergesslichen Dieter Hildebrandt, die bis weit in die Kaiserzeit zurückreicht, das Naziregime, die „DDR" und die Besatzung überlebt hat, die unbequem, frech und lebendig ist und den Regierenden und allen, die für sich die ultimative Wahrheit gepachtet haben, den Spiegel vorhält. Selbst vor dieser wunderbaren Tradition mit frecher Till-Eulenspiegel-Attitüde machen die Gutmenschen nicht Halt. Auch hier müssen wir uns wehren, denn auch die Freiheit von SatirikerInnen und AutorInnen ist nicht selbstverständlich. Wenn der Politikwissenschaftler und Autor Hamed Abdel-Samad wegen seiner kritischen Auseinandersetzung mit Mohammed in seinem Buch *Mohammed – Eine Abrechnung* wegen Volksverhetzung angezeigt wird und sich die Berliner Staatsanwaltschaft sich nicht in Grund und Boden schämt, ihn tatsächlich zum Verhör zu laden, ist bereits etwas im Rechtssystem aus den Fugen geraten und unsere Meinungsfreiheit ist ein Stück weniger selbstverständlich. Höchstwahrscheinlich wird wohl auch diese Anzeige fallengelassen, wie 2014 die Anzeige der Volksverhetzung gegen den Kabarettisten Dieter Nuhr, dem für seine kabarettistische Betrachtung des Islam von einem Muslim aus Osnabrück „Hetze gegen eine Minderheit" vorgeworfen wurde. (vgl. Zeit Online, 5. 11. 2014, Artikel *Ermittlungen gegen Kabarettisten werden eingestellt*, http://www.zeit.de/kultur/2014-11/dieter-nuhr-anzeige-islam).

Gegen den Schweizer Satiriker Andreas Thiel wurde nach einem kritischen Artikel über den Koran in der Weltwoche 2015 eine Strafanzeige eingereicht und wie viele kritische Stimmen wurde er auch noch bedroht und musste unter Polizeischutz auftreten. Von solchen Beispiele gibt es zu viele, um sie als bedauerliche Einzelfälle abzutun.

Auch der islamische Fundamentalist Tayyip Erdogan, leider noch türkischer Präsident, hat nicht das beste Verhältnis zur Pressefreiheit und Satire. So wurde Ende März 2016 der deutsche Botschafter ins Außenministerium zitiert, weil Erdogan doch sehr verletzt über einen 2-minütigen satirischen Musikclip der Sendung extra 3 im Ersten war, der sich über Präsident Erdogan lustig macht. Nach einem Schmähgedicht des satiremäßig weniger begabten Jan Böhmermann erstellte er Anfang April 2016 gar Strafanzeige und was sich daraus entwickelt, wird sich zeigen. Mein guter Geschmack rebelliert bei Böhmermann ähnlich wie bei Tiefschlaghosen und schleimiger Schlagermusik, aber Staatschefs, die unfreiwillige Komiker wegen Beleidigung anzeigen? Nein, das geht zu weit. Allerdings ist die allgemeine Aufregung gegen Erdogans Empörung sehr bezeichnend. Ich stehe bei der Einschätzung Erdogans auch eher auf Hallervordens Seite als auf Merkels, aber hier zeigt sich schon eine gewisse Scheinheiligkeit in der öffentlichen Debatte. Wo war dieses aufgeregte, empörte Engagement, als die Mohammed-Karikaturen von Charlie Hebdo kritisiert wurden und die Gutmenschen in Medien und Politik doch allzu verständnisvoll waren? (Nicht für die ermordeten Karikaturisten, sondern für die beleidigten Leberwürste, wohlgemerkt!) Erdogan ist doch immerhin ein Mensch, dessen Gefühle auch verletzt werden können. Wenn gegen ihn jegliche Schmähungen erlaubt sind – übrigens in einem Gedicht, das durchaus mit den billigsten Stereotypen in Bezug auf Türkinnen und Türken arbeitet – warum schreien dann dieselben Leute schmerzvoll auf, wenn sich ein Satiriker oder eine Journalistin erdreistet, Mohammed zu kritisieren und bloßzustellen, der ja immerhin seit ca. 1400 Jahren tot ist und gar nichts mehr merkt? Geschweige denn, einen eingebildeten Gott? Sicher, viele konservative Muslime beklagen, sie lieben Mohammed mehr als ihre Mutter und eine solche Schmähung träfe sie mitten ins Herz, aber diese Behauptung erscheint, mit Verlaub, sehr irrational und unglaubwürdig.

Im Falle von Dieter Nuhr wog die Staatsanwaltschaft die Kunstfreiheit gegen den Schutz von Religionsgemeinschaften ab und kam so zu ihrer Entscheidung, und hoffentlich wird es bei Hamed Abdel-Samad (und von mir auch selbst bei

Böhmermann) auch so sein, aber was ist morgen oder übermorgen? Wenn die Stimmung gegen ReligionskritikerInnen umschlägt und das, was heute noch als Satire und freie Rede gilt, morgen als Blasphemie und Volksverhetzung strafrechtlich verfolgt wird, haben wir wieder ein Stück unserer wertvollen Freiheit aufgegeben und sind vor den bigotten, intoleranten, professionell beleidigten Fanatikern eingeknickt. Sind es politische Satire und kritische Stimmen nicht wert, vor genau diesen Leuten beschützt zu werden?

Wenn ich überlege, warum ich Deutschland mag, fällt mir sogar noch mehr ein.

Zum Beispiel, dass ein Mann, der in Deutschland eine Frau schlägt, selbst unter seinen Freunden oder Kollegen als Lusche und Feigling gilt, sein Gesicht verliert und vor Gericht verurteilt werden kann. (Naja, verurteilt wird er wohl nicht, bis dahin ist noch viel zu tun. Die Arbeit einer Feministin ist eben nie vorbei!)

Wie war das, lieber Gutmensch, „Ja aber deutsche Männer schlagen doch auch Frauen, und in den Vorständen sitzen noch viel zu wenig Frauen und noch vor wenigen Jahren durfte auch in Deutschland ein Ehemann seine Frau ungestraft vergewaltigen, und die Unterschiede in den Gehältern und und und"? Ja, das wissen wir, dagegen engagieren wir uns auch, aber darum geht es jetzt nicht. (Siehe Kapitel „Whataboutery").

Mein Punkt ist, dass es viele Gründe gibt, Deutschland zu mögen und froh zu sein, hier zu leben; und dass nur BürgerInnen, die ihr Land lieben oder doch zumindest mögen oder nicht ganz zum Erbrechen finden, es auch verbessern und gemeinsam nach Lösungen suchen können, frei nach Brechts Kinderhymne:

Und weil wir diesen Land verbessern
Lieben und beschirmen wir's
Und das Liebsten mag's uns scheinen
So wie andern Völkern ihrs.

Heißt das, wir sollten uns den Pegida-Rufern anschließen, die fordern „Wer Deutschland nicht liebt, soll Deutschland verlassen"? Nein. Wo sollten sie auch hin? Das Gastland hassen sie wahrscheinlich noch mehr. Aber wir sollten uns auch nicht von Menschen, die Selbsthass oder anderen Gründen unser Land verachten, den Mund verbieten und uns schon gar nicht in deren Kategorien einordnen lassen oder uns deren Vokabular unterwerfen.

Wir dürfen unser Land mögen oder lieben, und wenn uns etwas nicht passt, lasst uns zusammen daran arbeiten, um es zu verbessern.

5. Die unsichtbaren Opfer

DIE KIRCHE VERWIRFT JEDE DISKRIMINIERUNG

EINES MENSCHEN UND JEDEN GEWALTAKT GEGEN IHN

UM SEINER RASSE ODER FARBE,

SEINES STANDES ODER SEINER RELIGION WILLEN,

WEIL DIES DEM GEIST CHRISTI WIDERSPRICHT.

II. Vatikanisches Konzil – Nostra aetate – 1965

(Plakat am Kölner Dom)

Dieses Plakat am Kölner Dom richtete sich zwar ursprünglich 2015 gegen Kögida, wurde jedoch weiter genutzt, um ein Zeichen gegen die besagten Formen der Diskriminierung zu setzen, auch nach den furchtbaren Angriffen am Kölner Hauptbahnhof an Sylvester. Nimm' dir ruhig ein paar Sekunden und schaue dir das Plakat nochmal genau an. Fällt dir was auf?

Es fehlt eine Gruppe von Opfern, gegen die Diskriminierung auf der ganzen Welt und innerhalb der Kirche wohl schon so normal und üblich ist, dass es gar nicht mehr auffällt. Nein, nein, die Muslime sind doch unter „Religion" mitgemeint. Nein, lieber Gutmensch, es fehlen die Frauen, die tatsächlichen Opfer der Gewalttaten an Sylvester in Köln und vielen anderen Großstädten in ganz Deutschland und Europa. Natürlich kannst du sagen „Was will man von der Kirche mehr erwarten" und ich stimme dir zu, aber dieses Plakat gibt leider auch eine in Medien und Politik weit verbreitete und von den meisten Gutmenschen geteilten Meinung wider.

Wie geht es dir nach den Gewalttaten von Köln und in all den anderen Städten, lieber Gutmensch?

Du zeigst dich betroffen und falls du in der Politik bist, hältst du schöne Reden, um den Opfern dein Bedauern auszusprechen. Es hätte einfach nicht passieren dürfen. Nicht so sehr wegen der Frauen, die von ein paar Männergruppen belästigt wurden, das ist halt dumm gelaufen. Und sie waren ja auch aufreizend angezogen. Und sie waren ja auch nachts alleine, d. h. ohne männliche Begleitung unterwegs. Und in vielen Fällen waren es ja nur harmlose Pograpscher, die teilweise überhaupt strafbar sind, viele Frauen nehmen sowas ja auch als Kompliment, das weiß man(n) ja. Und einige, hasserfüllte Frauen mit tiefbraunen Herzen sollen die Taten ja auch aus reinem Fremdenhass und Rassismus erfunden haben, wie gemein. Trotzdem, sagst du, die, denen es wirklich passiert ist, haben das, was ihnen eventuell angetan wurde, natürlich nicht verdient. Das ist aber nett!

Nein, schlimm sind diese „Vorfälle", wie sie so gern möglichst neutral bezeichnet werden, hauptsächlich wegen der (deiner Meinung nach) wahren Opfer, deiner – sollen wir es so nennen – Lieblingsopfergruppe. Die wahren Opfer von Köln waren deiner Meinung nach die Flüchtlinge oder genauer gesagt die Muslime, deren Ruf so schlimm geschädigt wurde. Und jetzt müssen wir uns mit allen Kräften bemühen, damit – nein, nicht damit wir eine sicherere Umgebung und ein Klima schaffen, in dem sich Frauen nachts selbstverständlich und ohne Angst durch ihre Stadt bewegen können – sondern damit „jetzt die Stimmung nicht umschlägt".

Die Fakten und das Ausmaß dieser Nacht wurden von Regierung, Polizei und Medien so lange wie möglich vertuscht – und die Rechte der Frauen damit wie üblich dem sozialen Frieden geopfert. Linke und auch viele Feministinnen errichteten einen präventiven Schutzschild, um die vermeintlich „muslimischen" Ausländer als potenzielle Opfer vor Rassismus zu schützen.

Emma, März April 2016, Artikel *Die Linke hat uns Frauen verraten* von Marieme Hélie-Lucas, S. 30

Aber jetzt frage ich dich mal etwas ganz Ketzerisches, was mich in deinen Augen wohl zur rechtsextremen Hetzerin macht. Ist es nicht verständlich und nachvollziehbar, dass die Stimmung umschlägt?

Wenn, wie Journalist Claus Strunz es in ähnlicher Weise beim SAT1-Frühstücksfernsehen Anfang Januar 2016 so hervorragend und stimmig auf den Punkt gebracht hat, zwei Dinge zusammenfallen, ist es doch zynisch oder naiv, keine Verbindungslinie zu ziehen. Welche beiden Dinge? Nun, einerseits haben wir die organisierten Gewalttaten von Köln und in vielen anderen Städten in Deutschland und anderen europäischen Ländern – ein gut organisierter Flashmob zur Belästigung und Vergewaltigung von Frauen und Mädchen (die man gut und gern auch als Terroranschläge bezeichnen könnte, wenn es denn als Terror gelten würde, wenn nur Frauen die Opfer sind) ergänzt durch ständige, unzählige weitere „seltene Einzelfälle" von Männern mit demselben religiösen und kulturellen Hintergrund in Schwimmbädern, vor Schulen, Kindergärten, in Einkaufsstraßen, Straßenbahnen, Haltestellen, überall im öffentlichen Leben. Diese Verbrechen fallen zeitgleich zusammen mit dem Zuzug von über einer Million Menschen, hauptsächlich junger, kräftiger Männer, deren religiöser und kultureller Hintergrund zum großen Teil ein Frauenbild zeichnet, von dem unsere christlichen Kirchenmänner nur noch in trauriger Nostalgie träumen können, weil sie durch die Aufklärung und den Humanismus in die Schranken verwiesen wurden.

(Ja, ich weiß, auch deutsche Männer vergewaltigen und belästigen Frauen und Kinder, siehe Kapitel „Whataboutery".)

Und könnte es vielleicht auch sein, dass du, lieber Gutmensch, bei „deutschen Frauen" immer ein bisschen im Hinterkopf hast, die hätten es auch irgendwie verdient, weil sie Deutsche sind? Ich weiß, du rollst jetzt mit den Augen und schüttelst den Kopf, aber ist das nicht ein Gedanke, der dir ab und zu im Geiste begegnet? Dass sie es ja irgendwie verdient haben, weil alle Deutschen deiner Meinung nach noch etwas gutzumachen hätten und Verbrechen gegen deutsches Freiwild deshalb auch nicht ganz so schlimm sind wie Verbrechen gegen andere Frauen?

Stelle dir mal ein Szenario vor. Statt 1000 junger muslimischer Männer (allein in Köln, insgesamt waren es weit mehr!), die „Flashmobs" (Taharrush dschama'i, zu deutsch „gemeinschaftliche Belästigung") organisierten, um jungen, nicht-muslimischen, westlichen Frauen zu zeigen, wo der Hammer hängt, wären andere Menschen Täter und Opfer gewesen. Stell' dir vor, es hätten sich Tausende von Neonazis organisiert, um gezielt muslimische Frauen zu belästigen und zu vergewaltigen. Was wäre in Deutschland los? Und erst im Ausland? Man mag es sich nicht vorstellen, aber mach' das ruhig mal! Stell' dir vor, am nächsten Tag hätten sich Rechte in die Gruppe der DemonstrantInnen gemischt und Plakate hochgehalten mit Aufschriften wie „Ey Alda, wier sint aber nischt alle so!" oder „Jetzt nur niemand vorverurteilen!" oder „GEGEN VORURTEILE GEGEN RECHTS !!! (und von mir aus auch gegen Sexismus)".

Stell' dir vor, Menschen, die von „rechten Angriffen" gesprochen hätten, wären als „Hetzer", „hasserfüllt" und „nazophob" diskreditiert worden. Übrigens bin ich mir sicher, dass bei einem solchen Szenario der Männergewalt gegen Hunderte muslimischer Frauen die Tatsache, dass die Opfer Frauen waren, ebenfalls vollkommen in den Hintergrund gerückt worden wäre. Medien und Politik würden nicht Frauenhass und Sexismus, sondern „Islamfeindlichkeit" und „Verbrechen gegen Muslime" (in der männlichen Form wohlgemerkt) beklagen, denn wie gesagt, Frauen als Opfergruppe sind immer etwas problematisch, weil es auch in unserer Gesellschaft auch heute noch so verdammt normal ist.

Ich weiß, der Vergleich ist nicht ganz fair, darüber hinaus waren Frauenrechte noch nie die oberste Priorität rechter Gruppen oder Parteien. Auch meine Augenbrauen wandern in die Höhe, wenn sich Personen aus politischen Richtungen, die gegen die Strafbarkeit der Vergewaltigung in der Ehe maulten, die mit süffisanter Miene „Herrenwitze" machen und selbstbewusste Frauen so gern „Emanzen" nennen, die nur mal richtig (ähem) werden sollten, ausgerechnet jetzt über die Gewalt an „unseren

Frauen" aufregen. Aber dennoch denke ich, mein Gedankenspiel zeigt, was es für ein Schlag ins Gesicht der wahren Opfer (nein, nein, lieber Gutmensch, ich meine jetzt schon die belästigten Frauen) war, dass sofort bei der ersten Demo am nächsten Nachmittag auch einige von euch erstaunlich früh wach waren und sich wie trojanische Pferde unter die Demo mischten, damit nur die Stimmung gegen die Flüchtlinge und gegen Menschen muslimischen Glaubens im Allgemeinen nicht umschlägt. Aber entschuldige mal, darum ging es erstmal nicht. Es ging darum, dass kein Mann das Recht hat, eine Frau gegen ihren Willen anzufassen, auch wenn dessen Religion dem gegenüber nicht abgeneigt ist, schon gar nicht bei „ungläubigen" Frauen. Und aus den Plakaten mit Slogans wie „GEGEN RASSISMUS (und Sexismus)" wurde schon bei der Demo am nächsten Tag das Wort „Sexismus" vollkommen ausradiert und ganz durch „Rassismus" ersetzt:

Das Problem heißt Rassismus – Grenzen auf für Alle!

(Plakat auf einer der drei Demonstrationen am 9. Januar 2016 in Köln)

Nicht gegen die organisierte Belästigung von Frauen, sondern gegen Rassismus wurde demonstriert. Wirklich gegen Rassismus? (Siehe dazu Kapitel 3 „Rassismus und Islamophobie".) Wenn man's genau nimmt, eigentlich gegen IslamkritikerInnen und SkeptikerInnen an der aktuellen Flüchtlingspolitik, gegen diejenigen, die wissen, dass sich eine Situation nur verbessern lässt, wenn man die Dinge beim Namen nennt. Im Grunde solltet ihr das Wort „Rassismus" auf euren Plakaten streichen und ersetzen durch „Gegen jegliche Religionskritik!" Damit schmeichelt ihr sicher auch den islamischen Fundamentalisten, die sich öfters mal bei euch einreihen und so gerne bei euch mitmarschieren. Ebenfalls absolut rechte Kräfte mit rechtem Gedankengut und Verachtung für das Fremde (Frauen, Ungläubige, DemokratInnen usw.) und einem unumstößlichen Führerideal, deren braune Hemden mit so vielen Stickern der Antifa,

Grünen, Linken und mit religiösen Slogans verziert sind, dass ihr zu dumm und zu verblendet seid, sie noch als braun zu erkennen.

Natürlich stimmt es, dass es in Deutschland und fast jedem anderen Land zweifellos auch extrem rechte Kräfte gibt, die eine große Gefahr darstellen; die versuchen unsere Demokratie zu zerstören und hoch gewaltbereit sind. Natürlich müssen wir dagegen protestieren und auf die Straße gehen, um den Anfängen zu wehren und rechtes Gedankengut bloßzustellen, und dieses nicht als gleichwertige Meinung in der öffentlichen Diskussion zuzulassen. Genauso wie ihr finden wir auch, Faschismus ist keine Meinung. Wir sind auch dafür, der Nazipropaganda keinen Raum zu geben, denn ein bisschen Nazi oder ein bisschen rechtsextrem ist wie ein bisschen Gift, das man in kleinen Dosen zu sich nimmt, und das die Köpfe, wenn wir dagegen zu tolerant sind, irgendwann vergiftet. Natürlich dürfen wir Nazipropaganda nicht tolerieren und als das was sie ist, nämlich Fremdenhass und Volksverhetzung, benennen, und dagegen aufstehen, Gesicht zeigen. Nur weil wir das vielleicht nicht bei jeder Diskussion extra erwähnen, weil es das Selbstverständlichste der Welt ist, heißt das doch nicht, dass wir die Gefahr von rechts nicht sehen. Doch bei eurer Definition von rechtem Gedankengut kennt ihr, ähnlich wie bei der Flüchtlingsdebatte, keine Grenzen und ihr projiziert eure Angst vor dem Rechtsextremismus – wie ein verängstigter Zwergpinscher, der vollkommen grundlos hysterisch um sich bellt und zuschnappt – auf einen absurd hohen Kreis von Menschen, von denen nur ein kleiner Teil überhaupt als rechts, geschweige denn als rechtsextrem einzuordnen ist. (Während ihr gleichzeitig bei Musliminnen und Muslimen vor unfairer Pauschalisierung warnt!) Ihr verwechselt gesunde Kritik mit Hass und erreicht mit eurem übertriebenen Hang zur Political Correctness genau das Gegenteil von dem, was eigentlich das Ziel sein sollte. Ihr schützt die tatsächlichen Rechtsextremen und Neonazis und erlaubt ihnen, in dieser riesigen Gruppe von Menschen, die ihr als rechts bezeichnet, unerkannt unterzutauchen, und macht die Opfer jeder Art von Gewalt, die nicht von euren Lieblingstätern, sondern gar von Mitgliedern eurer Lieblingsopfergruppe, verübt wird, sprachlos und unsichtbar.

Und wie so oft scheint es, als sei Gewalt, die sich nur gegen Frauen und Mädchen richtet und fast ausschließlich auf Frauenverachtung begründet ist, irgendwie gar keine richtige Gewalt. Und ich finde, es ist eine absolute Schande, dass unsere Gesetzgebung das noch unterstreicht. Einige der Gewalttaten und sexuellen Übergriffe an Sylvester gelten nämlich laut deutschem Recht überhaupt nicht als Straftaten. So unfassbar es ist, Grapschen und Betatschen sind an sich noch nicht strafbewehrt, denn sexuelle Belästigung kommt im deutschen Strafgesetzbuch nicht vor. Wenn eine Tat also nicht unter den Tatbestand der sexuellen Nötigung (Paragraph 177 Abs. 1 StGB) fällt, bei der die Taten „von einiger Erheblichkeit" sein müssen, kann eine Strafverfolgung schnell ins Leere verlaufen. Doch eine sexuelle Nötigung liegt nur vor, wenn die Täter „zweistufig" vorgehen, d. h. der „sexuellen" Handlung muss eine Einschüchterung des Opfers durch körperliche Gewalt, eine Androhung von Gewalt vorausgehen oder es muss die konkrete Furcht vor körperlicher Verletzung ausgenutzt werden.

In der Praxis bedeutet das, erst wenn eine Person etwa vorher festgehalten, auf den Boden geschubst oder mit einer Waffe bedroht wird und danach eine sexuelle Handlung begangen wird, liegt eine sexuelle Nötigung vor. Diese Gewalt liegt zwar auch dann vor, wenn die Täter um das Opfer eine Art Wand bilden, aus der es nicht entkommen kann, aber nicht beim Ausnutzen eines Gedränges oder des Umstands, dass das Opfer abgelenkt ist. Bei einer Einschüchterung greift das deutsche Strafrecht gerade noch so, bei einer „Überrumpelung" schon nicht mehr. Wer auch immer jemals davon ausgegangen ist, hier in Deutschland sei die Gleichberechtigung von Frauen und Männern schon erreicht, muss spätestens angesichts dieser Gesetzgebung zugeben, dass das deutsche Recht in Sachen Emanzipation noch nicht so ganz auf dem Laufenden ist.

Kurz gesagt: Wer überraschend, etwa aus einer Menge oder auf der Rolltreppe zugreift, begeht keine Straftat. Der Begriff „Männerjustiz" kommt einer in den Sinn, und diese Vorstellung von sexueller Gewalt macht mich als Frau wütend. Als ob es in Ordnung sei, wenn mir ein völlig fremder Mann vollkommen ungefragt irgendwo hin langt. Aber wie gesagt, eine Feministin hat niemals Feierabend. Wie sollen wir angesichts einer solchen Gesetzgebung neuen Mitbürgerinnen und Mitbürgern glaubwürdig nahebringen, dass bei uns Gleichberechtigung herrscht und die Würde des Menschen, selbst des weiblichen, tatsächlich unantastbar ist?

Damit verbunden gibt es eine weitere juristische Spitzfindigkeit, wegen dieser nicht alle aus Köln und anderen Städten berichteten sexuellen Übergriffe geahndet werden können. Das deutsche Strafgesetz verlangt explizit eine „erhebliche sexuelle Handlung" (Paragraph 184 h Nr. 1 StGB). Fehlt es hieran, liegt kein Sexualdelikt vor. In der Rechtsprechung wird diese Erheblichkeitsklausel so ausgelegt, dass unser Alltagsverständnis von sexuellem Übergriff und das engere rechtliche Konzept auseinanderfallen (was auch damit zusammenhängt, dass der Tatbestand „sexuelle Nötigung", Paragraph 177 Abs. 1 StGB, eine vergleichsweise hohe Mindeststrafe vorsieht). So wird etwa der Griff an die Brust einer Frau oder das Gesäß nicht als erheblich genug eingestuft, wenn das Opfer bekleidet war. Dasselbe gilt für die Entkleidung des Opfers, etwa das Herunterziehen des Slips.

Tatjana Hörnle, Professorin für Strafrecht, Strafprozessrecht, Rechtsvergleichung und Rechtsphilosophie an der Humboldt-Universität zu Berlin, schlägt als neuen Straftatbestand das Vergehen der „tätlichen sexuellen Belästigung" vor, denn es sei „nicht stimmig, dass verbale Entgleisungen als Beleidigungen bestraft werden können, aber tätliche Übergriffe straffrei bleiben, die massiver in Persönlichkeitsrechte eingreifen und stärker entwürdigen".

Rechtspolitische Forderungen sind aber mit Blick auf die Tatbestände im Strafgesetzbuch angebracht, die sexuelle Selbstbestimmung unzureichend schützen. Es ist für damit befasste Juristen keine neue Erkenntnis, dass Überrumpelungsfälle und tätliche sexuelle Belästigung bislang nicht strafbar sind. Aber wie die Berichterstattung zeigt, ist es in der Bevölkerung und der

*Politik offenbar weitgehend unbekannt, dass aus dem Spektrum der
praktizierten sexuellen Übergriffe nur ein Teil strafbar ist und deshalb zu
erwarten ist, dass selbst bei erfolgreicher Beweiserhebung manche
eingeleiteten Strafverfahren eingestellt werden müssen.*

Prof. Tatjana Hörnle, Online-Ausgabe der FAZ, 11. 01. 2016, Artikel
Betatschen ist nicht immer strafbar,

http://www.faz.net/aktuell/politik/inland/sexualstrafrecht-
betatschen-ist-nicht-immer-strafbar-14007043.html)

Kleine Verbesserungen sind allerdings in Sicht. Am 16. März 2016 hat das
Bundeskabinett einen neuen Entwurf zur Reform des Sexualstrafrechts genehmigt, zu
dem sich Justizminister Heiko Maas mit Hängen und Würgen trotz seiner abwiegelnden
Beteuerungen, es bestehe „kein Handlungsbedarf", nun unter steigendem öffentlichen
Druck und nach einer Petition von Frauenorganisationen endlich durchgerungen hat.
Der Entwurf umfasst auch Personen, die „aufgrund ihres körperlichen oder
psychischen Zustands" oder aufgrund eines überraschenden, überrumpelnden Angriffs
zum Widerstand unfähig sind, und Fälle, in denen das Opfer „im Falle des
Widerstandes ein erhebliches Übel befürchtet". Leidet das Opfer unter einer
Behinderung und kann sich deshalb nicht wehren, gilt dies laut Entwurf als „besonders
schwerer Fall" statt wie bisher als „minder schwerer" Fall. Aber dennoch gilt weiterhin
sowohl bei Vergewaltigung und sexueller Nötigung, abgesehen von den aufgeführten
Ausnahmen: Das Opfer muss Widerstand leisten. Ein „Nein" reicht nicht aus,
zumindest nicht für Herrn Maas, der leider das Amt des Justizministers bekleidet.
Während selbst der CDU-Vorstand forderte, das Prinzip „Nein heißt Nein" im Gesetz zu
verankern, wie es etwa in Österreich seit dem 1. Januar 2016 der Fall ist, muss sich ein
Sexualstraftäter in Deutschland auch von einem deutlichen „Nein" des Opfers nicht
von seinem Vergnügen abhalten lassen. Sie könnte es ja vielleicht doch im Scherz
meinen. Die CDU/CSU-Fraktion setzt sich für eine weitergehende Änderung ein, gemäß

der „Mainzer Erklärung", die der Bundesvorstand der CDU Anfang 2016 verabschiedet hat. Darin heißt es:

> *Sexualdelikte sind keine Kavaliersdelikte. Sie widersprechen der sexuellen Selbstbestimmung und verletzen die Menschenwürde sowie die körperliche Unversehrtheit. Deshalb sorgen wir dafür, dass gemäß Art. 36 der Istanbul-Konvention die Gesetzeslücke bei Vergewaltigung geschlossen wird. Für den Straftatbestand muss ein klares ,Nein' des Opfers ausreichen, auch wenn nicht zugleich der Strafbestand der Gewalt oder Nötigung vorliegt.*
>
> Mainzer Erklärung des Bundesvorstands der CDU vom 8. u. 9. Januar 2016. https://www.cdu.de/system/tdf/media/dokumente/2016_01_09_mainzer_ erklaerung.pdf?file=1

Aber nicht genug, dass die Strafverfolgung dieser Taten schwierig oder zuweilen unmöglich ist. Das ist deutsches Gesetz, dafür könnt ihr nichts, aber ihr scheint mit diesen Gesetzesmachern die lässige Einstellung gegenüber sexuellen Übergriffen zu teilen, denn wenn diese Gewalt erwähnt wird, folgt oft ein „Aber", wie in den folgenden Beispielen.

„Wir verurteilen zutiefst, was an Sylvester geschehen ist, ABER wir dürfen jetzt nicht vorschnell …"

„Es ist schlimm, was da passiert ist, ABER es hat nichts mit dem Islam zu tun, denn wenn man den Koran richtig interpretiert …"

„Wir werden diese Vorfälle nicht tolerieren, ABER die Stimmung in der Bevölkerung soll doch nicht …"

„Sicher sind diese Übergriffe furchtbar, aber auf dem Oktoberfest passiert das ganz genauso."

Diese ABER-Strategie zur Relativierung islamischer Gewalt und Terrors seitens „linker" Medien und PolitikerInnen ist übrigens nicht neu und wird außer bei Gewalt gegen Frauen durchaus auch allgemein bei Gewalttaten von Islamisten angewandt. Salman Rushdie sprach nach den Anschlägen auf das Büro der Redaktion von Charlie Hebdo im Januar 2015 von der „BUT-Brigade", und bezog sich dabei auf allzu verständnisvolle Reaktionen von Muslimen und „Linken" in den Medien, der Politik und der übrigen Gesellschaft auf diesen grauenhaften, feigen Mordanschlag. Wir erinnern uns noch an Aussagen wie:

„Natürlich waren die Anschläge schrecklich, ABER das waren die Karikaturen doch auch."

„Wir verurteilen diese Gewalttaten, ABER wir müssen auch sehen, was Charlie Hebdo den 1,5 Milliarden Muslimen angetan hat."

„Ich unterstütze den Anschlag auf Charlie Hebdo nicht, ABER wir Muslime lieben Mohammed mehr als unsere Mutter und waren sehr verletzt über die gemeinen Bilder."

„Das war eine schlimme TAT, ABER das hat überhaupt nichts mit dem Islam zu tun."

Oft schien es fast, als würde die Gewalt durch beleidigte Terroristen mit Maschinengewehren gleichgesetzt mit der „Gewalt" durch Journalisten mit Stift und Papier, als seien die Anschläge lediglich eine Art von Notwehr als Reaktion auf das, was die einen Satire und freie Meinungsäußerung und die anderen eine „Beleidigung des Propheten" nennen, als sei beides irgendwie dasselbe. Und erinnerst du dich noch, lieber Gutmensch, wie du nach den Anschlägen am 13. November 2015 in Paris mit Hunderten von unschuldigen Toten und Verletzten mit leicht bedauernder Miene und erhobenem Zeigefinger eilig darauf hingewiesen hast, wie sich Frankreich und der Westen gegenüber der muslimischen Welt verhalten haben, wie die Muslime immer wieder „gedemütigt" wurden und wie diese unter Frankreichs streng säkularer Knute zu leiden haben?

Die algerische Autorin, Soziologin und Begründerin des Netzwerks „Women living under muslim laws" Marieme Hélie-Lucas, geht sogar noch einen Schritt weiter und fragt, ob auch blanker Sexismus eine Rolle bei dieser Verdrängung spielen könnte:

> *Dass die erste Sorge nach der Sylvesternacht dem Schutz der Schuldigen galt und nicht etwa der Verteidigung der Opfer, ist üblich bei der Verteidigung von Männern, die sich der sexuellen Gewalt an Frauen schuldig machen. Wie weit geht es dabei um die Verteidigung des Patriarchats – und wie weit um die Verteidigung von Migranten? Sollen die Interessen des Patriarchats mit der noblen Verteidigung des Unterdrückten verdeckt werden? Das käme vielen Leuten gut zupass.*
>
> *Emma,* März April 2016, Artikel *Die Linke hat uns Frauen verraten* von Marieme Hélie-Lucas, S. 32

Ob es sich um die belästigten Frauen und Kinder, die Redaktion von Charlie Hebdo oder die Menschen im Konzertsaal Bataclan und den anderen Anschlagsorten in Paris oder Brüssel handelt – die Strategie ist immer dieselbe. Die Täter werden zu Opfern und die Opfer entweder unsichtbar oder selbst zu Tätern gemacht. Und so werden aus einer Gruppe gewalttätiger Islamisten, die mit Kalaschnikows das Büro einer Zeitung stürmen und unbewaffnete Journalisten brutal niedermetzeln, Vertreter einer bedrohten und diskriminierten Minderheit, die stets die Gewalttaten „des Westens" erdulden musste und nun gegen die Mächtigen und die Unterdrücker aufbegehrt. Unschuldige Journalisten ohne irgendwelche Macht oder gar Schuld an den Taten ihrer Regierung, die diese oft genug hart kritisiert haben, und die nichts anderes getan haben, als Tinte auf Papier zu bringen, werden zu den Unterdrückern, die von den hilflosen Unterdrückten mit Maschinengewehren bekämpft werden.

Auch die Ermordung der unschuldigen Opfer in Paris im November verwandelte sich in den Köpfen zahlreicher „Linker" und Muslime in einen Akt der verzweifelten Notwehr einer stets in den Staub getretenen Minderheit, deren Ärger sich zwar falsch entladen habe, jedoch absolut begründet sei.

Im Nachbeben der organisierten Gewalttaten gegen Frauen, die immerhin fast ausschließlich von muslimischen Männern begangen wurden, unter ihnen eine beachtliche Zahl an Flüchtlingen, wurde versucht, nicht nur die Opfer, sondern auch die Täter unsichtbar zu machen, und damit die Taten selbst. Fast scheint es, als seien Menschen mit dem kulturellen und religiösen Hintergrund der Täter die bequemeren Opfer als die westlichen, meist christlichen oder atheistischen Frauen und Kinder.

Auch wenn die Verbrechen der USA und ihrer westlichen Alliierten in der islamisch dominierten Welt (und nicht nur dort) unentschuldbar und zutiefst zu verurteilen sind, und das tiefe Gefühl der Ungerechtigkeit vieler Muslime eine Rolle bei Gewalttaten und Terroranschlägen spielen mag, ist die Hauptmotivation der Anschläge in Paris, die das Jahr 2015 einläuteten und traurig beendeten, einfach zu offensichtlich, um sie zu ignorieren. Die Redaktion von Charlie Hebdo wurde angegriffen, weil die islamische Rechtslehre die bildliche Darstellung des „Propheten" verbietet und dessen „Beleidigung" (damals kannte man den Begriff „Satire" noch nicht) unter Todesstrafe stellt und selbst seine bildliche Darstellung verbietet. Darum allein ging es den Terroristen, als sie mit lautem Kriegsgeschrei Allah hu Akbar mit dem Morden begannen. Sie rächten sich nicht „am Westen" wegen den Verbrechen westlicher Armeen, sondern richteten westliche Journalisten nach dem Gesetz der Scharia. Das einzige „Verbrechen" des Teams von Charlie Hebdo war, dass sie (als nicht-muslimische, westliche Menschen) nicht die Gesetze der Scharia befolgten, und ihr Blut war noch nicht getrocknet, als sich Medien und PolitikerInnen in ganz Europa beeilten zu versichern, es habe nichts mit dem Islam zu tun.

Die Begründung der Terrororganisation Islamischer Staat für den „gesegneten Kriegszug" gegen „die Hauptstadt der Unzucht und des Lasters", wie es im

Bekennerschreiben hieß, war die Zerstörung einer sündigen Stätte, wo sich „hunderte von Götzendienern in einer perversen Feier versammelt" hatten. Das Bataclan-Theater- und Konzerthaus, das bis vor kurzem jüdische Eigentümer hatte, war schon vor diesem Anschlag massiv bedroht worden. Die Anschläge zielten ins Herz der französischen, säkularen Gesellschaft, die sich unbeschwert abends amüsiert, wo Frauen und Männer gemeinsam Spaß haben und auf die Piste gehen, eine bunte, laute, multikulturelle Gesellschaft, die sich an den Werten des 21. Jahrhundert ausrichtet und sich nicht die zweifelhaften Werte alter Wüstenstämme aufzwingen lässt, die vor 3000, 2000 oder 1400 Jahren mit ihrem winzigen Wissensschatz versuchten, die Welt zu verstehen. Doch dieses freizügige Leben gilt als *haram*, d. h. nach islamischer Lehre als verboten, und der Koran verbietet Alkohol, Glücksspiel, den unbeschwerten Umgang zwischen Männern und Frauen, und stellt „Gottes Gesetz" über das Gesetz des Menschen. Auch hier ging es nicht darum, sich „am Westen" für die Verbrechen westlicher Armeen zu rächen, sondern den westlichen Mann und besonders die westliche Frau auf der Straße nach dem Gesetz der Scharia zu richten. Das „Verbrechen" dieser unschuldigen Opfer war, dass sie nicht die Gesetze der Scharia befolgten, und ihr Blut war noch nicht getrocknet, als sich Medien und PolitikerInnen in ganz Europa beeilten zu versichern, es habe nichts mit dem Islam zu tun.

Auch ein Zusammenhang der Gewalttaten an Sylvester und der hunderten von „Einzelfällen" in den Wochen danach mit westlicher Gewalt in der muslimischen Welt lässt sich nur mit viel Fantasie herstellen. Weniger Fantasie erfordert der Zusammenhang zwischen den Taten und der Religion und Kultur der Täter. Das „Verbrechen" der belästigten Frauen und Mädchen war, sich in Freiheit nachts im öffentlichen Raum zu bewegen, laut zu lachen und unbeschwert zu feiern, zu viel Haut in zu aufreizenden Bewegungen zu zeigen und – zumindest vermutlich nach Einschätzung der Täter – „Ungläubige" zu sein. Diese „Verbrechen" waren die Legitimation für Mohammed und seine Horden, um über die Frauen, Schwestern und Töchter besiegter Stämme herzufallen, sie sind Legitimation für den IS, um Jesidinnen und andere „erbeutete", versklavte Frauen zu misshandeln und zu vergewaltigen, warum sollten diese muslimischen „Männer" auf dem Kölner Hauptbahnhof also das Gefühl haben, etwas falsch zu machen? Sicher gibt es viele Muslime, die genauso empört über dieses Verhalten sind wie der Rest von uns, und einige davon haben den Opfern sogar mutig beigestanden. Damit waren sie bessere Menschen, als es Mohammed war – vielleicht, weil sie den Koran so lange interpretieren, bis er ins Weltbild und zu den ethischen Grundsätzen unserer Zeit passt und bis er das Gegenteil von dem aussagt, was eigentlich drin steht. Und vielleicht auch, weil manche Menschen ein so gutes Herz haben, dass selbst eine Religion es nicht verhärten kann. Um den Koran so zu interpretieren, damit er zu unserer heutigen Werteordnung passt, d. h. „falsche" Aussagen zu ignorieren und „richtige" zu übernehmen, benötigt man allerdings ethische Prinzipien, die außerhalb der Religion stehen, denn woher wüsste man sonst, welche Stellen akzeptabel sind und welche sind. So gehen die meisten Menschen mit den „heiligen" Schriften um und merken gar nicht, dass ihre eigene Ethik, nach der sie die Schriften beurteilen, den Büchern weit überlegen ist.

Doch die Männer, die sich offenbar in ganz Europa zur gemeinsamen sexuellen Belästigung zusammengefunden haben und bis heute immer wieder neue Opfer finden, interpretieren nicht lange, dazu haben sie gar nicht die intellektuelle Kapazität. Aber sie missbrauchen auch nicht, zumindest nicht ihre Religion. Sie imitieren. Sie lesen im Koran und den Hadithen (Überlieferungen der Aussprüche und Handlungen Mohammeds), wie ihr unfehlbares Vorbild gehandelt hat und sehen nichts dabei, sich genauso zu verhalten, zeigen nicht die Spur von Unrechtsbewusstsein. Auch hier ging es also nicht darum, sich „am Westen" für die Verbrechen westlicher Armeen zu rächen, sondern darum, die „freizügigen" westlichen Frauen von der Straße zu vertreiben und dem islamischen Recht zu unterwerfen. Das „Verbrechen" dieser unschuldigen Opfer war, dass sie nicht die Gesetze der Scharia befolgten und sich nicht dem Frauenbild des Islam unterwarfen, und ihre Tränen waren noch nicht getrocknet, als sich Medien und PolitikerInnen in ganz Europa beeilten zu versichern, es habe nichts mit dem Islam zu tun.

Und auch nach den Anschlägen von Brüssel beeilte man sich, einen Zusammenhang zu verneinen und gleichzeitig diejenigen, die nicht nur den Islamismus, sondern auch den Islam in die Verantwortung zu nehmen, zu diffamieren und als rechtsextrem zu verleumden. Man schweigt. Alice Schwarzer spricht in diesem Zusammenhang von einer Omertà, also einem Schweigegebot und einer Tendenz, aus einer übertriebenen Political Correctness heraus unangenehme Wahrheiten zu verschleiern. Schon lange, bevor die Kölner Polizei dies bestätigte, sprach Alice Schwarzer davon, dass die Gewalttaten gegen Frauen von vornherein organisiert waren, auch angesichts der Tatsache, dass sie im und vor dem Kölner Hauptbahnhof geschahen, wo sich normalerweise an Sylvester, das am Rheinufer oder in den Kölner Kneipen gefeiert wird, kaum etwas abspielt. Und wie könnte es anders sein, lieber Gutmensch? Es waren eben nicht einfach „Männer", die zufällig vor dem Dom zusammenkamen und nach ein paar Kölsch zuviel ihre gute Kinderstube vergaßen, wie du es uns so gerne mit deinen lächerlichen Oktoberfest-Vergleichen glauben machen willst. (Ja, ich weiß, deutsche Männer belästigen auch ab und zu Frauen, siehe Kapitel Whataboutery.)

Solche über soziale Netzwerke organisierte Gewalttaten kannten wir hier in Deutschland bis dahin nur aus dem Fernsehen, etwa aus Nachrichten über die Belästigung von Frauen durch riesige Horden von Tätern auf dem Tahrir-Platz in Kairo/Ägypten. Diese Art der sexuellen Belästigung en masse durch ca. 1000 Täter und 596 (am 25. 3. 2016 bekannte) Akte sexueller Gewalt, während der ein paar Stunden lang ein rechtsstaatliches Vakuum, ein rechtsfreier Raum entstand, gab es vorher in Deutschland nicht. Das ist neu. Und die Gründe dafür liegen nicht darin, dass – wohl zumindest deiner Meinung nach – alle Männer gerne mal die Finger ausstrecken, was doch ziemlich diskriminierend Männern gegenüber ist. In der deutschen Gesellschaft ist zweifellos noch eine ordentliche Portion unterschwelliger und offener Sexismus vorhanden, aber dieser Grad an Frauenverachtung, Hass und Gewaltbereitschaft, dieser Mangel an Empathie, Respekt und Unrechtsbewusstsein übersteigt den „normalen" Alltagssexismus bei weitem. Wie sehr muss man eine Gruppe von

Menschen verachten, um sich in sozialen Netzwerken gezielt zu verabreden, um möglichst viele dieser Menschen anzugreifen und zu demütigen? Einige dieser „Männer" sind immerhin extra zu diesem Zweck angereist. Um einen solchen Hass und diese Gewaltbereitschaft zu erklären, genügt der unterschwellige Sexismus in der westlichen Welt mit allen seinen Vorurteilen gegenüber dem weiblichen Geschlecht einfach nicht. Dazu braucht man eine Ideologie mit einem schmerzhaft eng gefassten Frauenbild, die das Mitgefühl, das eigene Gewissen und das innere Wissen, dass man etwas Falsches tut, durch ein strenges Dogma verdrängt, das sämtliche Schuld auf die Opfer schiebt und die Täter entschuldigt und noch anstachelt. Und diese Ideologie wurde aus islamischen Ländern in unser Land importiert. Solange wir das aus einer völlig deplatzierten Political Correctness heraus ignorieren, lieber Gutmensch, muss eine Prävention zukünftiger Taten von vornherein in die falsche Richtung gehen, die Täter verschwinden in einer undefinierbaren Menge und die Opfer werden im Stich gelassen. Wir müssen in die Welt schauen, in Länder, in denen die erzreligiösen Frauenverachter genauso vorgegangen sind und dies heute noch tun:

Vor allem wir Algerierinnen, die wir vor dem Terror der islamischen Fundamentalisten in den 1990er Jahren geflohen sind, verweisen unermüdlich auf den Aufstieg der Islamisten (...) Und wir ziehen die Parallelen zu dem, was bei uns war und jetzt (...) in Europa stattfindet. Es ist dasselbe Muster.

Die erste Stufe sind Angriffe auf die legalen Rechte der Frauen ((...) Geschlechtertrennung in Krankenhäusern, Schwimmbädern etc.), verbunden mit (...) Forderungen im Schulbereich (das Recht auf das Kopftuch für Lehrerinnen, nicht laizistische Bildungsgänge etc.). Die zweite Stufe sind gezielte Angriffe gegen Zuwiderhandelnde (...) und gegen alle Laizisten, die als ,kofr' bezeichnet werden: Journalisten, Schauspielerinnen, Musiker, Karikaturisten (wie die von Charlie Hebdo). Die dritte Stufe sind wahllose

Angriffe gegen jedes Verhalten, das nicht dem islamischen Ideal entspricht
(wie Diskos á la Bataclan, Cafés, Fußballspiele usw.).

Emma, März April 2016, Artikel *Die Linke hat uns Frauen verraten* von Marieme Hélie-Lucas, S. 31

Doch wer hat diese Gewalttaten organisiert und warum? Ich bin nicht der Meinung, dass es „politische Islamisten" oder gar der IS selbst waren, die hinter diesen Verabredungen stecken, um – wie im Magazin *Emma* beschrieben – die Integration der Musliminnen und Muslime in Deutschland zu sabotieren.

Im Gegensatz zu vielen anderen Feministinnen, IslamkritikerInnen und anderen Stimmen in der öffentlichen Diskussion, die den Islamismus oft als eine Art politisierten Islam sehen, aber den Islam selbst nicht näher betrachten, würde ich auf der Suche nach Ursachen keine klare Trennlinie zwischen Islam und Islamismus ziehen. Die Abgrenzung ist natürlich schwierig. Während Islamverbände und die gutmenschelnde „Das hat nichts mit dem Islam zu tun"-Fraktion stets eifrig beteuern, der Islamismus sei im Grunde genau das Gegenteil des friedlichen Islam und missbrauche die Religion für seine eigenen politischen Zwecke, sehen kritischerer Stimmen den Islamismus als eine Bewegung, die über die spirituelle Bedeutung einer Religion hinaus weltliche Macht anstreben und ein politisches System ganz nach islamischen Werten errichten wollen, unter dem Regime der Scharia. Von einer direkten Kritik am Islam wird oft abgesehen, da man die spirituelle Seite der Religion, und die Gläubigen, die den Islam und den Koran als rein spirituelle Quelle sehen, an der sie ganz privat ihr Leben ausrichten, nicht angreifen möchte. Natürlich wäre es falsch, friedliche Gläubige anzugreifen oder gar für Gewalttaten im Namen des Islam verantwortlich zu machen, aber der politische Anspruch, das Streben nach weltlicher Macht und das Gefühl, als jüngste Religion, in der sich Gott zuletzt an die Menschen gewendet hat, allen anderen überlegen zu sein, sind im Islam selbst, im Koran, in der islamischen Rechtslehre und in der Person Mohammeds als Vorbild der Gläubigen verankert. So wie der Islam tief in das Leben der Gläubigen eingreift, durch Gebete und Richtlinien für die unterschiedlichsten Alltagshandlungen den Tagesablauf bestimmt und im Leben der Gläubigen an erster Stelle stehen will, so sehr strebt er auch in der Welt nach einem Alleinvertretungsanspruch, nach der Herrschaft über alle Bereiche des gesellschaftlichen Lebens und stellt sich über andere Religionen und Ideologien. Daher lässt sich der Islam nur schwer als spirituelle, individuell praktizierte Lehre sehen, die in den eigenen vier Wänden praktiziert wird, sondern als ein das ganze Menschsein umfassendes System, das vom Alltag der Menschen bis zur Gesellschaftsstruktur und Politik alle Aspekte des Lebens bestimmt. Dieser politische Anspruch wird im Islamismus zwar praktisch ausgelebt und umgesetzt, begründet sich aber direkt aus dem Islam, und das Konzept des Jihad und einer Rechtsordnung, der Scharia, sind im Koran und in den Hadithen verankert.

Daher brauchte es auch keine islamistischen Hintermänner, um die sexuellen Angriffe auf Frauen und Mädchen in der Sylvesternacht 2015/16 zu organisieren. Ich bin zwar auch der Meinung, dass sie organisiert waren, doch der Gedanke, dass der Islamische Staat dahintersteckt, erscheint mir abwegig, und erweckt den Eindruck, die Täter wurden durch gut organisierte geistige Brandstifter zu den Gewalttaten animiert. Ich habe eher den Eindruck, die sexuellen Übergriffe in Köln und vielen anderen europäischen Städten in der Sylvesternacht wurden von derselben Art von frauenverachtenden, testosterongesteuerten, jungen Machos organisiert, von denen sie auch begangen wurden. Vielleicht begann die Idee zuerst ganz klein und hat irgendwann – was in sozialen Netzwerken ganz schnell geht – eine Eigendynamik entwickelt, viele andere Männer mit derselben Einstellung auf die Idee gebracht, auch in Städten in ihrer Nähe zuzuschlagen. Man braucht keine brandgefährlichen Islamisten oder gar IS-Kämpfer, um einen gut durchorganisierten Flashmob zu organisieren, es reicht vollkommen aus, wenn sich Jungs und Männer, die denselben Hass im Herzen teilen, im Web zueinanderfinden, sich austauschen und anstacheln, und irgendwann Pläne schmieden, die sie teilen, teilen und teilen.

Bei der Erklärung, woher dieser Frauenhass stammt, stimme ich allerdings vollkommen mit Alice Schwarzer überein:

> *Dabei hat die Frauenverachtung dieser Männer aus Nordafrika und dem Nahen Osten ja Gründe. In ihrer Kultur sind Frauen total rechtlos, dank islamischem Familienrecht. Frauen sind traditionell abhängig von Vätern, Brüdern, Ehemännern. Und Gewalt gegen Frauen und Kinder ist ein Herrenrecht. Verschärfend kommt hinzu, dass viele Flüchtlinge aus (Bürger)Kriegsgebieten kommen. Sie haben also Schreckliches erlebt oder getan, oft beides. Was Brutalisierung und Traumatisierung durch Krieg anrichten, wissen wir. (…) Wie von FlüchtlingshelferInnen zu hören ist, sind quasi alle Frauen auf der Flucht Opfer sexueller Gewalt geworden, nicht selten durch Mitflüchtende.*
>
> Alice Schwarzer auf Website www.aliceschwarzer.de, Artikel *Was geschah wirklich an Silvester?* , aktualisiert am 21. 3. 2016
> http://www.aliceschwarzer.de/artikel/editorial-von-alice-schwarzer-331581)

Diesen erschreckenden Umstand hatte im Herbst 2015 schon das Flüchtlingshilfswerk der UNO (UNHCR) beklagt.

Dabei entbehrt dieser Mechanismus des willkürlichen Sichtbar- und Unsichtbarmachens nicht einer gewissen Ironie. In den Augen der Täter waren die Frauen und Kinder unter anderem deshalb Freiwild, weil sie sichtbar waren, und nicht bis zur Unkenntlichkeit und Identitätslosigkeit verschleiert. Und kaum waren die Gewalttaten begangen, wurden die Opfer von der Polizei und den Medien wiederum unsichtbar gemacht, indem man den Ruf der Täter in den Vordergrund stellte.

Das Ansehen der Gruppe, aus der die Täter stammten, erhielt Priorität, nachdem man vorher vergeblich versucht hatte, auch die Täter, in diesem Fall zu deren Schutz, unsichtbar zu machen und ihren Hintergrund und damit auch teilweise ihre Motivation zu verschleiern. Folgt man der vielgelobten Political Correctness, haben also an Sylvester irgendwelche Männer – nein warte, das ist ja auch diskriminierend – haben zweibeinige Säugetiere andere zweibeinige Säugetiere in deutschen und europäischen Großstädten – oh Moment! – an verschiedenen Orten des Planeten (wobei dieselben Vorfälle auf jedem anderen bewohnten Planeten oder Paralleluniversum auch hätten geschehen können und nicht auf Erdbewohner begrenzt sind) gegen deren Willen (falls es so etwas überhaupt gibt) angefasst und belästigt (hier beliebige Einwände einsetzen) und am Ende haben wir uns wieder alle lieb. So kann man natürlich auch durch die Welt gehen, es ist aber ziemlich anstrengend. Du benutzt doch so gern den Begriff „Dunkeldeutschland", lieber Gutmensch, hier hast du dein dunkles Deutschland, und wenn jemand das Licht einschaltet, darfst du gern wieder „Islamophobie" schreien.

Es gibt keine Befreiung der Menschheit ohne die soziale Unabhängigkeit und Gleichstellung der Geschlechter.

August Bebel (1840 - 1913), deutscher sozialdemokratischer Politiker, Mitbegründer und Vorsitzender der SPD

6. Das Problem der einen Wahrheit

Glaube denen, die die Wahrheit suchen und zweifle an denen, die sie gefunden haben.

André Gide

Die Wahrheit ist ein weites Feld. Manchmal ist sie subjektiv und wir sehen sie in der Schönheit eines Gemäldes, in einem Blick über eine Landschaft oder in einer Architektur, die andere langweilig, unattraktiv oder ganz furchtbar finden. Manchmal gibt es nur eine Wahrheit, zum Beispiel in Form einer wissenschaftlichen Theorie, also eines Gebäudes aus Fakten, welches auf solch soliden Beinen steht, dass es sich nicht ändert, sondern höchstens erweitert. Manchmal gibt es gar keine Wahrheit, etwa in einer Diskussion, in der jeder Mensch aus seinem eigenen Erfahrungsschatz und seinen eigenen Ansichten heraus argumentiert. Aber in den meisten Fällen können wir uns ihr wenigstens annähern. Doch dazu ist es wichtig, unsere Mitmenschen anzuhören, uns über die Fakten zu informieren und offen zu sein für andere Meinungen. Das ist auch ein wichtiger und guter Teil der deutschen Diskussionskultur. „Das ist Ihre Meinung und ich bin bereit, Sie anzuhören und Sie zu respektieren, auch wenn ich selbst anderer Meinung bin. Sprechen wir darüber."

Doch was, wenn ein Mensch die absolute Wahrheit gepachtet hat, für ihn nur die eine Wahrheit gilt? Wenn er Menschen, die seine Wahrheit, egal wie vorsichtig und respektvoll, in Frage stellen, als hasserfüllte Hetzer, Lügner und Feinde beschimpft? Das ist oft bei Religiösen der Fall, meist bei den ganz besonders Eifrigen und Frommen, die wir heute Fundamentalisten und Extremisten nennen, aber auch bei euch Gutmenschen. Dabei merkt ihr gar nicht, wie ähnlich ihr euch seid in eurer Intoleranz, Selbstgerechtigkeit und unerträglichen Arroganz.

Oft marschiert ihr auch Seite an Seite bei Demonstrationen gegen „rechts" und seid weit davon entfernt, die Ironie darin zu erkennen. Ob hier in Deutschland Teile der Antifa und ihre Verbündeten aus den Reihen „linker" Parteien gegen Pegida demonstrieren und dabei oft von zahlreichen Muslimen und dem ein oder anderen Salafisten lautstark begleitet werden, oder ob in Großbritannien die Gruppe *United Against Fascism* gegen die *English Defence League* demonstriert und dabei von rechten Extremisten der *Muslim Defence League* unterstützt wird, deren weibliche Exemplare oft genug den islamistischen Niqab tragen, der nur die Augen freilässt – Man kann als Linke oder Mensch aus der politischen Mitte nur noch entsetzt den Kopf schütteln über dieses Ausmaß an Dummheit und Blindheit. Eigentlich sollten wir es sein, die gegen den Islamismus aufstehen und demonstrieren, denn jeder von dessen Glaubenssätzen verstößt gegen unsere Werte und Freiheiten, und wir sollten nicht vergessen, dass es in vielen Ländern, in denen die Islamisten an die Macht kamen, etwa im Iran, zuerst die Linken, die AtheistInnen und FeministInnen waren, die vom höchsten Kran hingen.

Vor den Landtagswahlen 2016 in Rheinland-Pfalz, Baden-Württemberg und Sachsen-Anhalt schrien die Wahlplakate der Grünen und Linken, aber auch der ihrer beiden großen Brüder CDU und SPD ihre einzig wahren Wahrheiten geradezu von den Hauswänden. Hier einige Beispiele der Grünen:

„Es gibt keine Alternative zu Menschlichkeit"

„Hass ist keine Alternative für Deutschland"

„Angst ist keine Alternative für Deutschland"

„Hetze ist keine Alternative zu Deutschland".

Hier werden die Menschen nach alter Manier in klassischem Schwarz-Weiß-Denken in zwei Lager eingeteilt, in Ihr und Wir. „Wir", das sind die Guten, die Hilfreichen mit Herz, „Ihr", das sind die Anderen, und beileibe nicht nur die tatsächlich Rechten wie auf dem Wahlplakat „Hetze ist keine Alternative zu Deutschland", auf dem eine ziemlich beängstigende Männergruppe mit schwarz-weiß-roten Flaggen, Bomberjacken und Springerstiefeln durch die Stadt marschiert. Betreiben diese dort abgebildeten Männer Hetze? Ich denke, die meisten Menschen würden das bejahen, auch ich. Aber die Rechten (und möglicherweise sogar Neonazis) auf dem Bild anlässlich des Verhandlungsbeginns zum NPD-Verbot, vermutlich Mitglieder oder Sympathisanten der NPD, also einer brandgefährlichen, rechtsextremen Partei, werden gleichgesetzt mit Mitgliedern und/oder WählerInnen der Partei Alternative für Deutschland, die auf zahlreichen anderen Plakaten ebenfalls direkt angegriffen wird. Man mag zur AfD stehen, wie man will, ich selbst als Feministin bin bestimmt nicht deren größter Fan, aber fair ist diese Gleichstellung mit der NPD definitiv ist. Es ist ungefähr so, als würde man eine Erkältung, deren Bewältigung durchaus das Immunsystem stärken kann, mit einer lebensbedrohlichen Hirnhautentzündung vergleichen. Der kleine lilafarbene Zusatz „Jetzt Mensch bleiben" macht das Plakat nicht freundlicher.

Was bei dieser Wahlwerbung als Wahrheit verstanden wird, ist klar. Entweder du stehst auf unserer Linie und vertrittst unsere Flüchtlingspolitik der bedingungslosen Aufnahme ohne Grenzen, des bedingungslosen Nachzugs von Familienmitgliedern, der kompromisslosen Negierung jeglichen Einflusses von Kultur und Religion auf das Verhalten eines Menschen, des blinden, begeisterten Mitklatschens ohne Blick auf mögliche Konsequenzen, oder du bist gegen uns. Entweder oder. Dazwischen gibt es nichts. Wer die Verschärfungen des Aufenthalts- und Asylrechts im Asylpaket II nicht aggressiv verreißt, wer vorsichtig davon spricht, dass es angesichts von Millionen weiterer Menschen auf der Flucht irgendwann eine Obergrenze geben muss, wer einen möglichen negativen Einfluss durch weit über eine Million Flüchtlinge und Migranten aus frauenverachtenden Gesellschaften auch nur erwähnt, wer gegen die Parteilinie aufsteht, ist der Gegner, kann kein „Mensch bleiben". Das ist ein hervorragendes Beispiel für typisches Gutmenschendenken. Und sie bestimmen das Vokabular. Sie bestimmen, was Menschlichkeit und was ein Mensch ist, und ab welchem Grad an Kritik man keiner mehr ist. Die Frage, ob es vielleicht sogar menschlicher sein kann, eine Obergrenze festzulegen, damit die Integration der neuen Mitbürgerinnen und Mitbürger überhaupt gelingen kann, damit das Platzproblem nicht vollkommen aus der Hand gerät und damit der Staat die Versorgung der Flüchtlinge, Migranten und auch bedürftiger Deutscher überhaupt noch bewältigen kann, muss bei einem solchen Schwarz-Weiß-Denken untergehen. Es gibt keine Alternative und wer nicht für uns ist, ist gegen uns.

Auch die Partei Die Linke springt eifrig auf denselben Zug auf. „Das Problem ist Rassismus" tönt es von ihren Plakaten und gegen die „rechte Hetze" der AfD müsse dringend vorgegangen werden. „Gemeinsam gegen Rassismus und rechte Hetze" heißt es folgerichtig auch auf ihrem Wahlplakat. Der Begriff „Rassismus" wird völlig willkürlich angewandt und alles links der Linken muss rechte Hetze sein. Wie einfach doch die Welt sein kann, wenn man um das eigene Weltbild herum einfach eine Mauer hochziehen kann und sich mit dem bösen Rest der Welt nicht auseinandersetzen muss. Wäre es zu billig, an dieser Stelle daran zu erinnern, wie damals in der „DDR" von der Vor-Vorgängerpartei der Linken mit Flüchtlingen verfahren wurde, die in den Westen fliehen wollten und an der Mauer mit Maschinengewehren gestellt oder ermordet wurden? Ja, wahrscheinlich schon, also werde ich davon mal absehen. Ich will ja nicht noch selbst in ein Schwarz-Weiß-Denken verfallen.

Die Wahlplakate der Piraten waren zwar etwas lustiger und einfallsreicher, und als sich dort der „Pac Pirate" in Form einer Pacman-Figur durch die einzelnen Parteien von rechts nach links fraß, gestand man wenigstens zu, dass die NPD und die AfD nicht ganz dasselbe sind. Dennoch bedient man sich desselben Vokabulars und auch hier ist der Stempel „Rechtsextremismus" schnell verteilt.

Gerade diese drei Parteien, die in Fragen der Freiheit des Internets, des Überwachungsstaats, erneuerbarer Energien und Energiekosten, der direkten Demokratie, des bedingungslosen Grundeinkommens, der Frauenrechte, des kostenloses Kita-Besuchs, der NSA-Spionage und allgemein unseres Verhältnisses gegenüber den USA, der EU-Politik und vielen weiteren Themen so hervorragende Arbeit geleistet haben und mutig gegen Regierungen, Lobbys, die Kirchen und mächtige Wirtschaftsbosse aufgestanden sind, hören bei der Frage der Flüchtlinge einfach auf zu denken. Stattdessen werden einfache „Wahrheiten" gesucht und gefunden, und alle, die nicht ganz derselben Meinung sind, werden diffamiert und herabgewürdigt, zu Nicht-Menschen gemacht, denen keine Menschlichkeit mehr zugestanden wird.

Übertroffen wird diese Art der Wahlwerbung nur noch von den peinlichen Auftritten der Vorstandsriege linker Parteien, zumeist der Grünen/Bündnis 90, in der Öffentlichkeit, in Interviews oder Fernsehtalkshows, bei der die üblichen Pappenheimer regelmäßig eine unfassbare Arroganz, Selbstgerechtigkeit und Intoleranz gegenüber Andersdenkenden (d. h. echten Linken, AntifaschistInnen, IslamkritikerInnen, WissenschaftlerInnen, FeministInnnen, AtheistInnen und seltener auch mal gegenüber einem Vertreter einer gerade noch demokratischen Partei am rechten Rand) zur Schau stellen, dass es einem die Sprache verschlägt, bis ihre populistische Polemik so unerträglich wird, dass man entnervt das Gerät ausschaltet.

Der Bundesvorsitzende der Kurdischen Gemeinde Deutschland und Präsident der Bundesarbeitsgemeinschaft der Immigrantenverbände in Deutschland (BAGIV e.V.) Ali Ertan Toprak schreibt dazu mit erfrischend offener Empörung in der Emma:

Diese unerträgliche Relativierung der frauenverachtenden Einstellungen
bestimmter Männergruppen (...) ist ein Schlag ins Gesicht aller
unterdrückten Frauen und die Frauenbewegungen in den islamischen
Ländern! Was für ein anmaßendes und kolonialistisches, übergriffiges
Denken ist es, dass ihr Denk- und Sprechverbote zu den teilweise
faschistischen Verhältnissen in diesen Ländern aussprecht?! (...) Seid ihr
euch eigentlich im Klaren darüber, mit wem ihr euch da verbündet? (...) Und
hört endlich auf uns ständig zu beleidigen, indem ihr uns unterstellt, wir
könnten nicht unterscheiden zwischen Rassisten (...) und (...) konstruktiver
Kritik und (...) Aufklärung (...) !

Indem ihr mit euren ewigen und unerträglichen Relativierungen ständig dem
faschistischen, politischen Islamismus den Rücken stärkt, fallt ihr denen
(Anm. der Autorin: den vielen Millionen aufgeklärter MuslimInnen, die für
eine demokratische Gesellschaft kämpfen) und vor allen anderen den
Frauen in den Rücken! (...) eure moralische Eitelkeit und überhebliche
Arroganz ist stärker als eure Empathie mit den Opfern des Islamismus!

Wie viele islamisch geprägte Länder gibt es, deren politische und
gesellschaftliche Verhältnisse sich an Demokratie, Menschenrechten,
Rechtsstaatlichkeit, Gewaltenteilung, Aufklärung und Religionsfreiheit
orientieren? Kennt ihr nur ein einziges Beispiel? Ich nicht!"

Emma, März April 2016, Artikel *Schluss mit der Bevormundung* von Ali Ertan
Toprak, S. 37

Als ehemalige grüne Fundi, nach der Machtübernahme der Realos politisch zunächst
Heimatvertriebene und später begeisterte Piratenwählerin kann ich nur noch
ungläubig den Kopf schütteln und für mich gab dieses Verhalten den Ausschlag, keine
der drei Parteien zu wählen, und die anderen schon gar nicht. Offenbar war ich nicht
die einzige. Und ich muss ehrlich sagen, als die Wahlergebnisse der Landtagswahlen
2016 verkündet wurden, habe auch ich eine gewisse Schadenfreude empfunden, als

die AfD eine nach der anderen der etablierten Parteien nach allen Regeln der Kunst abwatschte, großzügig Ohrfeigen und blaue Flecken verteilte. Nein, lieber Gutmensch, ich möchte auch nicht, dass die Alternative für Deutschland in irgendeinem Land, geschweige denn auf Bundesebene, eine Mehrheit erhält, aber diese Demütigung geschah den übrigen Parteien recht, die in den letzten Monaten die Einwände der Bürgerinnen und Bürger nicht nur ignoriert, sondern lächerlich gemacht und stets in die rechte Ecke gerückt haben. Ohrfeigen sind in der Kindererziehung zu verurteilen, sind aber in der Politik durchaus hilfreich, haben noch keiner Partei geschadet und erhöhen hoffentlich das Denkvermögen.

Man kann nur hoffen, dass sie daraus lernen, obwohl die Reaktionen in Interviews und Fernseh-Talkshows nach den Wahlen eher pessimistisch stimmen. In trauter Einigkeit beeilte man sich, die AfD, die sich sicherlich im rechten, aber gerade noch demokratischen Spektrum befindet, so weit wie möglich weiter nach rechts in Richtung der Neonazis zu verschieben und die Partei und deren VertreterInnen, sofern die diese Arbeit mit ihren Aussprüchen und ihrem Wahlprogramm nicht selbst übernahmen, zu diffamieren und diskreditieren. So unsympathisch mir viele Punkte aus dem Wahlprogramm der AfD auch sind, wenn wir die Gefahren eines Zuzugs einer so hohen Menge an Menschen, deren Kultur sich so sehr von unserer unterscheidet, jetzt ignorieren, werden die nächsten Generationen unsere Blindheit und falsch verstandene Toleranz ausbaden. Doch bis dahin sind die „VolksvertreterInnen" nach einer erfolgreichen politischen Karriere längst in ihrer gut bezahlten Rente und müssen keine Verantwortung mehr übernehmen. Ähnlich wie bei den Themen TTIP, der Zukunft der EU, Klimawandel und vielen anderen wird kurzfristig und in Wahlperioden gedacht und geplant – stets mit Blick auf die eigene politische Laufbahn – und es fehlt es an vorausschauendem, langfristigem Denken. Darüber hinaus ist es brandgefährlich, Parteien wie die AfD mit echten Neonazis gleichzusetzen, weil man auf diese Weise die rechtsextreme Szene zu einem unkenntlichen graubraunen Brei verrührt, in dessen unkenntlicher Masse sich rechtsradikale Gefährder bequem verstecken können.

Doch damit schneiden wir uns ins eigene Fleisch, denn das ist ja genau der Personenkreis, der Asylbewerberheime anzündet, Menschen schwarzer Hautfarbe oder auch mit Behinderung oder nur weil sie Jüdinnen, Musliminnen oder unbequeme JournalistInnen bedroht, zusammenschlägt oder ermordet. So erhöht am Ende eine übertriebene Political Correctness, die hinter diesen wahlpolitischen Wahrheiten steckt, auch die Gefahren für unsere Gesellschaft von rechtsextremer Seite. In ähnlicher Weise und genauso Schwarz-Weiß wälzen sich die konservativen Muslime und Islamisten in ihrer Wahrheit, die ihnen immerhin von höchster Stelle mitgeteilt wurde. Auch, und gerade hier, wird ein „Wir und Ihr" geschaffen, wobei die „Ihr"-Gruppe oft nicht nur die Nicht-Muslime, also die „Ungläubigen" umfasst, sondern auch moderate Musliminnen und Muslime, die vollkommen in der Gesellschaft integriert sind, ihren Töchtern alle Freiheiten gewähren, die in Deutschland üblich sind, und die zwar den Koran als ihr heiliges Buch betrachten, diesen aber solange interpretieren, bis Mohammeds Aussagen ins genaue Gegenteil verkehrt wurden und das Buch endlich zu ihren ethischen Grundsätzen passt. Dass diese Grundsätze eben nicht aus der Religion, sondern auch aus dem eigenen Gewissen, aus dem gesellschaftlichen Konsens, aus unserem Verständnis der Grund- und Menschenrechte stammen, wird dabei oft zur Seite gedrängt, aber wie auch immer: Was zählt ist, dass es die ethischen Grundsätze des Jahres 2016 und nicht aus den Anfängen des Frühmittelalters sind. Der „Prophet" Mohammed, der aus Respekt oft ohne Gesicht und stattdessen mit lodernden Flammen um den Kopf dargestellt wird, sollte keine Stimme mehr in unseren modernen Gesellschaften haben. Die von ihm und seinen Gefolgsleuten und Nachfolgern entwickelte Rechtslehre untergräbt unsere modernen Rechtssysteme, und die Relativierung und das Schönreden der Scharia durch unsere hypertolerante „Linke" ist ein Schlag ins Gesicht all jeder, die für einen demokratischen Rechtsstaat gekämpft haben, von August Bebel bis Heiner Geißler. Deshalb sollten wir nicht zulassen, dass sich das angebliche „Gesetz Gottes" immer mehr in unsere Gesellschaft einschleicht, um unsere menschengemachte Gesetze zu verdrängen, die – hervorgegangen aus gesellschaftlichem Konsens, wissenschaftlichen Erkenntnissen und öffentlicher Diskussion – doch eine viel bedeutendere Leistung sind, als ein autoritäres, kompromissloses und grausames System, dessen Erfinder sich einbildeten, im Namen Gottes zu sprechen.

Die Mehrzahl der Islamverbände ist allerdings streng konservativ und stellt die eigene Religion an allererste Stelle. Bei islamisch motivierten Anschlägen beeilen sie sich, auf die Verbrechen des Westens hinzuweisen, bei islamkritischer Satire oder gar Mohammed-Karikaturen beteuern sie mit professionell beleidigten, in so oft geprobten Kummerfalten gelegten Gesichtern, wie verletzt sie und überhaupt alle Muslime doch sind und man solle doch einen gewissen Respekt wahren; sie jubelten mit hämischem Triumphgeschrei, als der Charlie-Hebdo-Wagen durch den Druck von islamischer und „linker" Seite und aus Angst vor Gewalt aus dem Kölner Rosenmontagszug 2015 ausgemustert wurde; sie verteidigen an der Seite ihrer jüdischen Kollegen die Beschneidung hilfloser kleiner Jungen, die weder mit 8 Tagen noch mit 8 Jahren wirklich die Wahl haben, diese Prozedur über sich ergehen zu lassen. Sie beklagen Diskriminierung, wenn Frauen in Burkas der Zugang in eine Sparkasse verwehrt wird, sie erläutern die Vorteile „arrangierter Ehen" und schwärmen gern davon, wie sehr der Islam doch die Rechte der Frau gestärkt habe. Sie feilen sorgfältig solange an der Definition der Begriffe „Jihad" und „Scharia", bis diese zu Synonymen für Meditation, Selbstdisziplin und Friede in den eigenen vier Wänden werden. Sie rechtfertigen die Paralleljustiz von Schariagerichten in Deutschland und betonen, dass es sich dabei ja eigentlich eher um eine Art Selbsthilfegruppen handelt, in denen Menschen einander unverbindliche Ratschläge geben und hinterher das mitgebrachte Gebäck verzehren. Sie relativieren, beeinflussen und jetzt versuchen sie, auch die Flüchtlinge unter ihre Fittiche zu nehmen, von denen immerhin über 70 % Muslime sind.

Der Grund dafür liegt auf der Hand: Sie sind davon überzeugt, die einzige Wahrheit zu besitzen und es reicht ihnen nicht, dass sie selbst davon überzeugt sind, sondern sie sind erst zufrieden, wenn möglichst viele andere Menschen genauso denken wie sie.

Die einflussreichsten muslimischen Dachverbände in Deutschland sind die Türkisch-Islamische Union (Ditib), der Islamrat (IR) und der Verband der Islamischen Kulturzentren (VIKZ), sowie der etwas kleinere Zentralrat der Muslime (ZMD). Diese vier Verbände haben sich 2007 zum Koordinationsrat der Muslime (KRM) zusammengeschlossen, dessen Moscheen jedes Jahr einen „Tag der offenen Moschee" anbieten.

Daneben gibt es noch verschiedene türkische und arabische Verbände sunnitischer oder schiitischer Ausrichtung, Verbände der Aleviten, der Ahmadiyya-Gemeinde mit mehr oder weniger konservativer Überzeugung, bis hin zum 2010 gegründeten Liberal-Islamischen Bund unter dem Vorsitz von Lamya Kaddor, der als einer der wenigen islamischen Verbände eher liberale Positionen vertritt und beispielsweise eine religiöse Verpflichtung zum Tragen des Kopftuchs ablehnt, die gleichgeschlechtliche Ehe befürwortet und für eine dogmenfreie Auslegung des Korans eintritt. Doch selbst liberale Muslime und Musliminnen wie Lamya Kaddor scheinen einer tatsächlichen Islamkritik und einer Kritik an Mohammed selbst oft sehr skeptisch gegenüberzustehen, und man kann natürlich argumentieren, dass sie den Koran so lange uminterpretieren, bis er friedlich, aufgeschlossen und feministisch ist und zu den Werten von heute passt. Trotzdem stimmen solche liberalen Verbände optimistischer bzw. würden zum Optimismus verleiten, wenn ihre Stimme denn gehört werden würde. Noch maßen sich die erzkonservativen Verbände an, für den Großteil der Muslime zu sprechen, obwohl laut einer Schätzung von 2014 nur jeder 7. Muslim überhaupt einem der zahlreichen Verbände angehört. Laut Recherchen der Evangelischen Nachrichtenagentur idea besitzen alle Islamverbände zusammen nur knapp 550.000 Mitglieder in Deutschland. Dennoch sind sie es, bzw. sind es die konservativen unter ihnen, die politisch gehört und berücksichtigt werden.

Geht es nach Bundesinnenminister Thomas de Maiziére (CDU), sollen sie als Lotsen und Anlaufstellen für die Flüchtlinge fungieren, wichtige Sozialarbeit leisten und „Brückenbauer" sein. Für diesen Einsatz bewilligt der Bund Fördergelder, wie auf der

Islamkonferenz unter Leitung des Innenministers beschlossen. Doch geht es den erzkonservativen Islamverbänden wirklich um Hilfe oder doch eher um Anwerbung, damit die Flüchtlinge nicht am Ende den liberalen Muslimen in die Hände geraten und der Gefahr ausgesetzt sind, selbstständig zu denken und vom richtig interpretierten, einzig wahren Glauben abfallen?

Tatsächlich sind viele moderate Muslime vom Einfluss der Islamverbände bei der Integration von Flüchtlingen nur wenig begeistert:

> Dass ausgerechnet die konservativen muslimischen Verbände (Ditib, Zentralrat der Muslime, Islamrat und Verband der Islamischen Kulturzentren) bei der Integration von Flüchtlingen aus islamischen Ländern eine maßgebliche Rolle spielen sollen, halten liberale Muslime allerdings für ein vollkommen falsches Signal.
>
> Unser Innenminister begeht einen Jahrhundertfehler", sagte etwa der israelisch-palästinensische Psychologe und Extremismusexperte Ahmad Mansour. ‚Zu glauben, dass so Integration in die deutsche Gesellschaft gefördert wird, ist amateurhaft.' Es reiche nicht, Flüchtlingen den Weg zur Moschee zu zeigen.' Sie sollen lernen, wie Deutschland funktioniert, wo die besten Schulen am Ort sind, wie man eine Bewerbung schreibt, welche Chancen sie haben – und vor allem, welche Werte in dieser Gesellschaft gelten'.
>
> Online-Ausgabe von Die Welt, Artikel *Staat scheut Konfrontation mit Islamverbänden*,
> http://www.welt.de/politik/deutschland/article148744634/Staat-scheut-Konfrontation-mit-Islamverbaenden.html)

Solange konservative Muslime jedoch darauf beharren, dass der Koran tatsächlich Gottes direktes Wort sei und die absolute Wahrheit verkünde, ist es ihnen in ihrer eigenen Logik überhaupt nicht möglich, andere Meinung oder abweichende Interpretationen des Korans zu akzeptieren. Denn wer könnte Gott widersprechen? Wie will man mit jemandem diskutieren, der überzeugt ist, die absolute Wahrheit zu kennen und zu wissen, dass Allah das Wort Gottes herabgesandt und dazu Mohammed als Prophet ausgewählt habe, und für den jegliche Argumente der Gegenseite nur lächerliche menschliche Einwände gegen Gottes Wort sind? Ein solcher Mensch, der seiner einzigen Wahrheit so verhaftet ist, ist nicht einfach stur und uneinsichtig oder intolerant, er ist auch ein Opfer von Gehirnwäsche. Er glaubt nicht, er „weiß", dass er im Besitz der einen Wahrheit ist, daher ist es ihm gar nicht mehr möglich, andere Meinungen überhaupt zu erwägen. Dabei spielt auch Angst eine große Rolle, denn die Angst vor der Hölle ist für ihn etwas Konkretes, die ihn davon abhält, die Wahrheit zu hinterfragen. Warum sollte er auch? Auch für ihn ist die Welt unglaublich einfach. Schwarz und weiß. Unsere Gruppe kennt die Wahrheit, alle anderen sind Ungläubige und Lügner – minderwertige Menschen, die auf ewig verloren sind.

Auch der Gutmensch hat Angst, von seiner einzigen Wahrheit abzuweichen. Bei ihm ist es zwar nicht unbedingt die Hölle, die auf ihn lauert, wenn er es wagen sollte, seine eigenen Ansichten zu hinterfragen, aber immerhin die düstere Aussicht, das eigene Lager zu verlassen und dann irgendwie „rechts" zu sein oder als rechts zu gelten. Er wählt ebenfalls die einfache schwarz-weiße Welt. Unsere Gruppe kennt die Wahrheit, alle anderen sind Hetzer und Lügner – Nicht-Menschen ohne Menschlichkeit, die es nie verstehen werden.

Da sowohl konservative Muslime und Islamisten als auch Gutmenschen in vielen Fällen ihr eigenes Vokabular entwickelt haben, um die eigene Wahrheit noch besser zu verteidigen, ist eine kleine Tabelle der wichtigsten Begriffe vielleicht ganz hilfreich, damit sich auch Menschen außerhalb dieser Gruppen besser orientieren können. Im Folgenden findest du eine kleine Vokabelhilfe, um zu sehen, wie ähnlich ihr euch seid. ;-)

Deutsch	Konservativer Muslim/ Islamist	Gutmensch
Person, die sich nicht der Ideologie, der einen gültigen Wahrheit unterwirft	Ungläubiger / Kaffir	Besorgter Bürger / „Wutbürger"
Menschen außerhalb der Gruppe, die sich der herrschenden Ideologie gefälligst unterzuordnen haben	Dhimmis	Schweigende Mehrheit
Person, die vom „Glauben" abgefallen ist und jetzt selbstständig denkt	Murtadd (Abtrünniger)	In das (in den Augen der Gutmenschen) rechte Lager gewechselter Verräter (Abtrünniger)
„Heiliger" Krieg	Jihad	Demonstration gegen Pegida/ Andersdenkende; Jagd auf „Rechte" anhand von Triggerbegriffen in sozialen Netzwerken
Kampfruf der für die Ideologie einzig geltenden Wahrheit	Allah hu Akbar!	Refugees Welcome! (aber auch Allah hu Akbar!)
Wir vertrauen auf den/die Höchste(n)	Inschallah!	Wir schaffen das!
Abū l-Qāsim Muhammad ibn ʿAbd Allāh ibn ʿAbd al-Muttalib ibn Hāschim ibn ʿAbd Manāf al-Quraschī, Kamelhirte, Bürogehilfe und Handelsreisender	Der Prophet	Der Prophet

Prinzip, wonach zum Erreichen eines bestimmten Zwecks erlaubt ist, rituelle Pflichten zu missachten bzw. den eigenen Glauben zu verheimlichen oder zu lügen.	Taqīya	Der Zweck heiligt die Mittel, damit „die Stimmung nicht umschlägt"
Eingesetzte Mittel, um Kritiker mundtot zu machen	Drohungen, Angst vor Vergeltung	Emotionsgeladene Argumentation, Nazi-Schublade, Diskreditierung, Beleidigung
Schlimmste Feinde	Feminismus, USA, Blasphemie und Ex-Muslime, aber auch Pegida	Feminismus, USA, Blasphemie und Pegida, aber auch Ex-Muslime
Einstellung gegenüber freier Rede	Wer den Propheten beleidigt, muss getötet werden.	Wer den Propheten beleidigt, muss ein Nazi sein.
Einstellung gegenüber dem Islamischen Staat	Der „sogenannte" IS hat nichts mit dem Islam zu tun!	Die haben nichts mit dem Islam zu tun, und überhaupt ist nur der Westen daran schuld.
Empfehlung zum Schutz weiblicher Personen vor männlicher Gewalt	Augen auf den Boden, Demut, Schweigen, Schleier, Niqab, Burka, Vertreiben von Frauen und Mädchen aus dem öffentlichen Raum	Armlänge
Gottesähnlicher Mensch, der nicht kritisiert werden darf.	„Prophet" Mohammed (aber auch Angela Merkel)	Angela Merkel (aber auch „Prophet" Mohammed)
In allen Situationen anwendbare Aussagen als Ablenkungstaktik, um Verbrechen im Namen der eigenen Ideologie zu verschleiern.	Das hat nichts mit dem Islam zu tun! ISIS, Boko Haram, die Taliban und (*hier bitte die jeweilige islamistische Gruppe einsetzen*)	Nazis raus! Du scheiß Nazi! Das sagst du nur, weil du ein Nazi bist! Typisch Nazi! So sind sie halt, die Nazis!

	interpretieren den Koran vollkommen falsch, das sind keine Muslime! Ja, das steht im Koran, aber wenn Sie das im Kontext lesen, bedeutet es genau das Gegenteil! Falls unwirksam: Whataboutery	Es gibt kein Recht auf Nazi-Propaganda! Faschismus ist keine Meinung! Es wurden aber nicht alle Steine von uns geworfen, und überhaupt haben die Nazis angefangen! Falls unwirksam: Whataboutery
Pilgerfahrt	Hajj nach Mekka	Möglichst lautstarke Teilnahme an Demo gegen Pegida
Satire, Karikatur, Recht auf freie Meinungsäußerung	Hetze! Hass! Islamophobie! (auch Nazipropaganda!)	Hetze! Hass! Nazipropaganda! (auch Islamophobie!)
Glaubensbekenntnis/ Mantra	Schahada „Es gibt keinen Gott außer Allah und Mohammed ist sein Gesandter."	Political Correctness „Es gibt keine Toleranz außer der bedingungslosen und Frau Merkel ist ihre Verkünderin."

Lieber Gutmensch, merkst du, wie ähnlich ihr euch seid? Die EINE, richtige Wahrheit ist ein bequemer Thron, von dem aus es ein Kinderspiel ist, den Kurier schlechter Nachrichten mit lässiger Geste zu bestrafen, aber sie hat einen Nachteil. Sie verschließt eure Augen, euer Herz und euren Verstand, sie verhindert eine produktive Kommunikation, die zu einem gesellschaftlichen Konsens und Lösungsansätzen führen könnte, und irgendwann stößt sie euch von eurem Thron, stiehlt euern Heiligenschein und macht euch zu Hofnarren.

7. Weniger Respekt für Religionen

What would a respectful political cartoon look like?

(Wie würde eine respektvolle politische Karikatur aussehen?)

Salman Rushdie

Eine der im vorherigen Kapitel erwähnten unangreifbaren Wahrheiten der Islamisten und Gutmenschen, aber auch vieler anderen sich in vorauseilendem Gehorsam anpassenden Medienschaffenden, ist:

„Religionen verdienen Respekt!"

„Warum?"

„Darum! Warum fragst du überhaupt, bist du Nazi?"

„Weil Religionen einfach Respekt verdienen!"

„ Es wäre ja wohl absolut unakzeptabel, Religionen ohne den verdienten Respekt zu behandeln, als handle es sich nur um eine politische Partei."

Wir sind es seit vielen Jahrzehnten und Jahrhunderten gewöhnt, Religionen als heilige Kühe zu behandeln, deren Vertreter aus irgendeinem Grund besonders vorsichtig behandelt werden müssen. In der Vergangenheit waren dies in Deutschland meist die evangelischen und katholischen Kirchen, die auch heute noch aus öffentlichen Taschen finanziert werden, ob wir das möchten oder nicht. Ganz abgesehen von der Kirchensteuer, die den Gläubigen schamlos aus dem Beutel gezogen wird, greifen beide großen Kirchen immer wieder gerne zu, wenn es um öffentliche Gelder geht. Laut der Giordano-Bruno-Stiftung erhalten die Großkirchen 2016 erstmals mehr als eine halbe Milliarde Euro an Staatsleistungen, obwohl nur noch 59 Prozent der Bürgerinnen und Bürger einer der katholischen oder evangelischen Kirche angehören.

Tatsächlich steigt die Höhe der staatlichen Leistungen an die Kirchen stetig, während die Kirchenbindung der Deutschen sinkt, um die finanzielle Versorgung der Kirchen zu sichern.

Verrechnet man dies mit den Zahlungen, die seit Gründung der Bundesrepublik Deutschland 1949 an die Kirchen geflossen sind, kommt man auf die stolze Summe von 16,8 Milliarden Euro an Staatsleistungen – und dies, obwohl die deutsche Verfassung schon seit 1919 die Ablösung dieser Leistungen verlangt.

(Kirchenfinanzexperte Carsten Frerk, Leiter der "Forschungsgruppe Weltanschauungen in Deutschland" (fowid) und Beirat der Giordano-Bruno-Stiftung (gbs).

Diese Staatsleistungen, so Carsten Frerk, dienen nicht der Unterstützung sozialer Dienstleistungen, etwa von Kindergärten, Krankenhäusern oder Altenheimen, die auf anderem Wege öffentlich subventioniert werden, sondern „zur Finanzierung innerkirchlicher Angelegenheiten, etwa der Gehälter katholischer und evangelischer Bischöfe, die – neben sonstigen Vergünstigungen – zwischen 10.000 und 13.000 Euro monatlich verdienen" (http://www.giordano-bruno-stiftung.de/meldung/verfassungswidrige-kirchensubventionen-auf-rekordniveau).

Begründet werden diese Leistungen mit den Enteignungen der Kirche im frühen 19. Jahrhundert, die allerdings nur für einen eng begrenzten Zeitraum gedacht waren. Im 20. Jahrhundert wurden verschiedene Staatskirchenverträge geschlossen, die „seit 1949 viele Milliarden Euro in die Kirchenkassen gespült haben, obwohl diese

Zahlungen laut Verfassung schon seit knapp 100 Jahren eingestellt sein sollten". Der Grund, warum wir die Kirchen auch heute noch direkt per Kirchensteuer und indirekt durch andere Steuern unterstützen, ist ganz einfach. Die Kirchen haben eine starke Lobby und das enge Geflecht zwischen Staat und Kirche hat dazu geführt, dass Kirchenvertreter mit vorwurfsvollem Blick stets auf ihre Enteignung vor 200 Jahren hinweisen und eine Ablösesumme fordern, die durch die Milliarden staatlicher Leistungen, die seit 1949 in den Kirchenkassen gelandet sind, längst abgegolten ist. (vgl. Giordano-Bruno-Stiftung und Michael Schmidt-Salomon).

Doch weit über diese schamlose Geldgier hinaus üben die Kirchen fleißig Einfluss auf die Politik aus, sie wettern eifrig gegen die gleichgeschlechtliche Ehe, versuchen, unter dem Deckmäntelchen des Schutzes des ungeborenen Lebens Frauen gegen ihren Willen zum Austragen eines Kindes zu zwingen, während sie Priester, die sich an lebenden Kindern schuldig gemacht haben, schützen und deren Strafverfolgung sabotieren. Sie schleichen sich in politische Prozesse ein, in denen sie nichts zu suchen haben. Sie diskriminieren als Arbeitgeber ihre eigenen Angestellten, obwohl sie gute Arbeit leisten, nur weil sich diese vom Glauben abwenden oder einen geschiedenen Partner heiraten; sie sitzen in den Medienräten, in Beratungsgremien und in den Köpfen vieler Abgeordneter im Bundestag, Kreis- und Landtagen. Sie üben einen Einfluss aus, der ihnen in unserem Rechtstaat überhaupt nicht zusteht, maßen sich an, anhand eines Buches aus der ausklingenden Eisenzeit moralische Maßstäbe zu setzen und gehen ganz selbstverständlich davon aus, dass es uns ohne sie schlechter ginge.

Diese zweifelhaften Vorrechte und Möglichkeiten der Einflussnahme der beiden christlichen Kirchen möchten natürlich auch die Muslime gern in Anspruch nehmen, und besonders die Vertreter der Islamverbände argumentieren immer gern damit, es sei ja nur fair, wenn alle Religionen in den Genuss derselben Rechte kämen, sprich Unterstützung durch Steuergelder, etwa beim Bau von Moscheen, Islamunterricht in den Schulen, Berücksichtigung „muslimischer" Interessen und Werte, Geschlechtertrennung bei Vorträgen islamischer Gruppen und und und.

Doch wenn wir alle Religionen aus Gründen der Fairness gleich behandeln möchten, und wir sie deshalb auf einen Nenner bringen müssen, wäre es dann nicht vernünftig, diesen gemeinsamen Nenner so niedrig wie möglich anzusetzen? Das heißt, statt noch mehr Privilegien für Muslime, der Finanzierung von Moscheen aus öffentlichen Geldern, Islamunterricht und einer deutlicheren Präsenz der „Gläubigen" im öffentlichen Raum, wäre die bessere Alternative im 21. Jahrhundert doch eher, den Kirchen die bisherigen Privilegien zu nehmen, d. h. ihnen endlich den Geldhahn zuzudrehen und keine Steuermittel mehr an sie zu verschwenden, ihren Einfluss auf die Gesetzgebung zu kappen, endlich den unseligen und vollkommen überholten Blasphemieparagraphen abzuschaffen und statt nach Konfessionen getrenntem Religionsunterricht an den Schulen das Schulfach Ethik umfassend einzuführen, bei dem Religionskunde und eine neutrale Vorstellung der unterschiedlichen Religionen durchaus eine Rolle spielen können, bei dem aber kein Kind indoktriniert wird, sondern sich später mithilfe dieser Informationen frei entscheiden kann.

Das Argument vieler unverbesserlicher, islamverliebter linker und grüner PolitikerInnen, die Kinder müssen so früh wie möglich den Islam kennenlernen, und diesen könne man am besten in den Schulen vermitteln, um eine Radikalisierung zu vermeiden, ist so dumm und naiv wie es gefährlich ist. Beim Unterricht in der Schule soll es um das Vermitteln von Wissen gehen, nicht von Traditionen, alten fiktiven Texten und starren Dogmen. Das ist religiöse Indoktrinierung und das genaue Gegenteil der Wissensvermittlung, und dazu ist die Schule nicht da. Sicher finden es gerade jüngere Kinder auch mal ganz toll, wenn nach dem anstrengenden Unterricht oder vor den Ferien eine Vorlese- oder Märchenstunde eingelegt wird, aber zwischen Märchen und Wissenschaft muss klar unterschieden werden.

Für viele Kinder aus konservativ religiösen Familien ist die Schule oft ein wichtiger Freiraum zum Durchatmen, wo ihnen nicht beigebracht wird, was sie zu denken haben, sondern zum selbstständigen Denken angeregt wird, wo Wissen vermittelt wird, wo Kinder und Jugendliche aus unterschiedlichen Kulturen idealerweise unbeschwert und von religiösen Unterschieden unbelastet miteinander umgehen.

Den Kindern muss verständlich gemacht werden, dass zwischen Religionen und Naturwissenschaften, zwischen den „Theorien" der Religionen über die Entstehung der Welt, über biologische und physikalische Entwicklungen einerseits und tatsächlichen wissenschaftlichen Theorien andererseits ein großer Unterschied besteht und auch, was eine wissenschaftliche Theorie eigentlich ist, nämlich ein Gebäude aus solide belegten Fakten, das unter anderem deshalb so robust und widerstandsfähig ist, weil andere NaturwissenschaftlerInnen immer wieder versuchen, diese Fakten zu widerlegen. Deshalb sollten die Kinder Religionen zunächst ruhig kritisch gegenüberstehen und lernen, dass die „verbotene Grenze" erst dann anfängt, wenn zur Gewalt aufgerufen oder angestachelt wird:

I think the line is, you respect people's rights to hold beliefs, you don't say anything that incites crime against individual people, but all ideas have tob e open to challenge and ridicule (...) because that is how we move things on. The difference between science and religion ist he way of investigating reality: Science tries to prove ist beliefs wrong and that's how it advances, whereas religion is just satisfied with saying ‚We already know'. Science accepts we will never know everything, but we gradually move towards it, religion says ‚We already know, and you can't challenge it.

(Ich glaube, die Grenze liegt darin, dass man das Recht von Menschen an ihrem Glauben respektiert, dass man zu keinen Verbrechen gegen einzelne Personen anstachelt, aber alle Vorstellungen müssen Kritik und Spott ertragen können (...) denn so kommen wir voran. Der Unterschied zwischen Naturwissenschaft und Religion liegt in der Art, wie wir uns die Wirklichkeit erschließen: Die Naturwissenschaft versucht, ihre Vorstellungen zu widerlegen und macht auf diese Weise Fortschritte, während es Religionen vollkommen genügt zu sagen ‚Wir wissen schon alles'. Die Naturwissenschaft ist sich vollkommen darüber bewusst, dass wir niemals alles wissen werden, aber wir nähern uns der Wahrheit immer ein bisschen mehr. Doch die Religionen behaupten: ‚Wir kennen die Wahrheit und niemand darf daran rütteln.)

Michael Nugent, Vorstand von Atheist Ireland in TV-Debatte Does God need our Protection? Blasphemy Debate – RTE Beyond Belief, eigene Übersetzung

Wird Islamlehrern und -lehrerinnen, die oft von konservativen Islamverbänden beeinflusst werden, selbst in der Schule noch der Zugriff auf die Kinder erlaubt, mag das den Eltern gefallen, doch die Kinder verlieren auf diese Weise selbst diesen letzten Freiraum und werden um eine weitere wichtige Chance gebracht, für sich selbst herauszufinden, an welchen religiösen Lehren sie sich orientieren möchten bzw. ob sie sich überhaupt für eine Religion entscheiden möchten. Man geht oft automatisch davon aus, es gäbe muslimische, christliche, jüdische oder hinduistische Kinder, nur weil ihre Eltern diesem Glauben angehören. Doch genau wie bei politischen Ansichten muss sich eine Einstellung gegenüber Religionen erst entwickeln, und Kinder sind zunächst mal Angehörige gar keiner Religion. Und derselbe Artikel der Religionsfreiheit im Grundgesetz, der den Eltern erlaubt, ihren Glauben auszuleben, erlaubt es den Kindern, sich frei für ihren Glauben oder auch dagegen zu entscheiden. Derselbe Artikel der unantastbaren Menschenwürde, den Eltern so gern für sich selbst in Anspruch nehmen, gilt auch für die Kinder. In einem Alter, in dem ein Kind noch zu jung ist, um sich für eine Religion oder auch dagegen zu entscheiden, muss dieses Kind frei von Indoktrinierung sein. Dies sollte den Eltern beigebracht werden, anstatt den Islampredigern mit der einen gültigen Wahrheit zu gestatten, die unschuldigen Seelen der Kinder zu beanspruchen, die bis zu einem gewissen Alter wie Schwämme alles aufsaugen und auch meist glauben, was ihnen Prediger, die eigenen Eltern und andere Erwachsene erzählen – wie sollten sie auch den Menschen, die sie lieben, nicht vertrauen?

In dem Zusammenhang ist auch das Kopftuch von Lehrerinnen und Schülerinnen und generell das Kopftuch von Mitarbeiterinnen in öffentlichen Einrichtungen und Behörden ein Thema, und immer wieder sind es Multikulti-verblendete „Linke", die leidenschaftliche Reden für das Kopftuch schwingen und dabei sowohl dessen politische Bedeutung als auch die Tatsache, dass es oft eben keine freie Entscheidung der Frauen, geschweige denn der Kinder ist, selbstgefällig ignorieren. Und das erschwert es den Mädchen und Frauen, denen das Kopftuch aufgezwungen wird, dagegen aufzubegehren, unter anderem auch deshalb, weil jede Solidarität von Nicht-Muslimen für diese Rebellinnen von Leuten wie dir, lieber Gutmensch, sofort als „Rassismus" oder „Islamophobie" eingestuft wird. Man sollte aber ruhig die Frage stellen, wie unschuldig ein Kleidungsstück ist, an dem so viel Blut klebt. Auch wenn eine Muslimin der Meinung ist, ihre Religion fordere das Kopftuch oder sogar eine restriktivere Verschleierung, macht sie sich nicht ein Stück weit mitschuldig, solange auch nur einer Frau oder einem Kind dieses Stück Stoff unter Drohungen und Schlägen aufgezwungen wird? Solidarisiert sie sich nicht bis zu einem gewissen Grad mit all jenen Vätern, Brüdern und Ehemännern, denen das Kopftuch wichtiger als die Freiheit ist? Der Schleier hat seine Unschuld verloren und viele von uns überkommt beim Anblick jeder verschleierten Frau, geschweige denn eines Kindes mit Kopftuch ein ungutes, bitteres Gefühl. Dazu kommt, dass er mit seiner gesellschaftspolitischen Aussage nicht nur die persönliche Ehre der Trägerin, sondern die aller Frauen verletzt.

Die Verschleierung von Frauen hat eine uralte Geschichte und wurde schon im Gilgamesch-Epos erwähnt, das vor ca. 4000 Jahren entstand. Die ersten gesetzlich festgelegten Regeln zum Tragen des Schleiers wurden vermutlich in Assyrien ca. 1000 vor Christus niedergelegt, wo sich frei geborene, „ehrbare" Frauen in der Öffentlichkeit zu verschleiern hatten – die unverheirateten bedeckten nur den Körper, die verheirateten auch den Kopf – und es Sklavinnen und Prostituierten bei Strafe verboten war, sich zu bedecken. Auch im alten Rom galt zuweilen ein Schleiergebot für „anständige" verheiratete Frauen, auch wenn dieses weniger streng durchgesetzt wurde. Diese Tradition kennen auch das Judentum und Christentum, wo sie ebenfalls dazu dient, verheiratete Frauen, die vom Eigentum ihres Vaters zum Eigentum ihres Ehemannes werden, als solche zu markieren und sie für andere Männer als unberührbar zu kennzeichnen, als ein Objekt, das sich der Herrschaft des Ehemanns unterwirft. In Europa – beeinflusst von Religion und Tradition – trugen Frauen bis ins 19. Jahrhundert und teilweise noch darüber hinaus nach ihrer Hochzeit eine

Kopfbedeckung, kamen also „unter die Haube". Diese alte Tradition wurde auch von den Koranschreibern aufgegriffen und passte perfekt zu ihrem Frauenbild, deshalb ist es Musliminnen dringend anzuraten, sich vor einer solch bedeutenden Entscheidung, sich selbst ein Stück weit unsichtbar zu machen, über den Koran hinauszuschauen und versuchen zu verstehen, woher diese Tradition tatsächlich stammt.

Die Ideologie der Verschleierung sieht Frauen als sexuelles Objekt, das verhüllt werden muss, um Männer nicht zu reizen oder zu provozieren, was natürlich auch Männer in ein denkbar schlechtes Licht setzt. Oft sprechen kopftuchtragende Musliminnen von sich als einem kostbaren Juwel oder einer köstlichen Süßigkeit, die vor den Augen Anderer geschützt werden und „eingewickelt" werden müssen. Doch damit sehen sie sich selbst im Grunde durch die Augen des männlichen Betrachters und unterwerfen sich dessen Frauenbild.

In dieser Hinsicht ist ein Vergleich zwischen verschleierten Frauen, egal aus welchem Zeitalter und aus welcher Religion und Prostituierten – zwischen „Heiligen" und „Huren" durchaus statthaft, denn auch diese sehen sich selbst durch männliche Augen. Beides sind männliche Kategorien für Frauen nach patriarchalischer Vorstellung. So sehr viele Kopftuchträgerinnen, ob muslimischen, christlichen, jüdischen oder auch hinduistischen Glaubens, eine „zu freizügige" Kleidung auch ablehnen, eigentlich sind es zwei Seiten einer Medaille. Beide sehen sich selbst als Sexobjekt, dessen Körper Männer automatisch reizt und zum Geschlechtsverkehr auffordert. Die Prostituierte nutzt das und verdient damit Geld. Die verschleierte Frau versteckt ihren Körper und macht sich so unsichtbar wie möglich, um eben keine Männerblicke auf sich zu ziehen. Die Alternative zu beiden ist es, uns durch unsere eigenen Augen zu sehen, nicht als Objekt, sondern als Subjekt. Nicht als Etwas, sondern als Jemand. Dann brauchen wir uns nicht mehr verschleiern, sondern können uns als normale Menschen mit unseren männlichen Mitmenschen in der Welt bewegen, ohne uns gegenseitig die schlimmsten Absichten zu unterstellen.

Besonders pervers werden der Schleier oder das Kopftuch, wenn schon kleine Mädchen im Kindergarten oder in der Grundschule als Sexobjekt gesehen werden, und daraufhin unter dem Kopftuch versteckt und in Kleidung gehüllt werden, die sie am unbeschwerten Spiel und Umgang mit Gleichaltrigen und am Ausleben ihres Kindseins hindert. Wie wächst ein solches Mädchen auf? Meinst du, lieber Gutmensch, dieses Kind hat später wirklich eine Chance, sich frei für eine Religion oder gar gegen den Islam zu entscheiden? Welches Frauenbild wird dem Mädchen wohl zu Hause vermittelt? Und welche Hilfe kann dieses Kind erwarten, wenn Menschen wie du an der Regierung sind und statt ihr selbst ihrem Vater und älteren Brüdern den Rücken stärken? Du sprichst so gern von der freien Wahl der verschleierten Frau, die wir gefälligst zu respektieren haben, doch warum sie diese Wahl getroffen hat, interessiert dich nicht. Du lässt es zu, dass ihr schon als kleines Mädchen das Frauenbild ihrer Religion vermittelt wird, das sie irgendwann verinnerlicht. Tut sie das nicht, stehst du nicht an ihrer Seite, wenn sie als Jugendliche wenigstens in der Schule den Kopf frei haben möchte, so frei sein will wie deutsche Mädchen und ihr Leben genießen möchte.

Wenn sie mit 16 Jahren in Urlaub in das Heimatland ihrer Eltern oder Großeltern geschickt wird und verlobt oder gar verheiratet zurückkommt (wenn überhaupt), lässt du sie im Stich, indem du das Problem verneinst und ignorierst. Was hinter den vier Wänden der Familie geschieht, willst du nicht wissen, damit du weiter bequem davon ausgehen kannst, alle Menschen haben schon irgendwie die gleichen Moralvorstellungen. Du sabotierst und diffamierst die Menschen, die versuchen, ihr beizustehen und ihr auch gegenüber der Familie den Rücken zu stärken. Und wenn sie dann unter dem Kopftuch oder dem Hijab verschwindet, jung heiratet, ihre Ausbildung aufgibt und sich ihr wertvolles Leben auf einmal hauptsächlich innerhalb des Hauses abspielt, fragst du uns gelangweilt, was denn das Problem sei, sie habe sich doch frei für den Schleier und dieses Leben entschieden. Merkst du eigentlich, wie zynisch und grausam das ist?

Apropos Kopftuch, auch das Kopftuchverbot für Lehrerinnen, das 2015 vom Bundesverfassungsgericht relativiert und ausgehebelt wurde, um von den einzelnen Bundesländern in mühsamer Arbeit geregelt zu werden, ist meiner Ansicht nach dringend notwendig, um die Schülerinnen und Schüler vor Indoktrinierung zu schützen und ihnen den in der neutralen Schulumgebung eigentlich selbstverständlichen Freiraum zu geben. Im Moment studieren viele gläubige, eifrig verschleierte Musliminnen unter anderem das Fach Islamischer Religionsunterricht, die irgendwann vor einer Schulklasse stehen und in einer Einrichtung, die der Vermittlung von Wissen dienen sollte, alte Märchen und strenge Dogmen als absolute Wahrheiten vermitteln. Dabei geben Kopftuchträgerinnen den Schülerinnen auch ein bestimmtes Bild weiter, wie sich eine muslimische Frau zu kleiden hat.

Die Soziologin und Frauenrechtlerin Necla Kelek nahm zum Urteil folgendermaßen Stellung: „Es ist ein Schlag ins Gesicht für alle muslimischen Frauen, die in Freiheit und Selbstständigkeit leben möchten." Ihrer Meinung nach ebnet die Entscheidung des Bundesverfassungsgericht den Weg für:

> *ein anderes Gesellschaftsmodell, das mit dem Symbol Kopftuch ja*
> *auch die Gesellschaft in Männer und Frauen teilt, gestattet wird (…)*
> *um noch mehr Druck auf all die Frauen zu erheben, die frei und*
> *selbstständig leben möchten. (…) Außerdem erlebe ich, dass nicht die*
> *Frauen, die Kopftuch tragen, diskriminiert werden von der*
> *Gesellschaft, sondern meistens die muslimischen Mädchen, die diesen*
> *freiheitlichen Weg gehen wollen, von ihrer eigenen Familie.*
>
> (Necla Kelek in einem Interview im ZDF Morgenmagazin)

Gibt es denn eine „Islamisierung" von Deutschland? Du schüttelst genervt den Kopf, lieber Gutmensch, und hältst schon die Behauptung alleine für rassistisch und diskriminierend. Egal, lass' uns mal überlegen.

Eine Islamisierung eines Landes würde wohl bedeuten, dass der Islam, etwa durch einen vermehrten Zuzug oder höhere Geburtenraten in muslimischen Familien, immer größeren Einfluss gewinnt, bis ein Punkt erreicht ist, an dem konservative Vertreter des Islam immer mehr Forderungen stellen, vom Verbot der „Beleidigung des Propheten" , Kleidungsvorschriften für muslimische und nicht-muslimische Frauen, der Beachtung der islamischen Regeln bei Lebensmitteln (halal) bis zum Islam als Staatsreligion und der Einführung des islamischen Rechtssystems, der Scharia.

Davon sind wir, säkularem Mensch sei Dank, noch weit entfernt, schon alleine aufgrund des noch relativ geringen Anteils an Muslimen. Doch ich finde schon, dass wir im Kleinen Ansätze und Versuche einer „Islamisierung" in Ermangelung eines besseren Begriffs beobachten können. Doch die ersten Opfer des wachsenden Einflusses konservativ-islamischer Kräfte auf die Gesellschaft und die Politik und Medien sind nicht wir AtheistInnen, ChristInnen und andere Nicht-Muslime, sondern Musliminnen und Muslime selbst, besonders die mit den leisesten Stimmen, d. h. moderate Musliminnen und Muslime, die in der öffentlichen Diskussion kaum gehört werden. Die vielleicht selbst schon über die eine oder andere Mohammed-Karikatur gelacht haben, die Schleier oder Kopftuch nur noch von ihrer Oma kennen und die sich von ihren konservativen Glaubensbrüdern ständig sagen lassen müssen, über was sie sich gefälligst zu empören haben, dass sie doch besser ihre Töchter verschleiern sollten oder wie schändlich und ehrlos es doch sei, dass ihr Kind eine oder einen Deutschen heirate. Die konservativen Muslime sind die, die am lautesten schreien und zetern, wenn ihnen irgendetwas gegen den Strich geht und sie das Gefühl haben, irgendein frecher Ungläubiger verstoße gerade mal wieder gegen „islamische Werte". Ihre (vor)lautesten, professionell beleidigten und selbstgerechtesten Vertreter (denn immerhin haben sie die ultimative Wahrheit gepachtet) sind in den deutschen, teilweise aus der Türkei finanzierten Islamverbänden organisiert. Sie sind beliebte Talkshowgäste, weil sie durch das Fehlen jeglicher Diskussionskultur, humanistischer Bildung und Toleranz gegenüber anderen Meinungen stets so unangenehm auffallen, dass auch die langweiligste Talkrunde immer wieder schmerzhaft aufgeweckt wird, das Studiopublikum aufstöhnt und die Quoten stimmen. Sie treffen sich bei „Islamkonferenzen", um ungestört von moderaten oder gar kritischen Stimmen ganz unter sich zu sein und ihre Überlegenheit gegenüber der restlichen Menschheit zu genießen, und pflegen ihre Aussagen statt mit „Meiner Meinung nach" mit „Wir als Muslime …", „Ich als Muslim …" oder „Im Islam glauben wir …" zu beginnen. Jegliche Kritik an „Prophet" Mohammed empfinden sie als unerträglich.

> *Mohammed wird von Muslimen nicht nach moralischen und ethischen Kriterien bewertet; sie verehren ihn, weil sie ihn für den Empfänger der letzten Botschaft Gottes halten und weil es ihm gelungen war, die Araber zu einen und zu einer Weltmacht zu machen. (…) Mohammed-Kritik stößt deshalb bis heute auf heftige Gegenwehr, nicht nur wegen Mohameds Status als Prophet, sondern auch, weil viele Muslime diese Kritik als Frontalangriff auf ihre eigene Existenzberechtigung deuten. Die Kritik hinterfragt die Legende und (…) es ist diese Mischung aus Nostalgie, Hybris und Narzissmus, die die Grundlage für überzogene Machtansprüche bildet.*
>
> Hamed Abdel-Samad, Mohamed – *Eine Abrechnung*, Droemer Verlag 2015, S. 77-78

Übertroffen wird ihre Selbstgerechtigkeit nur noch von den Herren, deren lange Bärte so hübsch mit ihren keck wippenden Maxiröcken mit hohem Baumwollanteil harmonieren, und die in den Fußgängerzonen deutscher Großstädte mit seligem, allwissendem Lächeln den Koran mitsamt guter Ratschläge voller mittelalterlichem Charme verteilen. Mit ihrer fleißigen „LIES"-Aktion versuchen sie, so viele Menschen wie möglich dazu zu bringen, ihr Gehirn und selbstständiges Denken auszuschalten und ihre ethischen Grundsätze abzulegen, und stattdessen so blind und gehorsam wie möglich den Lehren eines Kamelhirten, Bürogehilfen und etwas unbeholfenem Außendienstreisenden zu vertrauen. (Kamelhirte mag rassistisch klingen, ist es aber nicht, denn das war tatsächlich Mohammeds berufliche Tätigkeit, dafür muss er sich auch nicht schämen. Wenigstens dafür nicht.) Die einzige Wahrheit des LIES-Schriftzugs über dem Koran auf ihren großen Postern findet sich, wenn man ihn auf Englisch liest, aber darüber haben sicherlich schon viele gelacht. Für diese unfreiwillige Selbstironie zumindest sollten wir diesen Marionetten ohne Geld für Korrekturleser dankbar sein, aber witzig ist die Kampagne durchaus nicht.

Die Salafisten betreiben „Dawa", also die Anwerbung neuer Mitglieder, und leider immer wieder erfolgreich, was man durchaus als Versuch der Islamisierung bezeichnen könnte. Sie glauben tatsächlich, was sie da predigen, weil sie verlernt haben, selbst zu denken, und sie möchten den leichtgläubigen unter den „ungläubigen" Passanten ebenfalls das selbstständige Denken austreiben, weil ein kritischer Geist ihrer Meinung nach bereits Sünde ist. Zwar dürfen einige von ihnen in Deutschland wählen, doch dank ihrer geringen Zahl können diese Fundamentalisten auf diesem Weg noch nicht so viel anrichten. Die fundamentalistischen Salafisten mögen eine kleine Gruppe sein, doch der Einfluss der etwas weniger fundamentalistischen, aber teilweise erzkonservativen Muslime ist deutlich höher und unsere Politiker und Politikerinnen reagieren auf dieses Wählerpotenzial, machen Zugeständnisse, schwärmen vom Islamunterricht, werben um Verständnis für muslimische Eltern, die ihre Kinder doch nur beschützten möchten, wenn sie ihnen (für alle anderen Kinder selbstverständlichen) Freiheiten verwehren. Sie nicken mit betroffener Miene, wenn sich ein gefühlsverletzter Islamist bei ihnen ausweint, dass deutsche Frauen einfach nicht verstehen, warum er ihnen nicht die Hand geben will, fordern muslimische Feiertage und betreiben bei jeglicher Islamkritik fleißig Whataboutery. Auch das Kopftuchurteil von 2015 ist eventuell in diesem Zusammenhang erklärbar.

Wie wichtig es ist, dass die liberalen MuslimInnen dagegen aufbegehren, beschreibt auch Necla Kelek:

Natürlich gibt es den Versuch einer weltweiten Islamisierung. Aber der geht von einer sehr kleinen Minderheit unter den Muslimen aus. Das sind Fundamentalisten, die es als Gottes Auftrag ansehen, die „Umma" weltweit zu verbreiten. Die anderen Muslime sind bei weitem die Mehrheit, sie müssen ihre Stimme gegen solche Entwicklungen erheben.

Necla Kelek, ntv, Artikel: *Der Islam braucht Kritik*, vom 13. 3. 2010, http://www.n-tv.de/politik/dossier/Der-Islam-braucht-Kritik-article773513.html

Aber auch die Gewalttaten an Sylvester und die Hunderten von Belästigungen und Vergewaltigungen von Frauen und Kindern in den letzten Wochen und Monaten, in Schwimmbädern, auf der Straße, in Clubs und Diskotheken usw., immer wieder von Zuwanderern mit muslimischem Hintergrund (ja ich weiß, auch deutsche Männer vergewaltigen Frauen, siehe Kapitel Whataboutery), könnte man als Versuch einer Islamisierung verstehen – durch das systematische Verdrängen von Frauen und Mädchen aus dem öffentlichen Raum. Die Täter ertragen es nicht, dass sich Frauen in unserer Gesellschaft frei und unverschleiert bewegen können, und die organisierten Übergriffe en masse deuten darauf hin, dass neben einer perversen sexuellen Befriedigung durch Gewalt und der Lust am Ausüben von Macht gegenüber Schwächeren durchaus auch ein religiös-politisches Ziel verfolgt wurde, nämlich der Aufnahmegesellschaft ihr eigenes Frauenbild aufzuzwingen und es für Frauen und Mädchen so gefährlich machen, sich in der Öffentlichkeit alleine und sogar nachts frei zu bewegen, dass sie irgendwann von selbst zuhause bleiben oder sich – züchtiger angezogen – von ihrem Mann begleiten lassen. Genauer gesagt, was den Frauen da aufgezwungen wird, ist das Rechtssystem des Islam.

Eine Atmosphäre der Angst ist die beste Grundlage für den stückweisen Einzug der Scharia. Ob diese Strategie dann am Ende auch aufgeht, ist eine andere Frage, denn diesen Versuchen, Frauen aus dem öffentlichen Raum zu verdrängen, stehen heute ein funktionierender Rechtsstaat und eine einigermaßen wehrhafte Demokratie entgegen. Wie das morgen aussieht, hängt davon ab, wie wir auf die Gewalttaten dieser Täter und deren Anmaßung, neue Maßstäbe an die Freiheit und Gleichberechtigung zu setzen, reagieren.

In dem Zusammenhang kommen wir auch am erschreckenden Phänomen der Schariagerichte nicht vorbei, deren Entscheidungen auch in Deutschland Rechtswirkung besitzen. Von den konservativen Islamverbänden werden sie oft als Beratungsstellen oder Schlichtungsstellen dargestellt, also eine Art Schiedsgericht, wie man es beispielsweise von der Industrie- und Handelskammer oder der Ärztekammer kennt. Strafsachen werden stets nach deutschem Recht verhandelt, doch wenn es um die private Lebensführung von Einwanderern geht, gilt das internationale Privatrecht, d. h. wenn sich die betroffenen Personen gegen eine Verhandlung vor einem deutschen Gericht entscheiden, ist das Recht im Herkunftsland ausschlaggebend. Vor Schariagerichten werden also zivilrechtliche Fälle verhandelt, wie Scheidungen oder Erbschaftsangelegenheiten. Die Geltung findet in Deutschland im Ordre public ihre Grenzen. („Ordre public" ist französisch für „öffentliche Ordnung" und bezeichnet im internationalen Privatrecht und im internationalen öffentlichen Recht das Grundlegende der inländischen Wertvorstellungen.) So werden Normen, die mit rechtlichen Grundvorstellungen unvereinbar sind, nicht angewendet, aber die genaue Definition ist natürlich Auslegungssache. Und ob der Staat alles genau erfährt, was hinter den Türen der Religionsrichter vorgeht, ist mehr als fraglich. Doch die Scharia, also das islamische Rechtssystem wird nicht nur an diesen Gerichten ausgeübt, sondern schleicht sich selbst – im Gegensatz zu anderen europäischen Ländern, wo dies teilweise streng getrennt wird – in deutsche Gerichtssäle ein. Viele kennen den berühmten Fall einer Richterin am Amtsgericht Frankfurt/Main, die 2007 einer Ehefrau die Scheidung von ihrem gewalttätigen, marokkanischen Mann nicht vor Ablauf des Trennungsjahrs gestattete, weil „die Ausübung des Züchtigungsrechts keine unzumutbare Härte begründet" und die Frau damit hätte rechnen müssen. In diesem Fall wurde die Richterin als befangen erklärt, doch es gibt tatsächlich Entscheidungen deutscher Gerichte, die explizit Bezug auf die Scharia nehmen.

In der Vergangenheit kam es immer wieder zu Entscheidungen, die öffentliches Aufsehen erregten. So lehnte das Bundessozialgericht in Kassel im Jahr 2000 die Klage einer aus Marokko stammenden Witwe ab, die sich weigerte, die Rente ihres Mannes mit der Zweitfrau zu teilen. Das Gericht entschied mit Verweis auf islamisches Recht zugunsten der Zweitfrau. Beide Frauen hätten Anspruch auf den gleichen Rentenanteil, entschieden die Richter.

2011 teilte das Amtsgericht einer Münchnerin nach dem Tod ihres aus dem Iran stammenden Mannes mit, dass ihr anstelle des Alleinerbes nur ein Viertel des Erbes zustehe. Die übrigen Dreiviertel gingen an Verwandte des Mannes in Teheran. Auch hier trat ausländisches Recht in Kraft: Stirbt ein Ehepartner, der keinen deutschen Pass besitzt, gilt das Erbrecht seines Herkunftslandes, in diesem Fall das iranisch-islamische Recht.

(vgl. beide Fälle: Online-Ausgabe Die Welt, Artikel *Scharia hält Einzug in deutsche Gerichtssäle* vom 1. 2. 2012, http://www.welt.de/politik/deutschland/article13845521/Scharia-haelt-Einzug-in-deutsche-Gerichtssaele.html)

Ich finde das schon sehr beängstigend, du nicht, lieber Gutmensch?

Zum Glück gibt es viele kritische Stimmen, die hauptsächlich zwei Gegenargumente vorbringen. Erstens ist die Scharia nicht mit der Allgemeinen Erklärung der Menschenrechte vereinbar, in erster Linie wegen der unterschiedlichen Auslegung von Frauenrechten und der Stellung der Frau. Der Europäische Gerichtshof für Menschenrechte in Straßburg (EGMR) urteilte in mehreren Verfahren, dass die Scharia „inkompatibel mit den fundamentalen Prinzipien in der Demokratie" sei. Das sehen übrigens auch die meisten islamischen Staaten so. Nicht umsonst existiert die *Kairoer Erklärung der Menschenrechte im Islam* aus dem Jahr 1990, entwickelt von den Mitgliedsstaaten der Organisation der Islamischen Konferenz, welche die Scharia als alleinige Grundlage von Menschenrechten definiert. Die Erklärung wird als islamisches Gegenstück zur Allgemeinen Erklärung der Menschenrechte gesehen, und welchen Wert eine Menschenrechtserklärung hat, die sich an einem erzkonservativen, barbarischen, religiösen Rechtsystem ausrichtet, kann jeder für sich selbst beantworten. Besonders bei „Ungläubigen", Homosexuellen, Frauen und allen freiheitlich und demokratisch denkenden Menschen dürften sich bei der Vorstellung eines solchen Konzepts die Nackenhaare sträuben.

Zweitens ist es schwierig festzustellen, inwieweit Druck auf die Menschen ausgeübt wird, die ihren Fall vor einem Schariagericht verhandeln lassen. Offiziell kann sich eine Muslimin oder ein Muslim natürlich frei dazu entscheiden, sich an ein reguläres deutsches Gericht zu wenden, doch wie frei ist die Entscheidung einer Frau, deren familiäres Umfeld, sprich sowohl ihre eigene Familie als auch die ihres Ehemanns, auf sie einwirkt, Druck ausübt, ihr vielleicht sogar droht?

Diese Paralleljustiz ist auch in der Politik sehr umstritten. Thomas Strobl, stellvertretender Vorsitzender der CDU/CSU-Bundestagsfraktion, betonte gegenüber der Frankfurter Allgemeinen Zeitung, dass gerade im Strafrecht das Gewaltmonopol des Staates eine wichtige Errungenschaft sei, die man verteidigen werde, es gelte eine Null-Toleranz-Linie. (vgl. FAZ vom 16. 04. 2014, Artikel *Scharia-Gerichte in Deutschland? CDU fordert „null Toleranz" bei Paralleljustiz*).

Im Bundesjustizministerium wird seit längerem an einer Untersuchung zu sogenannten Friedensrichtern gearbeitet, die bald beendet sein soll, doch auch hier sitzen leider einige von deiner Sorte, für die nicht sein kann, was nicht sein darf. SPD-Mitglied Heiko Maas, Bundesminister der Justiz und für Verbraucherschutz, geht – oh Wunder – von Einzelfällen aus und sieht keinen gesetzgeberischen Handlungsbedarf. Auch der Landtagsabgeordnete Jochen Hartloff von der SPD, bis 2014 Justizminister in Rheinland-Pfalz, hält die Existenz islamischer Schiedsgerichte in Deutschland grundsätzlich für zulässig. (vgl. Online-Ausgabe Die Welt, Artikel *Scharia hält Einzug in deutsche Gerichtssäle* vom 1. 2. 2012). Doch selbst innerhalb der SPD ist man sich uneinig, und einige sind sehr wohl über diese Hinterhofgerichte besorgt. Rainer Stickelberger, Mitglied des Landtags von Baden-Württemberg warnte: „Eine Bedrohung ist die nicht-staatliche Schlichtung dann, wenn sie begleitet wird von Nötigung, Einflussnahme oder Sanktionen, die mit dem staatlichen Recht nicht vereinbar sind." (FAZ vom 16. 04. 2014, Artikel Scharia-Gerichte in Deutschland? CDU fordert „Null Toleranz" bei Paralleljustiz, *http://www.faz.net/aktuell/politik/inland/scharia-gerichte-in-deutschland-cdu-fordert-null-toleranz-bei-paralleljustiz-12899334.html*)

Darüber hinaus stellt sich die Frage, für wen Schariagerichte in Deutschland überhaupt Anlaufstellen sein sollen, denn die meisten Musliminnen und Muslime in Deutschland stammen aus der Türkei. Diese hat 1926 jedoch das von der Schweiz übernommene Zivilgesetzbuch eingeführt und sich damit von einer Scharia-Gesetzgebung distanziert, für diese größte Minderheit kommt die Alternative eines Schariagerichts also gar nicht in Frage. Darauf verweist auch der Islamwissenschaftler und Jurist Matthias Rohe in Die Welt: „Scharia-Gerichte in Deutschland würden der Rechtskultur der größten deutschen Minderheit also nicht gerecht" (Online-Ausgabe Die Welt, Artikel Scharia hält Einzug in deutsche Gerichtssäle vom 1. 2. 2012).

Es gibt sie also, die Paralleljustiz, die nach den in der Scharia umfassten islamischen Rechtsnormen entscheidet, und du kannst dir sichervorstellen, wie gerecht die Frauen von diesen Gerichten behandelt werden. Meiner Meinung nach ist die reine Existenz solcher Gerichte für unseren Rechtsstaat unerträglich und unvertretbar. Der Schutz durch das deutsche Recht muss alle Bürgerinnen und Bürger umfassen, und die Rechtsprechung muss für alle gelten. Hier wird einer Religion definitiv zu viel Respekt entgegengebracht, und es ist im Grunde unfassbar, dass unser Staat akzeptiert, dass sich eine Gruppe unserer Gesellschaft von unserer Rechtsprechung, welcher die Werte des 21. Jahrhunderts zugrunde liegen, ausklinkt, und sich stattdessen einer frühmittelalterlichen Rechtsvorstellung unterwirft, welche die Brutalität, Frauenverachtung und Bigotterie dieser dunklen Zeit widerspiegelt.

Dieses sind alles Faktoren, die – wenn nicht gleich auf eine Islamisierung, doch zumindest darauf hindeuten, dass der Islam und seine Doktrin an Einfluss auf unsere Gesellschaft gewinnt und auch hier heißt es: Wehret den Anfängen.

Respekt ist gut, solange wir ihn unseren Mitmenschen oder Mitgeschöpfen im Allgemeinen gegenüber ausüben. Doch Respekt gegenüber Religionen, Ideologien oder Parteien kann leicht zu einem Maulkorb und einer fehlenden Auseinandersetzung mit deren Glaubenssätzen führen. Und ein etwas respektloserer Umgang mit Religionen kann unter Umständen Leben retten. So ging bei den meisten Konvertiten, die sich anschließend radikalisierten und sich in Syrien dem IS anschlossen, diese Radikalisierung erstaunlich schnell – vom christlichen Deutschen, der einmal im Monat zur Kirche geht zum fanatischen Islamist, der für seinen Glauben tötet. Wäre mancher dieser Konvertiten oder auch Konvertitinnen vielleicht den Rattenfängern gegenüber misstrauischer gewesen, wenn Medien und Politik etwas kritischer gegenüber dem Islam gewesen wären, etwa Mohammed als Person näher beleuchtet oder auch die „wissenschaftlichen Erkenntnisse" im Koran unter die Lupe genommen hätten? Zahlreiche KonvertitInnen, auch nicht radikalisierte, geben an, dass dieses „Wissen" für sie ausschlaggebend für ihren Übertritt zum Islam war, weil Mohammed angeblich moderne Kenntnisse aufgeschrieben habe, die er „gar nicht hätte wissen können und die daher von Gott stammen" müssen. Das mag ein glaubwürdiges Argument sein, wenn man mit Imamen über Wissenschaft spricht. Fragt man echte

WissenschaftlerInnen, sind diese Rätsel schnell gelöst und auf einmal entpuppen sich die „faszinierenden wissenschaftlichen Erkenntnisse" im Koran als entweder unglaublich allgemein gehaltene oder falsche Vermutungen oder Kenntnisse, die jemand, der wie Mohammed weit gereist war und mit Gelehrten verkehrte, ohne weiteres wissen konnte. Doch auch hier ist Political Correctness wichtiger als Aufklärung. Vielleicht hätte auch ein kritischer Artikel über Mohammed und seine Kriegsführung oder schon ein kritischer Blick auf die verschiedenen Religionen in der Schule schon gereicht, um bei dem einen oder anderen Konvertiten die Alarmglocken schellen zu lassen und ihn damit auch vom Plan, sich dem IS anzuschließen, abzuhalten. Vielleicht wäre es eine gute Idee, wenn sich WissenschaftlerInnen unterschiedlicher Fachrichtungen – von Geographie und Embryologie bis zu Evolution und Kosmologie – zusammensetzen und jede einzelne „wissenschaftliche" Behauptung im Koran tatsächlich aus wissenschaftlicher Perspektive unter die Lupe nehmen, und ihre Erkenntnisse in einem Buch veröffentlichen würden. Oft ist es gerade die Überzeugung, im Koran stünden wissenschaftliche Fakten, die Mohammed damals gar nicht hätte wissen können, die Menschen auf einer spirituellen Suche zum Konvertieren bringt, daher wäre eine solche Untersuchung sicherlich ein guter Ansatz. Es würde zu weit führen, an dieser Stelle auf die unterschiedlichen wissenschaftlichen Behauptungen im Koran einzugehen, aber zur Veranschaulichung möchte ich wenigstens ein Beispiel nennen. Im Koran heißt es beispielsweise in Sure 41:

> *Und er bestimmte, dass es sieben Himmel sein sollten, (...) Und in jedem Himmel gab er die Weisung über das, was darin geschehen sollte.*

Einem interessierten, aufgeschlossenen Menschen, wird ein Imam diese Sure vielleicht gemeinsam mit den Werken des islamischen Kreationisten Harun Yahya präsentieren, der diese „sieben Himmel" als Troposphäre, Stratosphäre, Ozonosphäre, Mesosphäre, Thermosphäre, Ionosphäre und Exosphäre interpretiert, die alle ihre bestimmte Aufgabe haben. Doch die Vorstellung der sieben Himmel gab es bereits bei den Babyloniern im

Altertum, und spätestens beim zweiten Teil der Sure sollte auch den Naiveren unter den für alles Aufgeschlossenen ein Licht aufgehen:

Und den unteren (der Erde nächsten) Himmel versahen wir mit dem Schmuck von Lampen und (bestimmten diese auch) zum Schutz.

Ganz abgesehen vom geozentrischen Weltbild würde diese Aussage in der Interpretation wohl bedeuten, dass alle Sterne des Himmels unterhalb der Ozonschicht liegen – unterhalb der Mesosphäre, wenn man die Sure großzügig auslegt, also innerhalb von ca. 80 Kilometern um die Erde. Harun Yahya ist übrigens derselbe vertrauenswürdige Fachmann, der in seinem *Atlas der Schöpfung* verzweifelt versucht, Darwins Evolutionslehre zu widerlegen und in seinem Atlas beweisen will, dass sich die heute auf der Erde lebenden Tiere und Pflanzen seit Jahrmillionen nicht verändert haben, also keine Evolution stattgefunden hat. Trotz einiger spitzfindiger Kritiker, die sich daran störten, dass er Tiere aus vollkommen unterschiedlichen biologischen Klassen gegenüberstellt und ziemlich dreist Fotos von künstlichen Angelködern verwendet, bei denen peinlicherweise sogar noch der Angelhaken zu sehen ist, genießt Herr Yahya nach wie vor einen guten Ruf als Fürsprecher für die wissenschaftlichen Wahrheiten des Korans.

Und war Mohammed, der Begründer des Islam, wirklich ein Friedensbringer, Freund der Frauen und Sprachrohr Gottes, war er ein gutes Beispiel und sogar, der beste Mensch, der je gelebt hat, wie es schätzungsweise 1,5 und 2 Milliarden Menschen glauben? Nun, zunächst mal glauben das ca. 5 bis 5,5 Milliarden Menschen nicht. Sie halten Mohammed entweder für einen Lügner, der behauptete, Gott habe zu ihm gesprochen, oder für jemanden mit einer geistigen Störung, der sich die Gespräche mit Engel Gabriel einbildete, oder sie bezweifeln gar, dass er überhaupt existiert hat oder oder oder. Es gibt tatsächlich eine Denkschule, die weit in die arabische Geschichte zurückgeht und bestreitet, dass Mohammed als Person jemals existiert hat bzw. dass es im siebten Jahrhundert einen Wanderprediger mit ähnlichen Vorstellungen gab, der später aus militärischen und machtpolitischen Erwägungen verklärt und zum

Religionsstifter erhoben wurde, um die arabischen Stämme zu vereinen. Allerdings gehen die meisten WissenschaftlerInnen heute davon aus, dass er tatsächlich gelebt und behauptet hat, Gott habe ihm Botschaften herabgesandt. Geboren wurde er vermutlich im Jahr 570 nach christlicher Zeitrechnung in der arabischen Stadt Mekka. Als Kind vermutlich unverheirateter Eltern, die er früh verlor, wuchs er ohne elterliche Zuneigung auf, hütete Schafe und nahm später an Handelskarawanen in den Norden, in das oströmische Reich, das heutige Syrien teil. Seine gesellschaftliche Stellung als uneheliches Waisenkind war eher niedrig und ihm fehlte die Geborgenheit eines funktionierenden Elternhauses. Ca. im Jahr 595 bot ihm seine Arbeitgeberin Kadidscha die Ehe an und machte ihn damit zum reichen Mann. Als er mehr oder weniger 40 Lebensjahre hinter sich hatte, wurde er wohl von einer Sinnkrise geplagt, hatte Angstzustände und sogar Selbstmordgedanken. Erleichterung fand Mohammed in seinen Meditationen auf dem Berg Hira in der Nähe von Mekka, wo er jedes Jahr einen Monat verbrachte. Dort soll ihm nach eigenen Aussagen ca. im Jahr 610 der Erzengel Gabriel erschienen sein, was er als Traum oder Offenbarungserlebnis erfahren haben will, und ab diesem Zeitpunkt behauptete er, regelmäßig göttliche Botschaften zu empfangen. Er sah sich als Erbe in der Blutlinie von Abrahams, genauer gesagt von dessen Sohn Ismael, und als Gesandten eines einzigen, männlichen Gottes, Allah.

Doch Mohammeds Predigten stießen zunächst auf taube Ohren und innerhalb der nächsten zehn Jahre, in denen ca. 3000 Verse des Koran entstanden, konnte er nur eine kleine Gruppe Getreuer um sich scharen. In dieser ersten Zeit sprach er auch gar nicht von einer neuen Religion, dem Islam, sondern von Abrahams Lehre.

Schließlich organisierte Mohammeds Weggefährte Abu Bakr ein Treffen zwischen Mohammed und den Anführern eines mächtigen Stammes, denen er für ihre Unterstützung politische Macht, Besitztümer und Frauen als Bettsklavinnen versprach. Als er damit keinen Erfolg hatte, suchte Mohammed Hilfe bei den kriegerischen, profitorientierten Stämmen von Yathrib, dem späteren Medina (was im Arabischen

„Stadt des Propheten" bedeutet) einem Ort ca. 400 Kilometer nördlich von Mekka, der genau auf dem Karawanenweg zwischen Mekka und Syrien lag – ideal für profitable Überfälle. (vgl. Hamed Abdel-Samad, *Mohamed – Eine Abrechnung*, Droemer Verlag 2015, S. 82-83).

Mohammeds Karriere als Staatsmann begann nach seinem Bündnis mit den Stämmen von Medina, wohin er übersiedelte, und den Al-Saa'alik, den Wegelagerern, Gaunern und Verstoßenen von Arabien. Er gewann an Macht und Anhängern und konzentrierte seine Bemühungen auf Beutezüge, ein regelrechtes Handelsembargo über Mekka und Angriffe aus Karawanen nach Mekka, bald erzielte er zusätzliches Einkommen durch die Kopfsteuer von Juden und Christen. Er führte über 80 Kriege, während dieser sich auch die Stämme, die seine friedliche Botschaft vorher abgelehnt hatten, mehr oder minder freiwillig unterwarfen – bei einigen mag es reine Furcht gewesen sein, bei anderen die Gier nach Profit auf der Seite des erfolgreichen Eroberers Mohammeds. Aus dieser Zeit stammen auch seine strengen Gebote des fünfmaligen Gebets, des Alkoholverzichts oder des ausschließlich ehelichen Geschlechtsverkehrs und die entsprechenden drakonischen Strafen für Abweichler. Doch ethische Beweggründe kann man ihm kaum unterstellen, denn immerhin war es auch die Zeit, in der er bei seinen Eroberungszügen seine Gegner gnadenlos ermordete und Frauen als Sexsklavinnen entführte, für sich selbst und seine Anhänger. Acht Jahre nach seiner Übersiedelung nach Medina kehrte Mohammed mit überlegener Armee als Eroberer – nicht als Befreier – nach Mekka zurück und ließ dort unter anderem Dichter und Sklavinnen töten, die ihn dort geschmäht hatten, also das Verbrechen der Satire begangen hatten. (vgl. Hamed Abdel-Samad, *Mohamed – Eine Abrechnung*, Droemer Verlag 2015, S. 94-95)

In seinem Buch beschreibt Hamed Abdel-Samad Mohammeds Entwicklung auf dem Weg zur Macht in vier Phasen, woran sich deutlich erkennen lässt, wie aus einer anfänglich friedlichen Lehre eine kriegsverherrlichende Ideologie wurde:

In Mekka orientierte er sich eher an christlichen Werten. Er predigte Gleichheit unter den Menschen, Toleranz und Nächstenliebe, auch gegenüber seinen Feinden. Nach Khadidschas Tod schmiedete er Allianzen. (...) In Medina radikalisierte er sich einerseits, stabilisierte die Stadt andererseits aber auch durch die Einführung von neuen Geboten und Ritualen, die der Gemeinde eine Identität geben und sie vor (...) Gefahren schützen sollten. Die ersten Kriege sah er als gerechte Kriege an und (...) verbot seinen Kämpfern jegliche Gewaltexzesse gegenüber ihren Feinden. Doch als aus diesen Kriegen ein lukratives Geschäft wurde, kam es zur letzten Stufe seiner Radikalisierung. Krieg wurde zur heiligen Mission stilisiert, der Kampf gegen die Ungläubigen zur Hauptaufgabe. Bis heute dürfen Nicht-Muslime die Städte Mekka und Medina nicht betreten.

Hamed Abdel-Samad, *Mohamed – Eine Abrechnung*, Droemer Verlag 2015, S. 94-95).

Vom Glauben der Menschen auf der arabischen Halbinsel vor dem Einzug des Islam wissen wir heute nur noch wenig, da damals noch eine mündliche Tradition vorherrschend war, die sich auch in den Islam übertragen hat. Hinweise ergeben sich aus der altarabischen Dichtung, Inschriften, alten Münzen und ähnlichem, allerdings auch aus islamischen Schriften, die die alte Religion als Götzendienst diffamierten. Die altarabische Religion beruht auf den polytheistischen sumerischen und babylonischen Religionen, mit einem „Hochgott" namens Allah und weiteren, auch weiblichen Gottheiten, etwa die Göttinnen Al-Lat, von der behauptet wird, sie sei die weibliche Form von „Allah", sowie Manat und Uzza, deren Kultstätten sich sämtlich in der direkten Umgebung von Mekka befanden. Im Zentrum der Anbetung stand der schwarze Stein in Mekka und eine Wallfahrt dorthin, was später in den Islam übernommen wurde. Auch die Gebote zur rituellen Reinigung (tahara) übernahm Mohammed teilweise aus der altarabischen Religion. Wie auch das Christentum und fast jede neue Religion musste auch der Islam die „heidnische" Religion vor seiner Zeit verteufeln, dennoch flossen viele deren Elemente in den Islam ein.

Als Mohammed begann, über seine Erfahrungen zu berichten und die angebliche Botschaft Gottes zu verbreiten, hatten seine Mitmenschen zunächst kein Problem damit. Erst als er sich gegen den Polytheismus wandte, regte sich Widerstand, obwohl er das Heiligtum der älteren, „heidnischen" Religion, die Kaaba übernahm. Zu diesem Zeitpunkt war seine Botschaft noch weitgehend friedlich, und aus dieser Zeit stammen die weltoffenen, friedlichen und toleranten Verse, die IslamapologetInnen immer wieder gern anführen. Doch erst mit seiner Botschaft der Gewalt, dem Recht des Stärkeren und seinen brutalen Eroberungsfeldzügen gewann auch der Islam an Macht.

Dazu kommt, dass einige der friedlichere Verse, wie Vers 32 aus der Sure 5: „Wer einen Menschen tötet, tötet die Menschheit, wer einen Menschen rettet, rettet die Menschheit" gar nicht für die Gemeinschaft der Muslime gedacht waren. Dieser spezielle Vers richtet sich etwa an die „Kinder Israels", also die Juden, nicht die Muslime. Für diese heißt es schon in Vers 33: „Diejenigen, die gegen Allah und seinen Gesandten kämpfen und auf Erden Unheil stiften, sollen getötet oder gekreuzigt werden."

Aber ob er gelebt hat oder nicht und ob er die Person war und die Taten begangen hat, die ihm zugeschrieben werden – wichtig ist sein Einfluss auf die heutige Zeit. Viele Musliminnen und Muslime, und bei Weitem nicht nur die orthodoxen, sind der festen Überzeugung, Mohammed sei das Vorbild aller Menschen und seinem Wort dürfe nicht widersprochen, seine Handlungen nicht in Frage gestellt werden. Deshalb werden heute in der islamischen Welt kleine Mädchen an alte Männer verheiratet und in zu einem alptraumhaften Leben in Sklaverei verurteilt, deshalb kann sich ein muslimischer Mann, der seine Ehefrau schlägt, auf den Koran berufen und deshalb handeln Terrorbanden wie der IS heute so, wie sie handeln. Und diese gemeinsame, unkritische Verehrung des Kamelhirten, der so gern ein Prophet gewesen wäre, ist auch einer der Gründe, warum in der islamischen Welt ein Kollektivdenken vorherrscht, eine „Umma" der Gläubigen, und das „Wir" so weit über dem „Ich" steht, dass selbst in der Familie das Wohl des – genauer gesagt das Wohl *der* Einzelnen – dem Gemeinschaftswohl untergeordnet wird. Hamed Abdel-Samad spricht in diesem Zusammenhang von einem zutiefst identitätsbestimmenden Aspekt:

> *Die Omnipräsenz des Propheten in Bildung und Politik, die Überbetonung der religiösen Komponente in vielen islamischen Gesellschaften verhindert die Entstehung alternativer Identitätsquellen. Alles geht auf ihn zurück, er schwebt über allem und bestimmt den Alltag von muslimischen Bürgern, Politikern und Theologen. Gleichzeitig verhindert die emotionale Bindung der Muslime an Mohamed und die unreflektierte Überhöhung (...) eine historisch kritische Auseinandersetzung mit dem Begründer des Islam.*
>
> Hamed Abdel-Samad, *Mohamed – Eine Abrechnung*, Droemer Verlag 2015, Seite 9

Doch wie verzweifelt auch versucht wird, Belege für Mohammeds göttliche Eingebung zu finden, bei wissenschaftlichen Fragen ist ein richtiger Experte immer die bessere Wahl. Wir wissen heute, dass die Wissenschaft die oft sehr schwammigen Vorstellungen von der Entstehung der Menschheit und ihrer Geschichte, von Naturphänomenen wie einer globalen oder regionalen Flut gigantischen Ausmaßes, von einer einzig gültigen natürlichen Lebensordnung und dem Zusammenspiel der verschiedensten Faktoren auf unserem Planeten, wie sie in den „heiligen" Schriften niedergelegt sind, in wenigen Minuten widerlegen kann. Wir wissen, dass der Auszug der „Kinder Israels" so niemals stattgefunden hat. Wir wissen, dass heilige Geister keine Menschenfrauen schwängern und wir wissen, dass beispielsweise eine regional begrenzte Flut wie im Koran beschrieben, die einen 2000 Meter hohen Berg übersteigt, vollkommen unmöglich ist, dass Menschen keine Monde spalten und schon gar nicht auf Pferden zum Himmel fliegen. Wenn wir also wissen, dass soviel Schwachsinn in diesen „heiligen" Büchern steht, warum tun wir so, als sei es absolut verständlich und nachvollziehbar, daran zu glauben? Vieles ist schlichtweg erfunden, anderes in den Überlieferungen verloren gegangen und manche Geschichten waren eben einfach nur als Geschichten gedacht. Allerdings kann man sowohl WissenschaftlerInnen als auch Medienschaffende verstehen, wenn sie sich mit solch klarer Kritik und offenen Worten zurückhalten – nicht unbedingt aus Political Correctness, sondern einfach aus Angst vor Gewalt und Vergeltung.

Doch eine Religion oder Ideologie, die man aus welchen Gründen auch immer nicht kritisieren darf, wird irgendwann auch für die Nichtmitglieder zum Dogma:

> *Aber Sie wollen keinen Respekt, Sie fordern Gehorsam! Sie sagen,*
> *dass wir, die Presse, in diesem Land und in Dänemark nur das tun*
> *können, was Sie für akzeptabel halten.*
>
> (Kenan Malik, britischer Publizist, Universitätsdozent und
> Rundfunkjournalist, in *The Dispatches, Muslims versus Free Speech,*
> Channel 4, Großbritannien) gegenüber Kritikern der Mohammed-
> Karikaturen in der dänischen Zeitung Jyllands-Posten)

8. Die unheilige Allianz zwischen „Linken" und Islamisten

Plakate einer Demonstration empörter Menschen aus der politischen
Linken und der Mitte gegen den steigenden Einfluss konservativ-
islamischer Kräfte, die leider nie stattgefunden hat

Es ist ein seltsames Phänomen und vielleicht verstehst du es selbst nicht so ganz, lieber
Gutmensch, aber was uns Nicht-Gutmenschen immer wieder unangenehm auffällt, ist
die vollkommen kritiklose, bedingungslose Islamliebe von deinesgleichen. Ihr habt kein
Problem damit, mehr als berechtigte Kritik an den christlichen Kirchen zu üben, seid –
wie wir – empört über die Missbrauchsskandale und beschwert euch – wie wir – über
die Millionen an Steuergeldern, die Jahr für Jahr in die bodenlosen Säckel der Kirchen

fließen. Ihr protestiert – wie wir – gegen den Imperialismus und die brutale Kriegsführung der USA und ihrer Alliierten. Ihr sammelt – wie wir – Unterschriften gegen das transatlantische Freihandelsabkommen, auch wenn die Regierung in unserem Namen vor Großkonzernen und Lobbys auf die Knie fällt. Ihr fordert – wie wir – ein freies Palästina und schließt euch dem Boykott von Produkten aus den illegalen Siedlungsgebieten an. Ihr erhebt eure Stimme – wie wir – für Menschenrechte, für den Frieden, für die Gleichstellung der Frau, die Rechte von Homosexuellen, für starke Gewerkschaften, erneuerbare Energien, für den Tierschutz und das bedingungslose Grundeinkommen.

Aber dann kommt dieses eine Thema, bei dem ihr die gesamte Linke wie Idioten dastehen lasst und es irgendwie schafft, eine riesige Burka über all eure Werte zu ziehen. Kaum geht es um den Islam, werdet ihr zu brav schweigenden, schwanzwedelnden Untertanen, salutiert und steht stramm vor dem „Propheten". Warum? Ist es die Angst vor dem Rassismus selbst oder eher die Angst, als rassistisch oder islamophob zu gelten? Setzt ihr darum an den Islam nicht dieselben Maßstäbe wie an jede andere Religion und Ideologie, trotz dessen Sicht auf Frauen und Homosexuelle, eines imperialistischen Kriegsherrn als Vorbild, einer intoleranten, verachtenden Haltung gegenüber „ungläubigen" Andersdenkenden und einem grausamem, gnadenlosen Rechtssystem?

In einem Gespräch zwischen dem amerikanischen Talkshow-Moderator Bill Maher und Richard Dawkins wird dies auf unterhaltsame Weise erörtert. Sie sprechen über den interessanten Begriff der „regressiven Linken" (*Regressive Leftists*), der vom Neurowissenschaftler, Philosoph und Verfasser religionskritischer Bücher Sam Harris geprägt wurde und im Grunde den typischen Gutmenschen bezeichnet – eine Person, die mal links war und linke Werte vertrat, und aus einem falschen Verständnis der Political Correctness sowie aus Angst, sonst als rassistisch zu gelten, beim Thema Islam jegliche Kritikfähigkeit, demokratische Einstellung und freiheitliches Denken verliert, sich also in eine frühere Phase des politischen Bewusstseins zurückentwickelt:

Maher: *Unser Freund Sam Harris prägte diese Woche den Begriff „regressive Linke" (Regressive Leftists) für die Leute, die nicht so ganz verstehen, was links und liberal bedeutet.*

(...)

Dawkins: *Sie haben absolut recht, es gibt diese regressiven Linken, die schreiben gegen alles andere, wie Frauenfeindlichkeit und alle anderen negativen Dinge, aber Islam bekommt eine Freikarte, und ich denke, der Grund ist die schreckliche Angst davor, rassistisch genannt zu werden.*

Maher: Ja, oder im schlimmsten Fall, islamophob!

Dawkins: Ja.

Maher: Ein albernes Wort, das überhaupt nichts bedeutet.

Dawkins: *Genau*

Maher: *Es ist einfach so dumm, alle Menschen, die der Islamophobie beschuldigt werden, Sie und ich, Sam Harris, Ayan Hirsi Ali, wir sind freiheitlich denkende Linke (im Amerik. „Liberals"), wir vertreten eine linke Einstellung gegenüber allen möglichen Themen (...) wir stehen auf Seiten der schwarzen Community, der Frauenbewegung, der Armen, der Minderheiten, der Homosexuellen, der Misshandelten und Missbrauchten, und dieses Engagement finden sie (die Gutmenschen) gut, aber wenn man den Mund aufmacht, weil eine Frau gezwungen wird, in der Sommerhitze den ganzen Tag einen Imkeranzug zu tragen...*

Dawkins: *Dann heißt es ‚Das ist deren Kultur, das musst du respektieren!'*

Maher: *Stimmt, genau das sagen sie.*

Dawkins: *Ja, es ist diese eine Ausnahme, sie vertreten linke, liberale Standpunkte bei allen anderen Themen, aber hier machen sie eine Ausnahme (und sagen) „Das ist halt deren Kultur". Zur Hölle mit dieser Kultur!*

(Aus: *Real Time with Bill Maher: Richard Dawkins – Regressive Leftists,* 2. Oktober 2015, *https://www.youtube.com/watch?v=LvvQJ_zsL1U*)

Beim letzten Satz von Richard Dawkins bist du vermutlich zusammengezuckt, lieber Gutmensch – ich auch ein bisschen, ehrlich gesagt. Aber Kritik an einer Kultur und selbst die Beschimpfung einer Kultur sind etwas anderes als die Diffamierung und Beleidigung von Menschen. Und vielleicht sind solche harten Worte eine wirkungsvolle Medizin gegen diese Art des Kulturrelativismus, wie man sie oft von Gutmenschen hört, und der davon ausgeht, alle Kulturen seien – wie alle Religionen – gleichwertig und gleich gut für die Menschen, die in der jeweiligen Kultur leben, und alle könnten parallel in einer „bunten" Gesellschaft friedlich nebeneinander existieren und Hand in Hand im offenen Multikulti-Gesprächskreis zusammen Kumbaya singen, das mitgebrachte Gebäck der TeilnehmerInnen probieren und voller Weltoffenheit und Toleranz die in bunten Farben ausgemalten Mandalas ihrer Mitmenschen bewundern. Und wenn sich die Unterschiede der Kulturen auf Musik, Kunst, Tänze, Kleidung, Architektur oder Gebäck usw. beschränken würden, wäre das vielleicht auch so. Doch um miteinander statt nebeneinander leben zu können, müssen die Grundfesten der Kulturen miteinander kompatibel sein.

Stell' dir doch bitte Folgendes vor. Hätte es vor 400 oder 500 Jahren, als das Christentum noch nicht gezähmt und relativ aufgeklärt, sondern – zumindest was seine Vertreter angeht – wild, grausam und frauenverachtend war, zur gleichen Zeit eine Gesellschaft gegeben, die zivilisierter, säkular und gerechter gewesen wäre, würden sich heute nicht die meisten Menschen wünschen, diese Kultur hätte uns geholfen, dem religiösen Dogma und Terror zu entkommen? Hätten sich das die meisten Christen und vor allem Christinnen damals nicht ebenfalls gewünscht?

Legen wir zwei unterschiedliche Kulturen in die Waagschale. Auf der einen Seite haben wir eine säkulare Kultur, die Menschen- und Grundrechte respektiert, die für alle gelten, die Frauen als gleichwertige und gleichberechtigte Menschen erachtet, die Kinder vor Gewalt und körperlicher Bestrafung schützt, die allen Menschen Meinungs- und Gedankenfreiheit, die Gleichheit vor dem Gesetz und unantastbare Freiheiten garantiert und die Würde des Menschen an die erste Stelle setzt. Ihr gegenüber steht eine Kultur, die ihren bestimmten Gott und in dessen Namen entwickelte Gesetze an erste Stelle setzt, die Menschenrechte so wenig respektiert, dass sie eine eigene Menschenrechtserklärung braucht, um die Menschenrechte in das Korsett ihres Gottesgesetzes zu pressen, die Frauen nicht als gleichwertig und gleichberechtigt betrachtet, statt Meinungsfreiheit unumstößliche Dogmen aufstellt und das Wohl des Individuums unter das Wohl der gleichgeschalteten Gemeinschaft stellt. In diesem Fall ist die erste Kultur nicht nur anders, sondern besser. Als Vergleich zwischen der westlichen und der islamischen Welt ist das natürlich sehr grob und etwas unfair, aber mit dem Beispiel mit der Waagschale möchte ich zeigen, wie kontraproduktiv das Konzept des Kulturrelativismus ist.

Ein Vergleich mit Kolonialherren, die dem eroberten Stamm ihren Willen aufzwingen möchten, wäre in diesem Fall falsch und völlig unangebracht, es hat damit gar nichts zu tun. Es bedarf schon einer sehr verblendeten, politisch korrekten Multikulti-Brille, um in diesem Fall eine zu begrüßende kulturelle, „bunte" Vielfalt an Kulturen zu sehen. Doch ohne diese Brille sieht es anders aus. Ohne Schere im Kopf sehen wir auf der einen Seite Freiheit und auf der anderen Seite Unfreiheit, auf der einen Seite Recht und auf der anderen Seite Unrecht. Protest gegen die unfreie Kultur ist kein Zeichen von Intoleranz, einer rechten Einstellung oder Überheblichkeit, sondern Ausdruck eines Gerechtigkeitsempfindens, das uns die Menschen aus der anderen Kultur nicht als Fremde, sondern als unsere Mitmenschen ansehen lässt und uns sagt:

Wenn für mich Menschenrechte gelten, wenn ich als gleichwertiger Mensch unter anderen Menschen angesehen werden, wenn ich mich als Frau frei in der Öffentlichkeit bewegen kann, dann hat das auch mein Mitmensch verdient – egal, aus welcher Kultur er stammt, welcher Religion er angehört und wo auf dem Planeten er zuhause ist.

Dies unterstreicht auch Philosoph und Atheist Michael Schmidt-Salomon:

Die verhängnisvolle Neigung der Menschheit, über etwas, das nicht länger zweifelhaft ist, nicht weiter nachzugrübeln, ist die Ursache der Hälfte aller Irrtümer.

So sehr uns auch unterschiedliche Kulturen voneinander trennen mögen, es ist die menschliche Natur, die uns miteinander verbindet. Wir alle brauchen saubere Luft zum Atmen, brauchen Nahrung, um unseren Stoffwechsel aufrechtzuerhalten. Wir alle lachen, weinen, lieben, hoffen, trauern. Kurzum: Wir alle kennen Wohl und Wehe. Und genau dies ist der Grund, warum Relativismus im konkreten Lebensvollzug scheitert: Es ist eben nicht beliebig, welche Werte und Normen das Zusammenleben der Menschen bestimmen. (...) Menschenrechtsverletzungen innerhalb anderer kultureller Traditionen zu tolerieren, würde voraussetzen, dass wir das Wohl und Wehe der davon betroffenen Menschen ausblenden.

... Der humanistisch-aufklärerische Standpunkt tut daher gut daran, die Unteilbarkeit der Menschenrechte in den Vordergrund zu rücken, und tut ebenfalls gut daran, Individuen - nicht Traditionen - unter Schutz zu stellen. Denn nur Individuen sind in der Lage, Wohl und Wehe zu empfinden.

(Michael Schmidt-Salomon, *Jenseits von Gut und Böse*, Pendo-Verlag München 2012)

Meiner Ansicht nach ist diese Vorstellung des Individuums im Gegensatz zum Menschen als unsichtbarem Teil einer Masse in einer bestimmten Kultur für dich nur schwer greifbar, weil deine Welt einfache Kategorien braucht. Für dich gibt es „die Deutschen", „die Rechten", „die Muslime" usw. Du nimmst einzelne Menschen und steckst sie wie Puzzleteile willkürlich mit anderen Menschen zusammen, bis sich ein Bild einer bestimmten Gruppe bzw. Schublade ergibt. Darauf verstreichst du sorgfältig

Puzzlekleber, damit ja keines dieser Individuen sich aus dieser erzwungenen Gemeinschaft entkommen kann.

Wo bleibt eure Empörung über Verletzungen von Menschenrechten und insbesondere Frauenrechten, über die Diskriminierung von Homosexuellen, über grausame Todesstrafen, religiösen Fundamentalismus, Intoleranz gegenüber Andersdenkenden und all diesen Dingen, wenn es um den Islam geht? Ihr seht doch, wie die Menschen, und gerade die weiblichen, homosexuellen und „ungläubigen" in der islamischen Welt leben! Versteht ihr nicht, dass es ein großer Unterschied ist, eine Religion inklusive deren Schrift und Erfinder einerseits und andererseits die Menschen selbst, die an diese Religion glauben, zu kritisieren und abzulehnen? Kommt es euch nicht in den Sinn, dass wir mit konstruktiver Kritik, der Entzauberung von Mohammed und dem Entgegensetzen unserer Werte, zu denen auch Menschen- und Frauenrechte gehören, diesen Menschen helfen könnten, sich aus diesem lebensumfassenden Denksystem zu befreien oder wenigstens eine moderatere Haltung einzunehmen? Stattdessen unterstützt ihr mit eurer bedingungslosen Toleranz und „Das ist bei denen eben so"-Einstellung erzkonservative, bigotte und religiös-faschistische Kräfte, die ewig Gestrigen, die mit aller Gewalt dafür sorgen wollen, dass die Gesellschaft im Denken des 7. Jahrhunderts verhaftet und gefangen bleibt.

Ihr wollt doch selbst frei sein, eure Religion frei wählen dürfen, als Frau am öffentlichen Leben teilnehmen, als Schwuler euren Freund küssen, ohne dafür diskriminiert zu werden; ihr wollt das Recht auf eine faire Verhandlung vor Gericht, ihr nehmt alle bürgerlichen Freiheiten, Grund- und Menschenrechte, die gegen den Widerstand der Religionen erkämpft werden mussten, für euch selbstverständlich in Anspruch – aber einem Schwulen im Iran, einem wegen Blasphemie in Saudi-Arabien zum Tode Verurteiltem, einer atheistischen Frau im Iran, einem gegen ihren Willen verheirateten kleinen Mädchen in Pakistan oder einer Jugendlichen, die in Frankfurt am Main aus Angst vor einem „Ehrenmord" vor ihrer eigenen Familie fliehen muss, gönnt ihr diese Freiheiten nicht?

Warum habt ihr sie denn mehr verdient als irgendein Mensch auf dieser Erde und was macht euch zu solchen allwissenden Experten, dass ihr das Leid dieser unschuldigen Opfer ignoriert und mit eurer blinden Toleranz gegenüber den Unterdrückern dafür sorgt, dass sich diese Zustände nicht verändern, weil wir diesen fremden Kulturen doch nicht einfach unsere Menschen- geschweige denn Frauenrechte aufzwingen können? Würdet ihr euch die Mühe machen, genauer hinzuschauen, würde irgendwann der Schleier der Kultur verschwinden und die Menschen darunter sichtbar machen, die es sich nicht ausgesucht haben, in diesen Ländern so unfrei zu leben. Es sind Menschen wie du und ich, nicht irgendwelche „Fremde", und es ist weder „kolonialistisch" noch kulturimperialistisch zu sagen: Jeder Mensch will frei sein. Jeder Mensch hat es verdient, dass für ihn die Menschenrechte gelten. Jede Frau und jedes Mädchen auf dieser Welt haben es verdient, als den Männern und Jungs gleichwertige Menschen behandelt zu werden. Und jeder Mensch, schwul oder hetero, hat es verdient, sich zu verlieben, in wen er will und diese Liebe offen zu zeigen.

Wenn ein politisches System oder ein auf einer Religion basierendes System seinen Bürgerinnen und Bürgern diese Rechte vorenthält, sollten doch eigentlich wir Linken die Ersten sein, die dagegen protestieren. Statt Pegida, der AfD und ähnlichen Gruppen sollten wir sein, die gegen den steigenden Einfluss des Islamismus, gegen die Unterdrückung von Frauen und Homosexuellen und gegen die religiöse Beeinflussung des Staatslebens protestieren!

Wir müssen uns gegen diese wachsende religiöse Beeinflussung wehren, für die Menschen innerhalb der Religionen und für uns – für unsere Zukunft, unsere Kinder und einen freiheitlich-demokratischen Rechtsstaat. Doch statt euch diesen Dingen bewusst zu werden, wehrt ihr euch mit Händen und Füßen gegen die unbequeme Realität, die durch offene Kritik zum Vorschein kommt, mit einschüchternden, mundtot machenden Kampfbegriffen wie „Hetze", „Fremdenhass", „Islamfeindlichkeit" und eurem ewigen Mantra: „Das hat nichts mit dem Islam zu tun!" Ich weiß, in euren Köpfen bedeutet diese Aussage, weltoffen und tolerant, eben „links" zu sein. Doch in

Wahrheit ist sie dumm, intolerant, zutiefst chauvinistisch, feige und realitätsfern.

Auch für mich besteht überhaupt kein Zweifel daran, dass es Millionen von Musliminnen und Muslimen auf der Welt gibt, die friedliche, freundliche, offenherzige und gute Menschen sind, die einfach nur in Frieden mit „uns" leben möchten. Ich habe ja selbst Menschen dieses Glaubens in meiner Umgebung, mit denen ich schon manche spannende Diskussion geführt habe, die uns geholfen hat, uns gegenseitig besser zu verstehen. Jeder Hass und jede Hetze gegen diese ganz normalen, moderaten Musliminnen und Muslime, geschweige denn Diskriminierung oder Gewalt, ist falsch und muss verurteilt werden. Aber – so friedlich, weltoffen und gut integriert diese Menschen sind – der Islam ist es nicht. Dies haben übrigens schon Freidenker in der islamischen Welt beklagt, lange bevor es Gutmenschen gab. So stammt das folgende Gedicht nicht etwa aus einer deutschen Satiresendung der Öffentlich-Rechtlichen, sondern von einem mutigen Islamkritiker aus dem 11. Jahrhundert mit einem besseren Sinn für Humor als so mancher moderne Gutmensch:

Look not above, there is no answer there;
Pray not, for no one listens to your prayer;
Near is as near to God as any Far,
And Here is just the same deceit as There.
(#78, on p. 44)

Der Blick nach oben lässt die Fragen offen
Betet nicht, denn niemand hört euch an;
Auf Gottes Nähe könnt ihr nur von ferne hoffen
Doch wie's hier Täuschung ist, ist es dort Wahn.

And do you think that unto such as you;

A maggot-minded, starved, fanatic crew:

God gave the secret, and denied it me?—

Well, well, what matters it! Believe that, too.

(#85, p. 47)

Und glaubt ihr wirklich, Gott hätt' euch gewählt,

Gierige, kleingeistig', besess'ne Herrn:

Euch ein Geheimnis anvertraut und mir vergällt? –

Oh, was macht das schon! Glaubt es nur gern.

Did God set grapes a-growing, do you think,

And at the same time make it sin to drink?

Give thanks to Him who foreordained it thus—

Surely He loves to hear the glasses clink!"

(#91, p. 48)

Ihr glaubt, Gott ließe wachsen all die Reben,

Doch kein sünd'ger Wein soll euch beschwingen?

Sagt Dank dem weisen Herrn, hoch soll er leben!

Bestimmt hört er ganz gern die Gläser klingen.

Omar Khayyam, persischer Poet, Mathematiker und Astronom (1048-1131)
in der Gedichtsammlung *The Rubaiyat of Omar Khayyam* von Edward
Fitzgerald, eigene Übersetzung ins Deutsche

Der Islam ist eben nicht, wie es ApologetInnen so gern darstellen möchten, das, was
Muslime und Musliminnen draus machen. Wenn wir eine Religion lediglich durch die

Handlungen, Lebensweise und Ansichten ihrer Anhängerinnen und Anhänger definieren, wozu braucht man dann noch ihr „heiliges" Buch und das Vorbild ihres Gründers? Beide scheinen den „Gläubigen" jedoch nach wie vor ungemein wichtig zu sein. Deshalb können wir den Islam nicht beurteilen, weder positiv noch negativ, wenn wir uns nicht mit dem Koran, den Hadithen und dem Leben Mohammeds befassen. Und so sehr Islam-ApologetInnen auch darauf hinweisen, dass die Schriften erst interpretiert werden und im Kontext gelesen werden müssen, stehen dort doch zahlreiche Aussagen, bei denen gerade bei uns Linken sämtliche Alarmglocken schrillen sollten, und die sich einfach nicht so lange interpretieren lassen, bis sie zu den ethischen Grundsätzen von 2016 passen. Wenn wir uns Sure 4:34 anschauen: „Und wenn ihr fürchtet, dass Frauen sich auflehnen, dann ermahnt sie, meidet sie im Ehebett und schlagt sie (wa-dribū-hunna)", welcher Kontext würde eine solche Aussage rechtfertigen? Meiner Meinung nach keiner. Und das ist keine Ausnahme. Im Koran steht eine Vielzahl erschreckender Suren, einschließlich der Diskriminierung von Frauen, Homosexuellen, „Ungläubigen", Aufrufen zur Gewalt und Tötungsbefehlen. (Ja, ich weiß, die Bibel ist auch kein Pilcher-Roman, siehe Kapitel Whataboutery.) Doch wenn wir in der islamischen Welt erleben, wie Homosexuelle verfolgt und ermordet, Frauen verachtet, eingesperrt und misshandelt, sogenannte Ungläubige ermordet werden, wird uns gesagt, es habe nichts mit dem Islam zu tun, es sei gar rassistisch, darauf hinzuweisen. Es scheint, als blendet ihr diese Dinge aus und tröstet euch mit dem, was euch am Islam gefällt.

Aber was fasziniert einen Teil der Linken, mit dem ihr Gutmenschen eine große Schnittmenge bildet, so am Islam? Teilweise könnte es der Antikapitalismus sein, der sich im Islam etwa am Verbot von Schulden oder Glücksspiel zeigt, also in unserer Gesellschaft den Banken, Börsenmaklern und Spekulanten das Leben schwer machen und sicherlich viele Menschen vor dem Bankrott und gesellschaftlichen Abstieg bewahren würde. Es mag auch das hohe Gemeinschaftsgefühl sein, in dem sich VertreterInnen das Kommunismus, Marxismus oder Sozialismus wiederfinden. Der Islam spricht von einer „Umma", der weltweiten Gemeinschaft der „Gläubigen", die

Muslimen und Musliminnen zweifellos ein hohes Gemeinschaftsgefühl verleihen kann. Das Individuum wird zum Teil des Ganzen, das „Wir" bestimmt das „ich" und macht die Gruppe stärker gegen das „Ihr", gegen Angriffe von außen, denen die Umma wie ein Schwarm tausender kleiner Fische, der die Form eines bedrohlichen Raubfisches einnimmt, entgegensteht. Wohin die erzwungene Unterordnung der Interessen des Einzelnen unter die Interessen der Gemeinschaft führt, haben wir allerdings gesehen, auch in der jüngsten deutschen Geschichte ganz nah im Osten. Auf den Islam bezogen, bedeutet dieses System aber auch, dass sich ein Mensch in erster Linie als Mitglied seiner Familie und der muslimischen Gemeinschaft sieht und unter einer starken sozialen Kontrolle steht.

Ich schaue mir den Islam als ein System an, als ein Gesellschaftsmodell und jedes Gesellschaftsmodell bietet ja ein Menschenbild und ein Weltbild. Das Menschenbild nach islamischer Kultur und Lehre sagt: Er (der Mensch) ist ein Kollektivwesen, also gehorcht er dem Älteren. (...) Man hat das zu akzeptieren (...) und ich muss ausführen, was der Islam von mir will. (...) Das Menschen-/Weltbild des Islam sagt ganz klar, die Gesellschaft ist in Männer und Frauen geteilt, also vertikal. Die Frau kann nicht mit dem Mann allein in der Öffentlichkeit sein. (...) Nach islamischem Denken kann der Mensch seine Triebe nicht disziplinieren, es müssen von außen Gesetze geschaffen sein (...) und die Frau ist in einem muslimischen Haus die Ehre der Männer. Wenn sie unkontrolliert flirtet oder Kontakt zu Männern hat, schadet sie ihrem ganzen Haushalt. (...) Weil sie kein Individuum ist, verliert sie nicht ihre persönliche Ehre, sondern schadet der Ehre der Familie.

Der Islam und die Frauen: Necla Kelek im Gespräch mit Judith Hardegger, SF Kultur, Sternstunde Religion

Gerade für eine Frau oder ein Mädchen im real existierenden Islam kann das bedeuten, dass sie die freie Entscheidung darüber verliert, in wen sie sich verliebt, wie sie sich kleidet, wie lange sie ausgeht, wie viele Freiheiten ihr zugestanden werden, genau wie es für Eltern im real existierenden Sozialismus bedeuten konnte, dass ihnen, etwa nach einem Fluchtversuch, ihr Kind weggenommen wurde, damit dieses in einer „guten" sozialistischen Familie zum übergeordneten Wohl der Gesellschaft im Sinne des Sozialismus erzogen wird. Das Wohl der Gesellschaft bedingungslos über das Wohl des einzelnen Menschen zu stellen, ist wohl eines der größten Verbrechen der Menschheit, das unzählige Opfer gefordert hat.

Das Phänomen, dass sich das Individuum dem Gemeinschaftswohl, der Gesellschaft unterzuordnen hat und dass sogar Eltern ihre Kinder verstoßen, um nicht selbst aus der Gemeinschaft verstoßen zu werden, gibt es natürlich nicht nur in Religionen, und selbst nach der Aufklärung waren die Gesellschaftsstrukturen auch in den europäischen Ländern sehr verhärtet. Schauen wir mal, was ein Ehrenmann und – im gewissen Sinn – Ehrenmörder aus dem vorletzten Jahrhundert im preußischen Berlin dazu sagte. Vielleicht kommen dir seine Worte sogar noch bekannt vor:

Man ist nicht bloß ein einzelner Mensch, man gehört einem Ganzen an, und auf das Ganze haben wir beständig Rücksicht zu nehmen, wir sind durchaus abhängig von ihm. (…) Man braucht nicht glücklich zu sein, am allerwenigsten hat man einen Anspruch darauf (…) Aber im Zusammenleben mit den Menschen hat sich ein Etwas gebildet, das nun mal da ist und nach dessen Paragraphen wir uns gewöhnt haben, alles zu beurteilen, die andern und uns selbst. Und dagegen zu verstoßen geht nicht; die Gesellschaft verachtet uns, und zuletzt tun wir es selbst und können es nicht aushalten und jagen uns die Kugel durch den Kopf. (…) Jenes, wenn Sie wollen, uns tyrannisierende Gesellschafts-Etwas, das fragt nicht nach Charme und nicht nach Liebe und nicht nach Verjährung. Ich habe keine Wahl. Ich muss.

Na, kennst du die Stelle noch aus der Schule, lieber Gutmensch? Richtig, das war Baron von Innstetten aus Theodor Fontanes Effi Briest, der sich nach der Entdeckung von Effis Affaire mit Crampas gezwungen sieht, diesen zum Duell zu fordern, um dem Willen der Gesellschaft Genüge zu tun.

Doch, obwohl die christlichen Religionen damals eine hohe Stellung in der Gesellschaft hatten, wurden das von Fontane als „tyrannisierende Gesellschafts-Etwas" bezeichnete Phänomen, das die Mitglieder dieser Gesellschaft verinnerlichen und als normal und unausweichlich empfinden, nicht aus diesen abgeleitet, und das war einer der Hauptgründe, warum sich unsere Gesellschaft ändern konnte und heute das Wohl des Individuums nicht mehr automatisch dem Gemeinwohl unterworfen wird. Doch begründet sich diese Unterordnung aus einer Religion, ist eine Weiterentwicklung schwieriger, denn immerhin wird ja „Gottes Wort" in die Waagschale geworfen. So wird die Priorisierung des Gemeinwohls – der Umma, in Bezug auf den Islam – verstärkt und ein Entkommen aus diesen gesellschaftlichen Zwängen erschwert oder ganz verhindert.

Aber selbst, wenn du nur das Positive am Gemeinschaftsgefühl im Islam gut findest und den Antikapitalismus bejubelst, sind einige gemeinsame Ansichten genug, um über alle negativen Elemente hinwegzusehen?

So übertolerant Gutmenschen und auch ein Teil der Linken außerhalb dieser Gruppe dem Islam gegenüber sind, so intolerant und angriffslustig sind sie oft gegenüber Menschen, die dem Islam und Mohammed kritischer gegenüberstehen. Sie möchten jegliche Kritik verhindern und versuchen, die KritikerInnen lächerlich und möglichst mundtot zu machen. Kommen Gutmenschen aus der Politik, handeln sie vielleicht manchmal so, um ihre eigene politische Laufbahn nicht zu gefährden. Und immer wieder sind es KabarettistInnen, SatirikerInnen, AutorInnen, die diesen Meinungsfaschisten als erste ausgesetzt sind:

Ich rede ja über das Buch (Koran). Das ist so voller Aufforderungen zur Gewalt, und das Lustige ist, ich rede und kämpfe ja nicht gegen die Muslime, sondern gegen die Opportunisten bei uns in Politik und Verwaltung, die gemerkt haben, es ist viel einfacher, die Meinungsäußerungsfreiheit einzuschränken, als diese Herausforderung des Islam einfach anzunehmen. Denn die Einwanderung ist da und wir haben den Islam und müssen uns mit dem auseinandersetzen.

Andreas Thiel, Kabarettist

Eine gemeinsame Strategie ist dabei immer, die gerechtfertigten Bedenken an der Flüchtlingspolitik und eine Angst vor einem Anstieg des muslimischen Anteils der Bevölkerung als allgemeine Angst vor dem Fremden, Ausländerfeindlichkeit und Hass gegen alle, die nicht deutsch sind, darzustellen. Und oft sind Gutmenschen bemüht, diese Einwände so lautstark und störend wie möglich vorzubringen, weil sie wohl der Meinung sind, je lauter sie schreien, desto rechter haben sie. Wenn sie sich uns Linken gegenüber schon verhalten wie die Axt im Wald, verlieren sie gegenüber Islamkritikern rechts der Mitte jegliche Hemmungen. Extrem unangenehm ist mir das bei einigen Videos aufgefallen, die ich von Kundgebungen der Partei „Die Freiheit" in München gesehen habe. Ich stimme mit der Partei und ihrem Bundesvorsitzenden Michael Stürzenberger zwar in vielen Aussagen nicht überein, beispielsweise was die sehr positive Einstellung gegenüber den USA und Israel und der negativen Einstellung gegenüber uns Linken angeht. (Dank „linker" hirnloser Schreihälse wie euch müssen wir uns allerdings nicht wundern, dass wir einen solch schlechten Ruf haben, DANKE nochmal, lieber Gutmensch!) Doch vielen, wenn auch nicht allen Aussagen über den Islam kann ich mich nur anschließen, und ich bin froh, dass diese Wahrheiten öffentlich ausgesprochen werden, wie die brutale, blutige Geschichte der Verbreitung des Islam, Mohammeds gewalttätige Persönlichkeit oder die Gefahren des Islamismus für unsere

Gesellschaft. Aber ob man nun derselben Meinung ist oder nicht – ich konnte es kaum fassen, wie aggressiv, intolerant und hyänenhaft die kreischenden und zeternden Mobs fundamentalistischer Muslime, Seite an Seite mit Menschen, die sich wohl als links oder antifaschistisch zu verstehen scheinen, Herrn Stürzenberger und seine Gastsprecherinnen und -sprecher niederbrüllten, was mir als linker Ab-und-zu-Antifa-Sympathisantin einfach nur peinlich war. Das mag auch an der südlicheren Mentalität unserer bayrischen Nachbarn liegen, doch bei uns in Rheinland-Pfalz gibt's sowas nicht mal im Zoo.

Doch eigentlich sollte es mich nicht wundern, angesichts der Aggressivität, mit der Gutmenschen schon gegen Andersdenkende aus den eigenen Reihen vorgehen. Dabei wäre eine solche Kundgebung eine gute Gelegenheit für Gutmenschen, Toleranz und Demokratie zu üben. Selbst wenn wir die Aussagen unseres Gegenübers hundertprozentig ablehnen und uns darüber empören, sollten wir dafür eintreten, dass er seine Meinung frei äußern kann. Denn das sichert auch unsere Meinungsfreiheit. Und, meine Güte, wenn dir die Meinung eines anderen nicht passt, lieber Gutmensch, dann schreie ihn nicht nieder, sondern benimm dich wie ein erwachsener Mensch, lass' dich auf eine Diskussion ein und versuche, mit eigenen Argumenten zu überzeugen. So funktionieren Rechtsstaat und Demokratie.

Du musst dir abgewöhnen, gerechtfertigte Kritik an der Flüchtlingspolitik, und zuweilen auch am Islam selbst, ständig in die rechtsextreme Ecke zu rücken. Dabei geht es weder um Ausländer- noch um Fremdenfeindlichkeit, sondern ganz konkret um den unkontrollierten Zuzug einer riesigen Gruppe von Menschen, hauptsächlich junger Männer, aus Gebieten, in denen Frauen oft kaum Rechte haben und ihre männlichen Verwandten um Erlaubnis fragen müssen, bevor sie allein auf die Straße gehen. Eine Frau, die das tut, gilt in den Köpfen nicht aller, aber vieler dieser Männer als Schlampe, Hure und Freiwild. Dazu kommt, dass ihre Religion, also meist der Islam, eben dieses Frauenbild bestätigt. Er trennt nicht nur Frauen und Männer, sondern teilt die Menschen in Gläubige und Ungläubige ein, und Mohammed selbst nahm sich bei seinen Raubzügen die Frauen der besiegten Stämme als Beute und ermutigte auch seine Männer zu sexueller Gewalt. Lieber Gutmensch, ich weiß, du regst dich schon wieder auf über diese „hasserfüllten Nazi-Hetzparolen". Aber ist es denn meine Schuld, dass wir so viel von Mohammed und seinem Leben wissen? War er nicht derjenige, der Hass und Gewalt gepredigt hat? Wie würdest du heute einen Kriegsherrn beurteilen, der seine Feinde so brutal behandelt und deren Frauen als Sklavinnen nimmt? Warum wird diejenige, die diese Dinge ausspricht, zur „Hetzerin"? Warum darf ich als Feministin und gerechtigkeitsliebender Mensch nicht darüber empört sein, dass sich ein Kriegsherr so verhält? Immerhin handelt es sich um eine Person, die auch heute leider Gottes noch einen enormen Einfluss auf 1,5 Milliarden Menschen hat, und den viele dieser Menschen als den besten Menschen ansehen, der je gelebt hat. Ist es nicht verständlich, wenn ich mich dadurch, angesichts Mohammeds Charakter, beleidigt fühle? Es ist keine Angst vor dem Fremden oder Hass gegen Ausländer, sondern dieselbe Wut, die ich auch für George W. Bush und seine Terrorfeldzüge im Irak und Afghanistan empfunden habe. Gegen amerikanische Soldaten, die kleine irakische Mädchen vergewaltigten und deren Mütter und Väter folterten und ermordeten. Damals warst du auch empört und wütend, lieber Gutmensch, weißt du noch? Sind es die Opfer Mohammeds nicht wert, empört zu sein? Angefangen von seiner sechsjährigen Kindsbraut Aisha, einem verängstigten Kind, das noch mit Puppen gespielt hat, als er es dann mit 9 Jahren (**selbstzensiert wegen § 166 StGB**) und (**selbstzensiert wegen § 166 StGB**) und (**selbstzensiert wegen § 166 StGB**). Warum sind es die Hunderte jüdischer Männer nicht wert, die er köpfen ließ, oder deren Frauen, die er zu Sexsklavinnen machte? Genügt alleine schon das dünne Mäntelchen der Religion, um das alles irgendwie zu rechtfertigen und Respekt für den selbsternannten Propheten zu zeigen? Vielleicht kennst du den Spruch des US-amerikanischen Physikers Steven Weinberg:

Religion ist eine Beleidigung der Menschenwürde. Mit oder ohne ihr würden gute Menschen Gutes tun und böse Menschen Böses. Aber damit gute Menschen Böses tun, bedarf es der Religion.

Dem stimme ich hundertprozentig zu, aber ich würde ihn für euch noch etwas umformulieren:

Ohne Religion würden Linke linke Werte verfolgen und Rechte rechte Werte, doch damit Linke vor einer rechtsextremen Ideologie auf die Knie fallen, die Frauenhass und Intoleranz predigt, bedarf es (nur) der Religion.

9. Wie sich der Bruch in der Linken im Feminismus fortsetzt

Der Vorwurf an Feministinnen, die den Islam – oder auch nur den Islamismus, also die Ideologie, die den Islam kompromisslos in die Tat umsetzen will – kritisieren, sie seien „islamophob" oder „rassistisch", ist nicht neu. Wir kennen diese falschen Anschuldigungen, die oft genug aus den eigenen Reihen stammen, schon seit sich Frauen trauen, Sexismus in anderen Kulturen zu kritisieren. Es ist noch gar nicht so lange her, dass sich hypertolerante Multikulti-du-das-finde-ich-vollkommen-okay-„Feministinnen" darüber echauffierten, dass es mutige Journalistinnen, Politikerinnen oder Vertreterinnen der Frauenbewegung wagten, das grausame Ritual der Beschneidung von Mädchen und Frauen offen anzuprangern und dagegen zu protestieren. „Westlicher Kulturchauvinismus" wurde ihnen damals vorgeworfen – von Frauen, die sich aus unerfindlichen Gründen ebenfalls Feministinnen nannten. Man könne doch nicht alles nach westlichen Normen beurteilen und was für uns grausam sei, werde in anderen Kulturen als wichtige Tradition angesehen. Was hättest du wohl damals dazu gesagt, lieber Gutmensch von heute, der du in der Sicherheit des Westens aufgewachsen bist und für den das Recht auf körperliche Unversehrtheit eine absolute Selbstverständlichkeit ist?

Wie auch immer, heute gibt es diese Stimmen nicht mehr, oder zumindest nur noch extrem selten. Warum? Ich denke, weil wir begriffen haben, dass wir in allererster Linie alle Menschen sind. Ein Eingriff an meinem Körper, der für ein deutsches kleines Mädchen ein Alptraum voller Schmerzen wäre, der es lebenslang traumatisieren würde, ist für ein kleines Mädchen in Afrika nicht weniger schlimm, nur weil das Kind in einer anderen Kultur aufgewachsen ist. Wir haben heute verstanden: Was mir weh tut, tut auch einem Menschen auf der anderen Seite der Welt weh. Das Bedürfnis nach Freiheit, das ich in meiner Seele spüre, spürt eine Frau in Saudi-Arabien ganz genauso. Der Alptraum einer Zwangsheirat, nach der eine Frau ihr ganzes Leben lang dem Täter auf Gedeih und Verderb ausgeliefert ist, ist für jedes Mädchen und jede Frau auf der

Welt genauso grauenhaft, unabhängig davon, wie „normal" dies in ihrer Kultur sein mag. Wir haben also dazugelernt. Und dennoch – die Multikulti-RelativiererInnen haben den Feminismus die ganze Zeit begleitet und sabotiert, manchmal leiser und mehr im Hintergrund, manchmal laut und zeternd, und heute kriechen sie wieder aus ihren Löchern und ihre Stimmen gewinnen in der aktuellen Atmosphäre der politischen Korrektheit, der Multikulti-Verliebtheit und bedingungslosen Fremdenliebe an gesellschaftlicher Akzeptanz. Sie trauen sich zwar nicht mehr, öffentlich für Beschneidungen an Mädchen und Frauen einzutreten, sind aber trotzdem fleißig dabei, den Schutz von Frauen und Mädchen im Sinne der politischen Korrektheit und eines vollkommen pervertierten Begriffs des „Antirassismus" zu sabotieren. Im Laufe der Jahre und Jahrzehnte war immer wieder der Islam der Aufhänger, und auch heute geht es den professionell um den Ruf des Islams und der Flüchtlinge besorgten, kulturrelativierenden „Feministinnen" hauptsächlich darum, dass keine der im Namen der Religion begangenen Straftaten irgendetwas mit dem Islam zu tun habe. Übrigens, noch nicht mal, wenn der Täter das behauptet, denn westliche „Feministinnen" wissen es besser. Dies zeigte sich insbesondere nach den Gewalttaten an Sylvester in Köln und vielen anderen deutschen und europäischen Städten an den Reaktionen aus dem politisch superkorrekten Lager, das in vorauseilendem Gehorsam „Gegen Rassismus und Sexismus" oder „Gegen sexuelle Gewalt gegen alle Frauen überall" auf die Plakate für die Demos am nächsten Tag schrieb. Je allgemeiner gehalten, umso besser. Ein etwas peinliches und trauriges Beispiel dafür ist die Kampagne #ausnahmslos „gegen sexuelle Gewalt und Rassismus", die von jungen Frauen ins Leben gerufen wurde, die uns Feministinnen noch vor drei Jahren mit ihrer wunderbaren Aktion „Aufschrei" so stolz gemacht und so viel bewegt haben. #ausnahmslos hat mit Aufschrei nicht mehr viel zu tun, es ist eher das Gegenteil. Im Vergleich zur inspirierenden Aufschrei-Kampagne, die wie ein Schmetterling stolz und mit lauter Stimme die Rechte der Frauen hochgehalten hat, wirkt #ausnahmslos wie eine Raupe, die sich freiwillig mit eingezogenem Schwanz in ihrem Kokon aus Selbstgerechtigkeit und Schubladendenken eingeschlossen hat, um ja nicht die falschen Leute zu beleidigen.

Man wolle gegen Rassismus aufstehen, sagen die Organisatorinnen, und es sei schädlich, wenn feministische Anliegen instrumentalisiert würden, um gegen „die Fremden" zu hetzen und den rechten Populisten zuzuarbeiten. In Wahrheit bewirkt die Kampagne, selbst wenn sie fairerweise sicher nicht dazu gedacht war, die Opfer einzuschüchtern und mundtot zu machen, die Täter zu verschweigen und auf diese Weise jegliche Lösungsansätze schon von Anfang an zu erschweren. Wie bei der Beschneidungsdebatte, bei den Diskussionen um „arrangierte Ehen", Schwimmunterricht für muslimische Mädchen, Islamunterricht an den Schulen, das Schächten von Tieren oder bei Debatten um den Einfluss muslimischer Prediger auf die deutsche Gesellschaft, unterstützen Feministinnen dieser ganz besonderen Art aus falsch verstandener Toleranz, einer grenzenlosen Selbstgerechtigkeit und einer gnadenlosen politischen Multikulti-Korrektheit die Täter und lassen die Opfer im Stich – legen den Opfern sogar ein Schweigegebot auf und halten diese davon ab, die wahren Täter auch nur zu benennen. Und wen wundert es, dass unter den ersten UnterzeichnerInnen die üblichen Verdächtigen und Multikulti-FanatikerInnen von den Grünen und Islam-ApologetInnen aus der Linken waren? Doch die Täter in Köln und all den anderen Städten in Deutschland und Europa an Sylvester waren nun einmal fast ausschließlich Nordafrikaner, Flüchtlinge und vor allem – Muslime. Wer in all diesen Fällen einfach behauptet, diese Behandlung von Frauen und Mädchen habe nichts mit der Kultur und schon gar nichts mit dem Islam zu tun, ist entweder blind, unfassbar naiv oder verfolgt eine eigene politische Agenda.

Wir wollen auch nicht alle Flüchtlinge oder Muslime über einen Kamm scheren, aber wir können nicht ignorieren, dass die Kultur und Religion der Täter eine Rolle spielt. Diese Streitigkeiten spalten die feministische Bewegung und legen ihr unnötig Steine in den Weg. So wurden selbst Alice Schwarzer und Emma, die sich seit Jahrzehnten für die Opfer des Islamismus engagieren und Missstände in islamischen Ländern anprangern, des „Rassismus", der „Islamophobie" und der Hetze bezichtigt. Vorsichtig kritische Artikel in ebenfalls nicht für ihren „Rassismus" bekannten Zeitschriften wie der FAZ oder in der Zeit werden in einer Art und Weise und in einem Ton verrissen, die eher an den Schwarzen Kanal in der „DDR" erinnern, als dass sie einem demokratischen Rechtsstaat mit einer soliden und toleranten Diskussionskultur würdig wären. Und wieder kommen die Angriffe nicht in erster Linie von rechts oder von den Islamisten, die sich auf den Schlips getreten fühlen, sondern aus den eigenen Reihen, von Gutmenschen, die sich geradezu daran aufgeilen, anderen die schlimmsten Dinge zu unterstellen, nur um selbst umso besser dazustehen.

Doch warum ist es wichtig, die Täter inklusive deren Kultur und Religion offen zu benennen und warum ist es gefährlich, diese Informationen aus feiger Relativierungssucht zu verschweigen? Weil wir in Zukunft Frauen und Mädchen nur dann vor ähnlichen Angriffen beschützten können, wenn wir wissen, warum sie geschehen sind. Dieses Ziel sollte und muss uns wichtiger sein als das Ziel, den Ruf der Muslime bzw. Flüchtlinge nicht zu beschädigen. Diese Taten stehen in einem Zusammenhang mit zahlreichen „Einzelfällen" in öffentlichen Schwimmbädern, auf Bahnhöfen, in Straßen und Fußgängerzonen, bei denen Flüchtlinge, die zum größten Teil nun mal Muslime sind, Frauen und Mädchen in normaler westlicher Kleidung belästigt, angefasst oder vergewaltigt haben. Seit dem letzten Jahr nahm unsere Gesellschaft über eine Million neuer Menschen auf, sowohl schutzsuchende Flüchtlinge als auch Migranten aus wirtschaftlichen Gründen mit der Hoffnung auf ein besseres Leben. Die meisten davon sind junge, testosterondurchflutete junge Männer, zum größten Teil Muslime, zum allergrößten Teil aus Ländern wie Syrien, Irak, dem Iran, Afghanistan, Eritrea, Tunesien, Algerien und anderen, in denen das Leben von Frauen oft ein einziger Alptraum ist, in denen der Frau die Schuld gegeben wird, wenn sie von einem Mann belästigt wird, und in denen die Frau die Ehre der Familie darstellt. Der Mann regiert, die Frau gehorcht, von der Politik über die Religion bis in die Familie, bis in die Köpfe der Kinder. Oft gelten auch züchtig verschleierte Frauen, die allein auf die Straße gehen, als Freiwild, und Frauen oder Mädchen, die sich freizügig anziehen und gar in der Öffentlichkeit betrinken, um einfach Spaß zu haben und zu feiern, werden von vielen Männern gar nicht mehr als Menschen wahrgenommen und verwandeln sich in den Köpfen der Männer zu Sexobjekten. Wie also soll man den Zusammenhang zwischen Kultur, Tradition und Religion einerseits und den schlimmen Übergriffen gegen Frauen und Mädchen ignorieren? Wer, wenn nicht wir Feministinnen, soll diese unangenehmen Wahrheiten aussprechen?

Und die Opfer sind nicht nur die westlich angezogenen Frauen auf der Straße, sondern auch die ebenfalls muslimischen Frauen und Kinder in den Flüchtlingsheimen und Aufnahmestellen. Hier hört anscheinend die Solidarität der Gutmenschen und der Damen von #ausnahmslos auf, selbst wenn die Opfer selbst muslimisch sind. Stattdessen steigt sogar der Einfluss der Gutmenschenlobby auf die Bundesregierung, falls diese in ihrer politischen Korrektheit überhaupt noch Unterstützung braucht. So war eigentlich beabsichtigt, im Asylpaket II den Missbrauch weiblicher Flüchtlinge in den Heimen anzugehen und die Opfer besser zu schützen, doch in der Endfassung war davon keine Rede mehr. Warum? Hatte man Angst davor, sonst von Menschen wie dir, lieber Gutmensch, als rassistisch beschimpft zu werden, als „Hetzer" gegen arme religiöse Minderheiten? Will man es einfach nicht wahrhaben, dass die Flüchtlinge nicht nur arme, verängstigte und verfolgte Schutzsuchende, sondern manchmal eben auch sehr beängstigende Täter sind, weil nicht sein kann, was nicht sein darf? Was auch immer die Gründe waren, am Ende opfert man die körperliche Unversehrtheit oder gar das Leben von Flüchtlingen auf dem Altar der politischen Korrektheit, der blinden Fremdenliebe und des Multikultiwahns, um den Ruf von Flüchtlingen nicht zu beschädigen. Soll ich noch deutlicher werden, lieber Gutmensch? Man riskiert das Leben potenzieller Opfer, sprich weiblicher Flüchtlinge, um potenzielle Täter, sprich männliche Flüchtlinge zu schützen.

> *Wie von FlüchtlingshelferInnen zu hören ist, sind quasi alle Fauen auf der*
> *Flucht Opfer sexueller Gewalt geworden, nicht selten durch Mitflüchtende.*
> *Im Lichte dieser unbarmherzigen Realitäten erweist sich der linke,*
> *akademische Kulturrelativismus als elitär, ja reaktionär.*

> Alice Schwarzer, Editorial in Emma März/April 2016: *Was war da los?* Seite 7.

Man stellt sich auf die Seite der Täter und fällt den Opfern in den Rücken. Und auch diese vollkommen verdrehte Logik wird von Menschen vertreten, die sich FeministInnen nennen – ein Schlag ins Gesicht aller echten Feministinnen und Feministen. Gerade der Kampf für Frauenrechte ist oft eine Schlacht gegen Windmühlen und voller Hindernisse, mit Widerstand aus den unterschiedlichsten Richtungen und Lagern. Dabei ist es keine Hilfe, wenn uns auch noch Frauen aus dem eigenen Lager, mit denen wir vor kurzer Zeit noch Seite an Seite gegen den alltäglichen Sexismus, „Herrenwitze" und sexuelle Belästigung protestiert und gestritten haben, jetzt Knüppel zwischen die Beine werfen, uns beleidigen und diffamieren, weil sie gar nicht verstehen wollen, um was es bei diesen Fragen eigentlich geht.

Dabei sollten wir auch nicht vergessen, dass auch die „alteingesessenen", oft seit einigen Generationen hier lebenden Musliminnen und Muslime oft sehr konservative Einstellungen haben. In vielen Familien gelten Mädchen und Frauen nach wie vor als Behüterinnen eines imaginären Ehrbegriffs; muslimische Mädchen werden oft strenger als ihre Brüder und Mädchen aus nicht-muslimischen Familien erzogen; viele Muslime haben ein Problem damit, wenn ihr Kind eine Person außerhalb des muslimischen Glaubens heiratet und der Islam nimmt nach wie vor eine riesige Rolle im täglichen Leben ein. Nach wie vor hören wir immer wieder von „Ehrenmorden", weil mal wieder ein türkisches oder arabisches Mädchen „zu westlich" gelebt hat, von Bräuten, die aus der Türkei importiert werden oder auch von Schülerinnen, die nach den Sommerferien auf einmal Ehefrauen sind.

Laut Migrationsforscher Ruud Koopmans vom Wissenschaftszentrum Berlin für Sozialforschung (WZB) ist religiöser Fundamentalismus unter Muslimen in Westeuropa kein Randphänomen. Seine Auswertung einer repräsentativen Befragung von Einwanderern und Einheimischen in sechs europäischen Ländern ergab, dass zwei Drittel der befragten Muslime religiöse Gesetze für wichtiger als die Gesetze des Landes halten, in dem sie leben. Drei Viertel von ihnen finden, es gebe nur eine mögliche Auslegung des Korans.

So lehnten fast 60 % der befragten Muslime Homosexuelle als Freunde ab. (vgl. https://www.wzb.eu/de/pressemitteilung/islamischer-religioeser-fundamentalismus-ist-weit-verbreitet)

Und nicht zuletzt predigen auch die etablierten Islamverbände durchgehend einen konservativen Islam mit traditionellen Rollenvorstellungen, die in den Köpfen verfestigt werden. In solchen Familien finden der Islamismus und die islamischen Hassprediger und Fundamentalisten einen fruchtbaren Boden, und die Saat muss nur noch aufgehen. Und das tut sie. Die Rolle, die der Islam und die Erziehung der Kinder in dessen Sinne dabei spielen, ist eine Mentalität zu schaffen, die ein gehorsames, nicht hinterfragendes Annehmen des Gelehrten fördert und kritisches Denken erschwert. Und landen junge Muslime, die mehr über ihre Religion erfahren möchten, erst einmal in den Fängen der entsprechenden Prediger in Moscheen, Islamzentren oder in Hinterhöfen, geht die Radikalisierung ganz schnell:

Aus dem Kreis der Familien der deutschen Islamisten Samuel W. und Max P. erfahren wir, dass sich die beiden Studenten aus Sachsen erst radikalisiert hatten, nachdem sie Kontakt zum islamischen Zentrum in Dresden hatten und dort einige Tage übernachtet haben. Kurz danach sind sie verschwunden und tauchten als islamische Kämpfer in Syrien auf. Das islamische Zentrum Dresden pflegt laut Verfassungsschutz beste Kontakte zu der Muslimbruderschaft.

Online-Ausgabe „Die Welt" vom 06.10. 2014

Im Jahr 2016 gibt es in Deutschland ca. 8600 der radikalen Salafisten, die den ersten drei Generationen nach Mohammed nacheifern, die ihrer Meinung nach in der idealen und besten Weise lebten. Die Menschen dieser Gruppe wollen aktiv die Umwandlung Deutschlands zu einem islamischen Staat herbeiführen und unter ihnen finden sich die meisten Gefährder. Das BKA geht aktuell von ca. 470 gefährlichen Personen mit radikal-islamistischem Hintergrund aus.

Stellt man sich diesen harten Kern als inneren Kreis oder als innerste Schale einer Zwiebel vor, besteht der nächste, größere Kreis immer noch aus radikalen Islamisten, die statt einen Umsturz die Demokratie missbrauchen möchten, um diese abzuschaffen und das Recht ihres Gottes einzuführen. Nach einem Bericht der Deutschen Presse-Agentur werden dieser Szene heute 43.000 Personen zugeordnet. Der nächste Kreis bildet sich aus konservativen Muslimen, die sich zwar an die Gesetze halten, aber innerhalb der Familie islamische Traditionen ausleben, unter denen besonders die Töchter und Ehefrauen zu leiden haben, und dann erst folgen die moderaten Muslime, die von den Vorstellungen der anderen oft genauso geschockt sind wie der Rest der Bürgerinnen und Bürger. Es ist also durchaus keine winzige Minderheit unter den sonst gemäßigten Muslimen, die unsere Gesellschaft gerne zu einem islamischen System hin verändern möchten.

Feministinnen und AktivistInnen für Frauen- und Menschenrechte in islamischen Ländern bringen einen unglaublichen Mut auf, um in ihrer Heimat kleinere und größere Verbesserungen einzuführen. Dabei ist es ihnen wichtig, die große Rolle der Religion bei der Unterdrückung der Frau anzusprechen, weil sie genau wissen, dass sich Veränderungen nur durchführen lassen, wenn man Tatsachen offen und mutig ausspricht. Dies tun diese Frauen oft unter Einsatz ihres Lebens oder trotz der Gefahr einer Bestrafung, etwa die Frauen der iranischen Freiheitsbewegung *My Stealthy Freedom*, die in Fotos und Videos ihren erzwungenen Schleier ablegen und immer mehr Unterstützung in der Bevölkerung erfahren. Auf Fotos derselben Frau mit und ohne Schleier lässt sich gut erkennen, wie viel der Persönlichkeit und Identität der Schleier tatsächlich verdeckt, selbst wenn das Gesicht frei bleibt. Mit Fokus auf dem Schleier zeigen die Aktivistinnen, wie sehr iranische Frauen unter der Knute des Systems stehen und wie faschistisch dieses System im Grunde ist. Die Frauen in diesen Ländern wissen genau, was der Schleier bedeutet, vielleicht noch besser als unsere politisch korrekten, selbstgerechten FeministInnen voller Multikulti-Romantik, die oft noch nie ein einziges dieser Länder besucht haben.

Und wenn sie es besuchen, zeigen sie oft Solidarität mit den Unterdrückern statt mit den Unterdrückten. Ein Paradebeispiel dafür war der Besuch von Claudia Roth als Vizepräsidentin des Bundestages am 21. und 22. Januar 2015 im Iran, die sich zum Entsetzen der iranischen Frauen aus einem falschen Respekt für intolerantes Dogma heraus willig und gehorsam züchtig verschleierte und den Frauen im Iran ins Gesicht schlug, die – im Gegensatz zu ausländischen Politikerinnen auf Staatsbesuch – ihre Freiheit und sogar ihr Leben riskieren, wenn sie sich mit freiem Kopf in der Öffentlichkeit bewegen. Wie sehr diese Frauen die selbstgewählte Verschleierung von Roth und beispielsweise auch der damaligen kroatischen Außenministerin Vesna Pusic als Verrat und Messer im Rücken empfunden haben, zeigt der folgende offene Brief der tapferen Frauen von My Stealthy Freedom:

Liebe Claudia Roth, liebe Vesna Pusić,

wir haben eine Bitte an Sie und alle anderen Politikerinnen, die den Iran besuchen: Fordern Sie, dass in unserem Land die Menschenrechte respektiert werden – wozu die Freiheit gehört, selbst zu entscheiden, ob eine Frau sich verschleiert oder auch nicht! Und tragen Sie nicht ohne Not selbst ein Kopftuch in einem Land mit Zwangsverschleierung. (…) Seit über 30 Jahren werden unsere Stimmen von den iranischen Medien unterdrückt. (…) Trotzdem haben Sie sicherlich in den Medien Ihrer eigenen Länder von der Facebook-Aktion „My stealthy Freedom" gelesen. Sie werden also wissen, dass viele Frauen im Iran heimlich und manche sogar offen gegen Zwangsverschleierung aufbegehren. Wir wollen die Freiheit, selbst zu wählen, was wir anziehen – wir wollen nicht unser Leben lang nur heimlich den Schleier ablegen können. Wir bitten Sie darum, dieses Problem in Ihren Gesprächen mit den iranischen Machthabern auf den Tisch zu bringen. Fragen Sie, ob sie unsere Proteste hören! Fragen Sie, wie lange man uns noch zwingen will, den Tschador zu tragen! Und fragen Sie, wie lange noch Iran sogar ausländische Politikerinnen nötigen will, sich im Iran zu verschleiern!

Mittlerweile erreicht My Stealthy Freedom (www.mystealthyfreedom.net) einen immer größeren Kreis von Menschen, ihre Gründerin Masih Alinejad wird zu Interviews gebeten und das öffentliche Bewusstsein für die dunkle Seite des Schleiers steigt.

Und während „Deutschland ist bunt" jodelnde Politikerinnen aus Deutschland sich in vorauseilendem Gehorsam in ein schwarzes Gewand hüllen, das im Iran allenfalls die Religionswächterinnen tragen (wie passend in dem Zusammenhang!) machen die mutigen Frauen Irans weiter und kämpfen für ihre Rechte – gegen die Mullahs, die Islamisten und religiösen Herrscher im Iran, gegen die deutschen Grünen, Linken und Piraten, gegen die islamverliebten Gutmenschen und gegen die Frauen von #ausnahmslos.

Die tiefe Verschleierung in vielen islamischen Ländern ist übrigens keine traditionelle Kleidung, wie viele Gutmenschen glauben, sondern lässt die ursprünglichen Traditionen, die den Charakter und die kulturelle Seele eines Landes prägen, verschwinden. Bevor in Afghanistan 1992 die Muddjahedin und wenige Jahre später die Taliban die Macht übernahmen, sahen das Land und seine Menschen noch anders aus. Auf Fotos aus den 60er, 70er und 80er Jahren sieht man fröhlich lachende Frauen und Mädchen in Jeans und Miniröcken, die selbstverständlich in der Öffentlichkeit unterwegs waren. Gegen Ende der 80er Jahre stellten Frauen 50% der afghanischen StudentInnen, 40% der Ärzteschaft und 70% der LehrerInnen. Erst als die CIA ab 1979 islamische Fundamentalisten unterstützte, um die sozialistische Regierung zu stürzen, wurden die Grundlagen für den heutigen Alptraumstaat gelegt. 35.000 Mudschahedin, spätere Taliban, wurden ausgebildet und bewaffnet und bis 1992 überschütteten die USA ihre verbündeten Gotteskrieger mit vier Milliarden Dollar. Auch bei älteren Fotos vom Leben im Iran mit unbeschwert lachenden Frauen in bunten Röcken, Schlaghosen und Jeans, die sich frei unter Männern bewegten, könnte man meinen, man schaut sich ein altes Album aus Bayern an – vom Umgang der Menschen miteinander bis zur wunderschönen Landschaft. Nach der islamischen Machtübernahme durch Chomeini 1979 war dieses bunte Leben von einer Stunde zur nächsten vorbei, die Frauen wurden mit Waffengewalt unter den Schleier gezwungen, entrechtet und entmündigt. Wie zynisch erscheint es daher, wenn uns heute deutsche Gutmenschen mit verständnisvoller, offenherziger Miene erklären, die tiefe Verschleierung der Frauen und Mädchen, das Rechtssystem der Scharia und die strikte Geschlechtertrennung im Iran sei „halt deren Tradition". Die traditionelle Kultur beider Länder – und das sind nur zwei Beispiele von 57 islamischen Ländern – liegt begraben und gelähmt unter dem Grabtuch der Religion, bis sich niemand mehr daran erinnert und dieses dunkle Leben als alternativlose Normalität erscheint. Den kleinen Mädchen, die auch in der Schule schon zwangsverschleiert sind, wenn sie diese denn besuchen dürfen, wird von klein auf beigebracht, ihre Stellung unter dem Mann sei Gottes Wille. Religiöses Dogma steht über der Vermittlung von Wissen, und je islamistischer ein Regime ist, desto gefährlicher werden gebildete Frauen. Die Taliban, die in Afghanistan Mädchenschulen abbrennen und weibliche Schulkinder angreifen, wissen das leider ganz genau.

Es ist der erste und Hauptgrundsatz aller Unterdrücker,
die Unterdrückten in Unwissenheit zu erhalten.

August Bebel (1840 - 1913), deutscher sozialdemokratischer
Politiker, Mitbegründer und Vorsitzender der SPD

Beim Feminismus geht es unter anderem darum, potenzielle Opfer zu schützen und Täter zu benennen. Ein Feminismus, der aus Gründen der politischen Korrektheit die Täter schützt und unsichtbar macht und den Opfern in den Rücken fällt, sie einschüchtert und mundtot macht, verneint sich selbst und hat den Namen nicht verdient. Deshalb ist es auch für die Frauenbewegung wichtig, Kräfte, die diese von innen sabotieren, zu benennen, diese bloßzustellen und sich von diesen deutlich abzusetzen. Nur so kann sie weiterhin ihre Arbeit tun und auf der ganzen Welt für Frauenrechte eintreten, ohne sich in ein moralisierendes Korsett zwängen zu lassen.

Dabei werden Frauenrechte oft gegen die Verteidigung der als unterdrückt wahrgenommenen Minderheit ausgespielt und hinten angestellt.

> *Wenn sich große Teile der Linken und viele Feministinnen weiter an die Theorie halten, dass die Verteidigung der Migranten (…) gegen die westliche, kapitalistische Rechte Vorrang hat vor allem anderen, dann begehen sie einen verhängnisvollen Irrtum (…). Und sie lassen damit die Frauen und alle progressiven Kräfte in unseren Ländern im Stich. (…) In einer stillschweigend vorausgesetzten Hierarchie der Grundrechte rangieren demnach die Rechte der Frauen weit hinter den Minderheitenrechten. Religiöse und kulturelle Rechte werden so gegen die Frauenrechte ausgespielt – und zwar auf allen Ebenen, bis hin zur UNO.*
>
> *Emma,* März April 2016, Artikel *Die Linke hat uns Frauen verraten* von Marieme Hélie-Lucas, S. 32

Der Einsatz für muslimische und nicht-muslimische Frauen und Mädchen gegen die Interessen der Mächtigen im Islam, der Imame, der Väter und Brüder, der frauenverachtenden Islamverbände, der geifernden muslimischen Männerhorden auf deutschen Straßen und all derjenigen, die Mohammeds Frauenbild teilen, macht uns nicht zu Rassistinnen, Islamophobikerinnen oder Hetzerinnen, sondern einfach zu Menschen, die auf Seiten der Opfern stehen und diesen den Rücken stärken.

Zum Feminismus gehören Mut, Aufrichtigkeit und Mitgefühl. Auf „Mitstreiterinnen", die den Opfern von Gewalt ein Messer in den Rücken stecken, nur weil sie zu feige sind, die Wahrheit offen auszusprechen, können wir verzichten, denn diese falsche Toleranz und Solidarität unterstützt die Unterdrücker und lässt die Opfer im Stich.

10. Whataboutery

Lieber Gutmensch, auf dieses Kapitel wurdest du ja schon ein paar Mal verwiesen, und zu Recht! Aber was genau bedeutet denn dieser seltsame Begriff, der immer wieder auftaucht, wenn die Diskussion vom eigentlichen Thema abzuweichen droht? Der Einwand „What about…", sinngemäß „Aber was ist denn mit …" ist in der öffentlichen Debatte rund um den politischen Islam, um allgemeine Religionskritik (sobald diese den Islam betrifft) und um die Folgen einer zu liberalen Flüchtlingspolitik geradezu unvermeidlich. Fast jede Islamkritikerin und jeder Islamkritiker, selbst wenn sich die betreffende Person „nur" mit dem politischen Islam bzw. dem Islamismus befasst, wurde mit diesen Ausflüchten schon auf irgendeine Weise konfrontiert. Mit Fragen, die vom eigentlichen Thema ablenken sollen, die vorwerfen, man ignoriere andere wichtige Fakten, und die immer mit „What about" oder „Aber was ist denn mit" beginnen. „Aber was ist denn mit den Kriegen westlicher Mächte gegen Muslime?" „Aber was ist denn mit den Verbrechen des Christentums und anderer Religionen?" „Aber was ist denn mit den vom Westen eingesetzten Diktatoren? oder auch „Aber was ist denn mit der rechten Gefahr und Pegida???"

Wer den Begriff „Whataboutery" geprägt hat, lässt sich heute kaum noch nachvollziehen, obwohl er noch so jung ist. Vielleicht war es die Bürgerrechtlerin Maryam Namazie, die sich mutig gegen das radikale Regime im Iran und weltweit gegen Islamismus engagiert, unter anderem als Sprecherin des Council of Ex-Muslims of Britain, der britischen Variante des Zentralrats der Ex-Muslime. Bei einer öffentlichen Fragestunde nach einem Vortrag auf der Atheist Convention in Dublin/Irland nahm sie dazu Stellung:

> *Wir werden gefragt ‚Aber was ist mit amerikanischem*
> *Imperialismus?', ‚Aber was ist mit den Verbrechen des Westens?'*
> *und so weiter. Ja! Dagegen sind wir auch, und dagegen protestieren*
> *wir auch. Aber heute geht es um Islamismus und die Gefahren durch*

radikale Islamisten. Seltsam, wenn wir gegen amerikanischen

Imperialismus protestieren, kommt niemand und schreit 'Aber was

ist denn mit den Islamisten?'

(Maryam Namazie)

Wie Recht sie hat! Da Religionskritik meist aus der Linken kommt, sind es naturgemäß oft dieselben Menschen, die sich nicht nur gegen Islamismus engagieren, sondern auch gegen Rechtsextremismus, gegen US-gesteuerte Kriege und gegen viele der Dinge, die im jeweiligen „Aber was ist denn mit ..."-Vorwurf genannt werden. Doch jede Diskussion hat ein Thema, und die Strategie der Whataboutery will von diesem Thema ablenken, es relativieren und die Aufmerksamkeit von unangenehmen Wahrheiten hin zu populistischen, ungefährlichen Binsenwahrheiten lenken.

Normalerweise ist die beste und erfolgsversprechende Reaktion auf Whataboutery, sich eine absichtliche Ablenkung ausdrücklich zu verbitten und beim Thema zu bleiben, doch lassen wir uns in diesem Kapitel ruhig mal darauf ein und sehen uns ein paar klassische, hoch beliebte Einwände einmal genauer an. Fallen dir schon ein paar ein, lieber Gutmensch?

Hier ein absoluter Klassiker, der in keiner politischen Talkshow fehlen darf:

Aber in der Bibel stehen doch auch jede Menge gewalttätige Texte!

Stimmt! Dagegen protestieren wir auch, siehe Kapitel Whatab ... Moment, da sind wir ja schon. Natürlich stimmt diese Aussage, und als Agnostikerin und Fast-Atheistin auf Stufe 6 der Dawkins-Skala weiß ich das vielleicht besser als du. Alle diese sogenannten (hier macht sich das Wort „sogenannt" doch viel besser als vor „IS") „heiligen" Schriften wurden in Zeiten geschrieben, die wir uns heute kaum mehr vorstellen können. Kaum jemand, der den Islam kritisiert, würde auf die Idee kommen, nun ausgerechnet die Bibel zu verteidigen. Dort stehen leider nicht nur extrem dumme und alberne Behauptungen drin, wie der völlige Blödsinn einer Welt, die in 7 Tagen erschaffen wurde, sondern auch ganz furchtbare Dinge wie (**selbstzensiert wegen § 166 StGB**) und die Schandtaten des (**selbstzensiert wegen § 166 StGB**) Religionsstifters Moses, der sich geradezu einen Spaß daraus machte, (**selbstzensiert wegen § 166 StGB**) auszulöschen. Ebenso die Geschichte von Lot, dem Neffen Abrahams, der Besuch von zwei (männlichen) Engeln bekommt, mit denen die männlichen Bewohner der Stadt Sodom gerne Sylvester in Köln veranstalten möchten, und denen Lot sagt „Seht, ich habe zwei Töchter, die noch keinen Mann erkannt haben. Ich will sie euch herausbringen (…) Nur jenen Männern tut nichts an." Die hysterische Feindlichkeit, die Angst und das Misstrauen der Bibel und damit auch der Thora gegenüber Frauen, Homosexuellen, oft auch Andersgläubigen, und nicht zuletzt die grausame Geschichte eines jungen, charismatischen Wanderpredigers, der ans Kreuz genagelt wird, um für „die Sünden der Welt" zu büßen, hinterlassen einen bitteren Nachgeschmack.

Weder Thora noch Bibel sind gute Vorbilder, nach denen sich irgendjemand richten, geschweige denn aus denen irgendjemand seine ethischen Grundsätze ziehen sollte. Doch erstens werden altes und neues Testament in anderen Zusammenhängen lobenswerterweise fleißig kritisiert, und zweitens stellt sich aufgrund der Taten, die im Namen des Islam begangen werden, die Frage: Ist der Islam gefährlicher und kriegerischer als das Christentum, das Judentum und andere Religionen und wenn ja, warum?

Wenn jemand heute Jesus oder Moses kritisiert, eine Karikatur von Jesus und seinen beim Abendmahl betrunkenen Jüngern oder einer verunglückten Teilung des roten Meers zeichnet, bei der die Rettungsschwimmer Moses und seine Leute vor dem Ertrinken retten, muss er Angst vor rechtlichen Schritten, vor aufgebrachten, gewalttätigen Gläubigen oder gar vor dem Tod haben?

Nun, vor rechtlichen Schritten eventuell, denn skandalöser Weise wurde der leidige Blasphemie-Paragraph immer noch nicht abgeschafft, dennoch sind Anzeigen in dieser Richtung oder gar Verurteilungen extrem selten. (Ich bin trotzdem vorsichtig.)

Allerdings wurde erst vor wenigen Wochen ein ehemaliger Lehrer in Nordrhein-Westfalen zu einer Geldstrafe auf Bewährung verurteilt und muss laut Amtsgericht Lüdinghausen als Bewährungsauflage 500 Euro zahlen. Der Mann hatte die Rückseite seines Autos mit Sprüchen wie „Jesus – 2000 Jahre rumhängen und immer noch kein Krampf!" beklebt, Passanten und die Polizei hatten Anzeige erstattet. Die Richterin am Amtsgericht sah die Botschaften nicht durch die Kunstfreiheit gedeckt und bestätigte einen Verstoß gegen den sogenannten Gotteslästerungsparagrafen im Strafgesetzbuch (Paragraf 166: Beschimpfung von Bekenntnissen, Religionsgesellschaften und Weltanschauungsvereinigungen). Der Mann, der mal auf lustige, mal auf frechere Weise eine Religion durch den Kakao zog, geht nun in die nächste Instanz und man kann ihm nur wünschen, dass der Spuk dann vorbei ist und das Urteil berichtigt wird. (Du darfst ruhig mitwünschen, lieber Gutmensch, hier geht es ja ums Christentum, da darfst auch du drüber lachen!)

Wäre es nicht so traurig, könnte man im Jahr 2016 wirklich in schallendes Gelächter darüber ausbrechen, dass im deutschen Recht noch dieser leidige und völlig überholte Gotteslästerungsparagraph existiert, aber daran zeigt sich der unstatthafte Einfluss der Kirchen. Aber auch wenn die Gefahr rechtlicher Schritte besteht, müsste jemand, der die beschriebenen Karikaturen über Jesus oder Moses zeichnet, Angst vor Gewalt haben, angegriffen oder sogar ermordet zu werden?

Nein, natürlich nicht! Naja, nicht mehr. Denn sowohl die katholische als auch die evangelische Kirche wurden durch die Aufklärung gepeitscht, dass ihnen vorübergehend Hören und Sehen verging, verloren einen großen Teil ihrer Macht über den Staat und unser tägliches Leben und mussten sich wohl oder übel an den Wechsel der Zeit anpassen. Heute müssen sich übereifrige Kirchenvertreter in Talkshows auslachen lassen, wenn sie von Gottes Unzufriedenheit mit der Homoehe oder der hohen Bedeutung des Blasphemieparagraphen predigen, sich aufregen über die Freizügigkeit in Deutschland oder erläutern, wie sich die Entbehrungen des Zölibats am besten sublimieren lassen. Das Lachen darüber wirkt befreiend und wird bei jeder ihrer öffentlichen Predigten lauter. Und das ist auch gut so!

Beim Judentum ist es etwas schwieriger, aber auch in dem Fall muss niemand um sein Leben fürchten. Als Richard Dawkins in einer deutschen Diskussionsrunde amüsiert lächelte, während der fromme Moderator mit vorwurfsvoller Stimme und tränenden Augen die Beschreibung des alttestamentarischen Gottes aus Dawkins' „Der Gotteswahn" vortrug und danach den beiden aufs Tiefste empörten Kirchenmännern vor Scham kaum noch in die Augen schauen konnte, wurde dies sicherlich auch von Menschen jüdischen Glaubens verfolgt. Ob beim ZDF danach Morddrohungen gegen Professor Dawkins oder den Moderator eingingen? Kann ich mir nicht vorstellen.

Zugegebenermaßen könnte die deutsche Berichterstattung Israel gegenüber ruhig etwas kritischer und weniger unterwürfig sein, und auch das Leid der Palästinenser beleuchten, und auch mir bricht es das Herz, was Netanjahu dort anrichtet; wenn israelische PolitikerInnen davon sprechen, die Palästinenser endlich loswerden zu wollen wie damals die Indianer in Nordamerika; wenn deutsche Medien angesichts ermordeter Kinder im Gazastreifen von „bedauerlichen Kollateralschäden" sprechen. Übrigens schreien und zetern auch bei dieser Debatte Gutmenschen, um auch die leiseste Kritik, selbst von Seiten vieler mutiger Jüdinnen und Juden, zum Verstummen zu bringen, aber das müssen wohl wieder andere sein. Vielleicht solltet ihr euch bei der nächsten Gutmenschenkonferenz mal einigen. Wahrscheinlich nennt ihr euch einfach gegenseitig „Nazis" und die Diskussion ist beendet.

Trotzdem kann man davon ausgehen, dass auch ein Diskussionsteilnehmer, der die Siedlungspolitik Israels kritisiert oder im Rahmen allgemeiner Religionskritik auch das Judentum miteinbezieht, zwar höchstwahrscheinlich etwas zu viel Kritik vom verängstigten, politisch korrekten Moderator und wahlerfolgsbedachten Gästen aus der Politik ertragen, aber immerhin nicht um sein Leben fürchten muss.

Doch jeder Mensch, jede Zeitungs- oder Fernsehredaktion, AutorInnen, IslamkritikerInnen, und gar nicht zu reden von karikaturistischen Talenten, die sich über Religionen lustig machen oder WissenschaftlerInnen, die untersuchen, was für ein Mensch Mohammed war, haben Grund zur Vorsicht. Warum ist das so, wenn doch auch der Gott der Thora und der Bibel nicht gerade jemand ist, den man gern zum Kaffee einladen würde?

Ich denke, ein großer Unterschied ist die Bedeutung der Religion im Leben eines Menschen. Das fängt schon in der Kindheit an, wenn das kindliche Gehirn noch offen und gutgläubig ist und blind vertraut. Natürlich wird die Religion auch in christlichen Familien auf unterschiedliche Weise vermittelt und es wäre falsch zu behaupten, es gäbe keine christlichen Fanatiker in Deutschland, die Kinderseelen zerstören, ganz abgesehen von den furchtbaren Missbrauchsskandalen und der grausamen Brutalität in oft von der Kirche geführten Kinderheimen, die in den letzten Jahren aufgedeckt wurden und unser Land und ganz Europa erschüttert haben. Und wenn in Israel ultra-orthodoxe jüdische Fundamentalisten der Haredim zetern und Scheiben einschlagen, wenn sich Frauen im Bus nach vorne setzen; oder mit Steinen werfen, wenn unverschleierte Jüdinnen durch ihre Nachbarschaft laufen, und in bestimmten Gegenden liberales jüdisches Leben unmöglich machen, ist das sicher auch kein Beispiel für eine gelungene Integration.

Dennoch wachsen die meisten Kinder aus christlichen Familien in Deutschland in einem Umfeld auf, in dem Religion eine eher untergeordnete Rolle spielt. Und da liegt der Hase im Pfeffer.

Es ist ein großer Unterschied, ob ein Mensch einmal in der Woche oder gar im Monat oder jedes zweite Weihnachten in die Kirche geht, dort ein paar swingende Lieder mitsingt, auswendig gelernte Gebete herunterbetet und der Predigt des Priesters lauscht, während er in Gedanken das Auto zur Werkstatt fährt, oder ob ein Mensch sein gesamtes Leben an der Religion ausrichtet, sich fünf Mal pro Tag an seinen Gott wendet, mit streng festgelegten Ritualen, Uhrzeiten und Gebeten, und das in einer übertrieben demütigen Position, die die Seele klein macht und in der man eigentlich keinen Menschen sehen will. Fünf Mal am Tag auf die Knie gehen und sich unterwürfig auf den Boden werfen, fünf Mal am Tag den Tagesablauf unterbrechen und alles andere hintenanstellen, fünf Mal am Tag den Glauben an den gelernten Gott bekunden – Das macht etwas mit einem Menschen, mit dem Herzen, der Seele und dem Geist. Wo soll in diesem strengen Korsett Zeit bleiben, um zu hinterfragen, zu verifizieren, sich umzuschauen, was Andere glauben, wenn von Kindheit an fünf Mal täglich die Angst geschürt wird, auch nur bei einem zweifelnden Gedanken fahre man zur Hölle? Welch ein Alptraum für ein Kind. Ein altes Sprichwort sagt: *Zwei Dinge sollten Kinder von ihren Eltern bekommen, Wurzeln und Flügel.* Die Wurzeln werden gelegt, doch vermutlich so stark, dass sie lähmen und den Geist erstarren lassen. Und diese in jedem Kind angelegten Flügel, die wunderbare, sich wundernde Neugier, mit der es seine Welt erkundet, die unbeschwerte Freude und Abenteuerlust an jedem neuen Tag, brauchen Freiheit, Ermutigung und Inspiration, sonst verkümmern sie. Kann es sein, dass der Islam aufgrund der Art und Weise, wie er ausgeübt wird, in vielen Fällen genau das tut? Dass er Herz und Seele eines Kindes so lange versucht zu formen und anzupassen, bis sie verbiegen oder zerbrechen und ihren natürlichen Rhythmus verlieren? Bis, zumindest in einigen Fällen, das Gewissen und die Persönlichkeit völlig vom Dogma verdrängt und ersetzt werden?

Vielleicht hätte das Christentum genau dasselbe Problem, wenn die christlichen Gebetsvorgaben ähnlich streng wären?

Eines kommt jedoch noch hinzu. Meines Wissens haben alle Muslime unter anderem gemeinsam, dass sie Mohammed, den Erfinder des Islam, der so gerne ein Prophet gewesen wäre, als besten Menschen ansehen, der je gelebt hat. Und danach müssen sie sich auch bis zu einem gewissen Grad beurteilen lassen. Wir wissen heute sehr viel über das Leben dieser Person, die bis heute so viel Einfluss auf unsere Welt ausübt. Und genau das ist das Problem. Trotz all seiner Taten gilt er als Vorbild und wird auf einen unerreichbaren Sockel gestellt. Für Millionen von minderjährigen Mädchen auf der Welt, für Menschen, die als „Ungläubige" diskreditiert werden, für Alle, die gegen seine Regeln verstoßen, hat Mohammed das Leben zum Alptraum gemacht und bis heute eine Blutspur hinter sich gelassen, die selbst die Kreuzzüge in den Schatten stellt.

Sicher ist es nicht ganz fair, einen Menschen aus dem 7. Jahrhundert nach den Maßstäben von 2016 zu beurteilen, noch dazu nach westlichen, nahezu säkularen Maßstäben. Doch erstens gilt er unter Muslimen als nahezu unantastbare Figur und Sprachrohr von Gott selbst, dessen Wille sich laut islamischer Doktrin durch Mohammed als „Propheten" den Menschen offenbarte und zweitens war Mohammed durchaus auch für die damalige Zeit ein brutaler Kriegsherr. Zum ersten Punkt sollte erläutert werden, warum Mohammeds angebliche Rolle als Sprachrohr so wichtig ist. Wenn es den im Koran beschriebenen Gott gäbe und dieser Mohammed als Propheten ausgewählt hätte, um seine letzte Botschaft an die Menschheit zu senden, dann wäre der Zeitpunkt in der Geschichte, an dem das Buch verfasst wurde, für diesen Gott keine Entschuldigung. Ein göttliches Wesen sollte uns doch so weit überlegen sein, dass es nicht dem geistigen Stand und den Traditionen einer bestimmten Zeit unterliegt, sondern wüsste, was falsch und was richtig ist, gestern, heute und morgen. Dieser Gott hätte gewusst, dass Sklaverei, die Ermordung besiegter Gegner, Vergewaltigung, brutale Strafen und nicht zuletzt die Verheiratung von Kindern Verbrechen sind, und er hätte es Mohammed gesagt. Stattdessen war Allah nur zu gern bereit, per „herabgesandter" neuer Botschaft Mohammeds Wünsche zu erfüllen, etwa wenn dieser einer weiteren Frau den Hof machen wollte, was selbst seiner Kindsbraut Aisha auffiel. Der Koran wird eben nicht als Hinterlassenschaft Mohammeds verstanden, als Manifest eines religiösen und politischen Herrschers, den man heute wohl als „Neo-Con" bezeichnen würde, der von seiner Zeit und Kultur geprägt war und dessen Ansichten heute glücklicherweise längst überholt sind – dann wäre es möglich, den Koran als Blick in eine dunkle Geschichte zu sehen, ihn zu kritisieren und zu verbessern, bis er den heutigen Maßstäben genügt. Doch ein Buch, das vorgibt, Gottes höchstpersönliches Wort zu sein, lässt sich nicht einfach von

Menschen umschreiben und auch nur bis zu einem gewissen Grad interpretieren. Und als angebliches Sprachrohr Gottes wird auch Mohammed selbst von Musliminnen und Muslimen nie in Frage gestellt, auch von den liberalen nicht. Selbst wenn Mohammed ansonsten ein friedliches, nicht zu beanstandendes Leben geführt hätte, wäre ihm immer noch vorzuwerfen, dass er behauptete, der Vermittler der Botschaft Gottes an die Menschen zu sein. Islamkritiker Hamed Abdel-Samad spricht davon, Mohammed sei nie richtig beerdigt worden, was jedoch notwendig sei, um den Islam auf die heutige Zeit auszurichten:

> *Mohammed starb zwar vor 1400 Jahren, aber wirklich begraben wurde er nie. Er gehört nach wie vor zu den mächtigsten Menschen im 21. Jahrhundert. Er herrscht noch immer und ist Vorbild für 1,4 Milliarden Muslime, friedliche wie gewaltbereite. Alle beziehen ihre Legitimation aus seinen Texten und überlieferten Taten. Seine Regeln werden sogar von Nichtmuslimen befolgt: Er darf nicht kritisiert oder gezeichnet werden. Und wir machen mit.*
>
> Hamed Abdel-Samad, interviewt von Die Welt, Artikel von Dietrich Alexander

Doch sein Leben war alles andere als friedlich. Im Gegensatz zu Religionsstiftern wie Jesus oder Buddha war Mohammed kein mehr oder weniger pazifistischer, spiritueller „Hippie", sondern eher der George W. Bush des 7. Jahrhunderts, der wie Bush glaubte, Gott spräche zu ihm persönlich und habe ihn für eine besondere Aufgabe ausersehen; der wie das US-Militär unter Bush (und nicht nur unter ihm) in imperialistischer und kolonialistischer Manier mit schweren Waffen wehrlose Länder überfiel und unterjochte – alles unter dem Vorwand, diesen etwas Gutes tun zu wollen. Was für Bush sein viel gepriesenes Pax Americana war, war für Mohammed die Umma, und während der eine Demokratie versprach, war die Verbreitung von Gottes Botschaft die

Ausrede des anderen, und genau wie die US-Regierung beim Irakkrieg, sprach auch Mohammed von seinem Feldzug gegen Mekka als „Befreiung". Egal in welcher Zeit, undemokratische, imperialistische Kriegsherrn haben halt immer ihr eigenes Vokabular.

Zu Mohammeds Gunsten könnte man sicherlich sagen, dass er wohl selbst daran glaubte, tatsächlich die Botschaft Gottes zu verkünden und dessen Willen zu erfüllen, und dass er zunächst versuchte, den Islam auf friedliche Weise zu verbreiten. Aus dieser Zeit stammen die friedlichen und zur Toleranz auffordernden Verse des Korans, z. B. dass es keinen Zwang im Glauben gäbe, die dazu dienen sollten, gegenüber dem Islam eine gewisse Toleranz zu schaffen. Doch seine Botschaft stieß in Mekka auf taube Ohren und er zog nach Medina, wo er sich mit verschiedenen Kriegsparteien verbündete und eine Armee um sich bildete. Mit Tausenden schwer bewaffneter Männer in seinem Gefolge machte er sich wieder auf den Weg nach Mekka, um es zu erobern. Und danach, als Mohammed und der Islam in der Position der Mächtigen waren, gab es keine Suren der Toleranz, Freiheit und Barmherzigkeit mehr, sondern Befehle, die Ungläubigen zu töten. Es war der Auftakt zu vielen weiteren Kriegszügen, bei denen sich Mohammed und seine „Männer" genauso verhielten wie der Islamische Staat heute, und sich gnadenlos gegenüber ihren besiegten Opfern zeigten. Der Grund dafür, dass dies Menschen heute imitieren, ist jedoch nicht, dass er diese Verbrechen begangen hat, sondern dass er diese Verbrechen im Namen Gottes begangen hat. Laut Mohammed war es Allah, der die Ermordung der Männer der unterworfenen Stämme befohlen hat, und laut Mohammed war es Allah, der es ihm und seinen Gefolgsleuten gestattete, deren Frauen und Mädchen entführen und zu Sklavinnen zu machen, die mit angeblich göttlicher Absegnung von den Gotteskriegern (**selbstzensiert wegen § 166 StGB**) werden durften. Er forderte sie sogar extra dazu auf, nicht auf ihr Mitleid zu hören, was nahe legt, dass einige seiner Männer selbst erschrocken über seine Aufforderungen waren und ihr eigenes Gewissen ihnen sagte, dass sie Verbrechen gegen die Menschlichkeit begangen – was ein Hinweis darauf ist, dass diese brutalen

Gewalttaten auch für die damalige Zeit keineswegs normal waren. Mohammed benötigte Allah, um dieses Gewissen auszuschalten und durch kaltes Dogma zu ersetzen. Genauso war es angeblich Allah, der Mohammed nahelegte, ein kleines, wehrloses Kind zu heiraten, das nach der „ersten Nacht" höchstwahrscheinlich vollkommen verängstigt und traumatisiert war. Sollte das nicht Grund genug sein, um unsererseits empört aufzuschreien und dagegen zu protestieren, dass dieser Mensch als Vorbild gilt?

Als Agnostikerin bin ich sicherlich auch keine Apologetin des Christentums, dennoch besteht zwischen Jesus und Mohammed ein großer Unterschied. Während Jesus zu einem friedlichen Miteinander, zum Mitgefühl für unsere Mitmenschen, zur Verzeihung und den Schutz von Schwächeren aufrief, war Mohammed ein brutaler Kriegsherr, der mit seinen Gegnern keine Gnade kannte und seine Mitstreiter sogar noch zu einem stärkeren Gewalteinsatz auffordern musste, der zur Gewalt gegen Frauen aufrief und Kinder zu Frauen erklärte, sobald die Menstruation einsetzt, was in Wahrheit den Anfang und nicht den Abschluss der Pubertät kennzeichnet. Bezeichnenderweise wurden auch die Kinder, die im britischen Rotherham einem organisierten Missbrauch zum Opfer gefallen sind, von muslimischen Gästen in TV-Debatten, Interviews oder Talkshows meist als Frauen bezeichnet, obwohl es sich teilweise um 11-jährige Mädchen handelte.

Während Jesus die schrifttreuen Pharisäer verachtete, denen der Gehorsam gegenüber Gott und der Glaube an ihr heiliges Buch wichtiger als Mitgefühl und ein gutes soziales Miteinander war, forderte Mohammed bedingungslosen Gehorsam, bei dem das eigene Gewissen, das eigene Denken und die eigene Ethik eher störende Faktoren waren. Es ist ein großer Unterschied zwischen einem Religionsgründer mit der Botschaft „Liebe deinen Nächsten" und einem Religionsstifter mit der Botschaft „Töte die Ungläubigen".

Und schließlich gibt es noch etwas, das den Islam von seinen beiden Brüderreligionen unterscheidet. Zunächst einmal stellt er den Anspruch, die aktuellste Version des

Worts Gottes zu sein und stellt sich damit über die Vorgängerreligionen. Doch von viel größerer Bedeutung ist sein politischer Herrschaftsanspruch. Er ist nicht einfach eine Religion, sondern bestimmt den gesamten Alltag und das öffentliche Leben, ohne jegliche Rückzugsmöglichkeit. Daher hat der Islam einen weit größeren Einfluss auf seine Gläubigen als andere Religionen, was vielen Gutmenschen wahrscheinlich nicht ganz klar ist. Er ist ein vollständiges Gesellschaftssystem, das keine Trennung zwischen Staat und Kirche kennt und ein Rechtssystem vorgibt, das die Wertvorstellungen und vergeltungssuchenden Strafen des siebten Jahrhunderts ins 21. Jahrhundert transportiert, in dem diese einer völlig anderen Welt gegenüberstehen. Wir können uns so lange Zeiträume schwer vorstellen, doch es sollte eigentlich klar sein, dass hier zusammengefügt werden soll, was einfach nicht mehr zusammengehört, was sich abstößt und gegenseitig negiert. Im siebten Jahrhundert, während nach dem Tod Mohammeds im Jahr 632 seine Heere zu weiteren Eroberungszügen aufbrachen und das byzantinische Palästina und Syrien, das persische Mesopotamien (den heutigen Irak), den vorderen Orient und schließlich Ägypten im erbarmungslosen Blutbad unterwarfen, bildeten sich in Europa nach der Völkerwanderung gerade die germanischen Reiche der Franken, Westgoten und Langobarden, stritten um die Macht und gründeten Ständegesellschaften. Die blutige „Bekehrung" der „heidnischen" Franken zum Christentum war noch in vollem Gange. Damals bestand die Weltbevölkerung aus bescheidenen 200 bis 300 Millionen Menschen mit einer Lebenserwartung von ca. 45 Jahren und hoher Kindersterblichkeit. Und auch die USA waren diesmal nicht schuld. Dort in Nordamerika sicherten Jagdkulturen ihre Ernährung durch Karibu- und Bisonherden, um die großen Seen entwickelten sich Dörfer, in denen Mais und Kürbis angebaut wurden, und in Mittelamerika stand das Reich der Maya mit seiner (im Vergleich zu Arabien und Europa) zivilisierten Hochkultur mit Stadtstaaten in voller Blüte. Die Maya sind übrigens ein gutes Beispiel. In ihrer Zeit waren sie eine geradezu fortschrittliche, hoch technisierte Kultur. Doch wenn wir uns vorstellen, ein alter Maya-Kult hätte sich bis heute erhalten und dessen besonders fundamentalistische Vertreter forderten eine Rückkehr zum Höhepunkt der

Maya-Kultur, wären wir wohl weniger begeistert. Denn diese „Kultur" umfasst nicht nur den faszinierenden Maya-Kalender, sondern auch Menschenopfer, um die Götter gnädig zu stimmen. Die Art der rituellen Hinrichtungen reichte von Köpfen, Ertränken, Hängen, Steinigen, Vergiften, Verstümmeln bis hin zu lebendig Begraben oder Aufschlitzen des Bauches und das Herausreißen des noch schlagenden Herzens. Als Opfer wurden sowohl Kriegsgefangene als auch Mitglieder der eigenen Gruppe gewählt.

Stell' dir vor, ein Anhänger eines solchen Kults würde heute Respekt für seinen Glauben fordern und fühlte sich beleidigt, wenn diese alten Rituale, die für die Mayas eine enorm hohe spirituelle Bedeutung hatten, in den Schmutz gezogen, ja gar als „grausam" und „gewalttätig" bezeichnet werden. Kannst du den Mayaisten schon hören, der bei Maischberger mit erhobenem Zeigefinger und professionell beleidigter Stimme Toleranz von der Aufnahmegesellschaft fordert? „Ich muss sagen, ich fühle mich hier erstens völlig unterrepräsentiert, aber ich verbitte mir diese ständigen Unterstellungen! Haben Sie eine Vorstellung davon, wie Sie uns verletzen, wenn Sie unsere heiligsten Glaubensgrundsätze angreifen und unsere Götter grausam nennen?" Und sicher könnten wir auch ganze Herden von Gutmenschen mit riesigen Plakaten in den Händen beobachten, auf denen mit extra dickem schwarzem Edding der empörte Aufschrei stünde: „Stopp mit Mayaphobie und Rassismus!" oder „Auch Maya-Götter verdienen Respekt!" oder auch „Gegen populistische Anti-Maya-Hetze!"

Und dieselben, meist dunkelgrünen Politiker/innen, die heute fordern, das grausame Schächten und andere islamische Rituale doch endlich zu erlauben, würden wohl mit ausladender Geste und gekonnt betroffen-toleranter Mimik doch zumindest Tieropfer fordern, damit die Mayaisten überhaupt eine Chance haben, ihre Kultur auszuleben und sich hier willkommen zu fühlen, denn sonst werde „mayaistisches Leben in Deutschland vollkommen unmöglich".

Ich kann es mir vorstellen, will es aber nicht. Das Beispiel zeigt jedoch, dass auch das, was für einen Menschen „das Heiligste" ist, dadurch nicht automatisch Respekt verdient oder „gut" ist. Heilig ist relativ und vollkommen subjektiv, und es reicht schlicht und einfach nicht aus, um Kritik zu verbieten oder sich diese zu verbitten. „Unser Heiligstes" oder das subjektive Gefühl des Beleidigtseins sind keine Argumente. Wie hat es Christopher Hitchens so schön ausgedrückt: „Sie sind beleidigt, sagen Sie? Ich warte immer noch auf Ihr Argument!"

Mich beleidigt auch vieles. Diese furchtbaren Hosen mit bis zum Knie hängendem Schritt erzeugen bei mir akuten Brechreiz und ein Schleudertrauma vom Kopfschütteln. Oder auch diese absolut albernen knallroten Hochglanz-Turnschuhe. Bäh, wenn ich nur dran denke! Sollten sie deshalb verboten werden? Mein Herz und mein Modegeschmack schreien: JA! Oh Gott, JA! Doch mein Verstand sagt: Nein, natürlich nicht! Meine Abscheu dagegen ist kein Argument. Ich muss mir eben angewöhnen wegzuschauen.

Auch wenn ich mit einem anderen Menschen politisch nicht übereinstimme und seinen Modegeschmack, seine Ansichten und Forderungen vielleicht ganz furchtbar finde und mich seine Äußerungen beleidigen, möchte ich nicht in einem Land leben, in dem mein Beleidigtsein ausreicht, um ihm den Mund zu verbieten. Das Recht der freien Rede ist wertvoll und schützenswerter als Political Correctness und religiöse Dogmen. Auch wenn du in Kauf nehmen musst, dass deine religiösen Gefühle verletzt, deine kulturelle Traditionen etwas respektlos behandelt und Witze über dein Heiligstes gemacht werden – du hast genauso das Recht auf freie Rede und kannst deine Meinung frei äußern, ohne Angst vor Bestrafung oder Rache. Das solltest du zu schätzen wissen, anstatt dich darüber zu beschweren.

Ein weiteres, beliebtes „Argument" der Whataboutery-Strategie beim Versuch der Ablenkung vom eigentlichen Thema ist folgendes:

Wir sind doch eine tolerante Gesellschaft, wir wollen offen und bunt sein.

Das funktioniert allerdings nur, wenn auch die Menschen, die kommen, dieser Meinung sind und eine bunte, offene und tolerante Gesellschaft möchten. Und wenn wir uns islamische Länder anschauen, sehen wir dort keine bunte, tolerante, offene Gesellschaft, in keinem einzigen der 57 Staaten unter muslimischer Herrschaft. Wie soll eine solche Gesellschaft entstehen, wenn ein imaginärer Gott die Gesetze vorgibt, denen sich Menschen unterzuordnen haben und gegen die kein Widerspruch möglich ist? Auch ein christlich beherrschtes Land wäre ein Alptraum und sicherlich nicht so weit entfernt vom Margaret Atwoods Roman „A Handmaid's Tale", der als „Die Geschichte der Dienerin" verfilmt wurde. Eine solche Welt, wie sie darin beschrieben wird, wäre eine Dystopie, hauptsächlich für die Frauen. Ein solcher Alptraum in Grün ist in diesem Moment für Millionen von Frauen weltweit Realität.

Jetzt hältst du vielleicht dagegen: „Aber wir müssen uns doch auf Deutschland konzentrieren und nicht auf andere Länder schauen, die haben doch gar nichts mit uns zu tun!"

Doch!

Wenn wir wissen wollen, wie sich eine Gesellschaft verändert, wenn sich der Prozentanteil muslimischer Menschen erhöht und wie sich die Religion verhält, wenn sie an der Macht ist, müssen wir uns islamische Länder anschauen. Wir müssen hinschauen und zuhören, wenn Imame, ob in Kabul, Kairo, Dubai oder Berlin in Predigten Frauen dazu auffordern, ihrem Mann gehorsam und sexuell stets verfügbar zu sein, sonst solle der Ehemann ruhig dafür sorgen, oder wenn sie davon schwärmen, wie bald die Scharia in Europa herrschen wird (und dann auf der ganzen Welt), oder wenn sie im Islamunterricht die Herzen unschuldiger Kinder mit Hass erfüllen und verhärten. Wenn wir jetzt die Augen vor dem Gefahrenpotenzial des Islam verschließen, Übergriffe muslimischer, testosterongesteuerter Machojungs auf Frauen ignorieren und Tatsachen beschönigen und relativieren, kann es gut sein, dass auch unsere Nachfahren in zwei, drei oder zehn Generationen einmal zurückblicken und uns fragen „Warum habt ihr nichts getan?"

Aber was können wir tun, lieber Gutmensch? Was ich im Sinn habe, ist Aufklärung, bei den Kindern zu beginnen und diese vor der beschriebenen Art von Gehirnwäsche schützen. Den Kindern eine Chance zu geben, so aufzuwachsen, das ihre Seele frei bleibt, ohne Angst, ohne unterschiedliche Lager, ohne „Wir und Ihr". Dazu gehört auch, dass man den Eltern deutlich klarmacht, dass es Kindesmisshandlung ist, dem Kind eine bestimmte, abgegrenzte Identität aufzudrängen, ihm Angst vor einer imaginären „Hölle" zu machen und es zu bedrohen. Kinder sind nicht das Eigentum ihrer Eltern, sie verdienen es, in Freiheit aufzuwachsen und ihre Umwelt ohne Angst und Schubladendenken zu erkunden. Das ist Offenheit und Toleranz, das ist bunt!

Natürlich ist es ein großer Unterschied, ob man sich über den Glauben eines Menschen lustig macht und ihn auslacht, oder ob man seinem Gegenüber sagt: "Ich glaube an etwas Anderes, habe andere Grundsätze, aber wir haben beide das Recht zu glauben, was wir wollen." Niemand – oder kaum jemand – wacht morgens auf, springt aus dem Bett und plant, wen er heute auf möglichst gemeine Weise beleidigen kann. Aber wenn dieser Glaube diskriminierende und zutiefst verachtende Grundsätze und abwertende Vorurteile gegen bestimmte Menschengruppen enthält, zur Gewalt aufruft und zutiefst das Leben der Gläubigen bestimmt, dann müssen wir das ansprechen. Dann müssen wir protestieren und klarstellen, dass diese Grundsätze in unserer heutigen Zeit keinen Platz mehr haben. Wir müssen uns gegen solche Einflüsse wehren, bevor wir unsere eigenen Grundsätze auf dem Altar der Political Correctness opfern. Wir sollten uns bewusst machen, dass Menschen Schutz verdienen, Ideologien, zu denen auch Religionen zählen, jedoch nicht.

Im Gegenteil, wenn wir Muslime als besonders schutzbedürftige Menschen behandeln, wie Kinder, die weinen und sich im Supermarkt schreiend zu Boden werfen und wütend mit den Fäusten auf das Linoleum trommeln, bis sie endlich ihren Willen bekommen, tun wir allenfalls den Fundamentalisten einen Gefallen. Das wollen und sollten wir nicht. Zuallererst sind wir alle Menschen, mit ähnlichen Bedürfnissen und niemand kommt als Muslim, Christin oder Jüdin auf die Welt. Was die wunderbare

Simone de Beauvoir in Bezug auf Frauen sagte, gilt meiner Meinung nach uneingeschränkt auch für die Religion. Wir werden nicht als Mitglieder einer bestimmten Religion geboren, wir werden dazu gemacht. Und wir sollten uns nicht an den Menschen wenden, der das Ergebnis dieser Erziehung und Indoktrinierung ist, sondern an den Menschen, der er vor dieser Kategorisierung bzw. dieser Gehirnwäsche war, und der in den meisten Fällen immer noch vorhanden ist. Der mehr oder weniger dieselben Bedürfnisse, denselben Wunsch nach Liebe und Geborgenheit, denselben Drang nach Freiheit hat wie wir. Wir kommen alle als unschuldige, neugierige Kinder zur Welt, die versuchen, für die Welt, die sie erleben, Muster und Erklärungen zu finden. Bevor Kinder „wissen" bzw. gelernt haben, dass sie als Mitglied einer bestimmten Religion gelten, spielen sie unbeschwert miteinander und können gar nicht verstehen, warum Erwachsene aufgrund der Religion, des Geschlechts, der Hautfarbe u. ä. Unterschiede machen und dass manche Menschen (im Falle männlich dominierter Religionen sind das oft genug Frauen) als weniger wert als andere gelten. Diese Gruppenbildung und damit gegenseitige Vorurteile, die Abschottung von „den Anderen", das Konzept des Fremden im Gegensatz zur vertrauten eigenen Gruppe, werden anerzogen. Dies geschieht in einem Alter, in dem ein Kind darauf angewiesen ist, dass ihm seine erwachsenen Vertrauenspersonen die Wahrheit sagen und es auf richtige Weise auf das Leben in der Welt da draußen vorbereiten. Genau hier setzen Religionen an und lassen oft ein Gefühl entstehen, die eigene Gruppe werde von allen Seiten angegriffen. Man lernt, beleidigt zu sein, wenn Glaubenssätze in Frage gestellt werden, weil der Feind doch nur darauf abzielt, einen vom wahren Gott weg zu leiten. Man lernt, die Vorgaben des niemals in Frage gestellten Gottes ungefragt als wahr anzunehmen, auch wenn sie dem eigenen Gewissen und dem gesunden Menschenverstand widersprechen. So wird der Gegensatz immer größer, bis schließlich immer engere Grenzen aufgestellt werden, nach deren Überschreitung eine Aussöhnung unmöglich ist. Doch unter diesem aufgesetzten Konstrukt Religion sind wir alle gleich, und wir sollten den Menschen ansprechen, der sich unter den Glaubenssätzen verbirgt. Wir alle können Kritik vertragen und wenn wir unseren

Mitmenschen als solchen sehen, und nicht als Teil einer anderen Gruppe, müssen wir ihn so behandeln, wie wir auch Mitglieder unserer vermeintlich eigenen Gruppe behandeln und sollten keine Angst davor haben, frei zu sprechen, Kritik zu äußern und ruhig auch mal empört zu sein über die Glaubensaussagen unseres Gesprächspartners. Ziehen wir einfach das Schild „Vorsicht Moslem! Verträgt keine Kritik!" ab, das wir unserem Gegenüber so liebevoll und schon auch sehr bevormundend auf die Stirn geklebt haben und ersetzen es als Zeichen wahren Respekts und wahrer Anerkennung mit „Mitmensch" oder „Mensch wie du und ich". So, jetzt können wir reden!

Das alles bedeutet nicht, dass „alle Muslime so sind", aber eben auch nicht, dass die Religion und Kultur von Menschen, die in ein Land kommen, keine Rolle spielen. Ein großer Teil der Musliminnen und Muslime in Deutschland und im Rest der Welt sind liberal und moderat und möchten einfach nur friedlich mit ihrer Familie ihr Leben leben. Aber wenn eine Minderheit gewalttätig ist, hängt alles von der Reaktion der Mehrheit ab. So gab der islamkritische Schriftsteller Hamed Abdel-Samad auf den Vorwurf „Das (gewalttätige Islamisten) ist aber eine absolute Minderheit" folgende Antwort:

> *Die Mehrheit ist irrelevant, wenn sie untätig ist. Die Nationalsozialisten waren auch eine Minderheit irgendwann in der Gesellschaft, aber als sie am Ruder waren, hatten sie das Sagen. In Mosul leben zwei Millionen Muslime, die „normal" sind, die Mehrheit. Was tun sie gegen 10.000 ISIS-Kämpfer? Gar nichts! Die Mehrheit ist irrelevant, wenn sie sich gegen solche Auswüchse nicht wehrt.*
>
> Hamed Abdel-Samad im Interview, Sternstunde Religion, SRF, http://www.srf.ch/play/tv/sternstunde-religion/video/islam-unter-faschismusverdacht?id=c2b5adcc-cfe2-4f03-a4b3-12d3c2603c18

Die gefährlichste Eigenschaft, die eine Mehrheit in dem Fall haben kann, ist Toleranz. „Toleranz" ist nicht von vornherein ein positiver Begriff. Sicher ist es im gesellschaftlichen Umgang miteinander von Vorteil und richtig, uns einander gegenüber tolerant zu sein, d. h. uns gegenseitig als Menschen, unsere Sitten und Gebräuche, unsere Kleidung, unsere Tänze und unsere Musik und unsere Ansichten zu respektieren.

Doch auch Toleranz hat eine Grenze. Wenn wir Ansichten tolerieren, die Menschen in verschiedene Gruppen einteilen und ihnen unterschiedliche Rechte zugestehen, z. B. Frauen/Männer, Gläubige/Ungläubige oder Schwarze/Weiße; wenn wir Aufrufe zur Gewalt tolerieren, wird Toleranz zur Feigheit. Genau wie bei allen guten Sachen ist auch ein Übermaß an Toleranz ungesund, und um allen Seiten gerecht zu werden, ist es wichtig, an einem Punkt die Grenze zu ziehen. Um etwas konkreter zu werden, ich bin der Meinung, einige dieser Grenzen sind bei uns schon lange überschritten aus einer falschen, übermäßigen Toleranz gegenüber Religionen. Wenn bei einem Abwägen zwischen Religionsfreiheit und Kinderschutz, wie im Falle der Beschneidung, oder genauer gesagt Verstümmelung von Jungen, die Religionsfreiheit gewinnt, stimmt etwas mit unseren Prioritäten nicht. Wenn wir das grausame Schächten von Tieren erlauben, damit „Gläubige" ihr Fleisch halal oder koscher verzehren können, ist das eine Schande für unsere zivilisierte Gesellschaft. Sicher, es ist schlimm und unzivilisiert genug, dass Tiere überhaupt geschlachtet werden, aber auf diese Weise wird das Leid der Tiere sogar noch verlängert. Es gibt unendlich viele Beispiele dafür, wie wir im Namen der Religionsfreiheit und der Toleranz (und oft genug aus Angst davor, als „intolerant" und „rassistisch" beschimpft zu werden) bei unseren Werten und Grundsätzen Abstriche machen und in unserer Entwicklung als bürgerliche Gesellschaft zurück statt nach vorne gehen – von Richtern, die allzu verständnisvolle Urteile für „Ehrenmörder" fällen, Kirchenmännern, die selbst entscheiden, ob sie vergewaltigende Priester den Behörden ausliefern bis zur Finanzierung religiöser Aktivitäten und Gehälter aus staatlichen Mitteln, dem fehlenden gewerkschaftlichen Schutz von

Angestellten der Kirchen, der Existenz von „Scharia-Gerichten" und vielem mehr. Wer eine bunte, tolerante, weltoffene Gesellschaft will, sucht bei den Religionen an der falschen Stelle. Die tolerantesten Gesellschaften, wo sich die Menschen am wohlsten fühlen, sind solche, in denen Religion eine untergeordnete Rolle spielt oder sogar ein Großteil der Bevölkerung atheistisch oder agnostisch ist.

Auf zum nächsten, oft vorgebrachten Einwand:

Du hörst dich genauso an und verstehst den Islam so wie die Fundamentalisten!

Auch dieses ist erstaunlicherweise ein sehr beliebtes Argument, denn es ist so offensichtlich, wie dumm diese Aussage ist. Auf den ersten Blick stimmt sie natürlich. Ein Islamkritiker, der ganz objektiv ausführt, dass der Koran Ehemännern nicht nur erlaubt, sondern sie ausdrücklich dazu auffordert, ihre Frau zu schlagen, wenn sie befürchten, dass diese ungehorsam werden könnte, muss sich, oft von Vertretern der Islamverbände oder den üblichen, gerne in Talkshows eingeladenen moderaten Muslimen (oder Gutmenschen) anhören: „Aber Sie argumentieren ja genauso wie die schlimmsten IS-Kämpfer. Die sagen genau dasselbe wie Sie!" Auf den zweiten Blick, und im Vergleich mit anderen Ideologien, wird jedoch schnell deutlich, wie lächerlich dieses Argument im Grunde ist. Einer Nazigegnerin, die in den frühen 30-er Jahren vor der Gefährlichkeit und dem Judenhass der Nazis warnte, könnte man genauso vorwerfen, sie interpretiere den Nationalsozialismus ja genauso wie die Nazis. Einer Historikerin, die sich mit den Hexenverbrennungen befasst und diese mit dem Frauenhass in der Bibel in Verbindung bringt, könnte man vorwerfen, sie interpretiere die entsprechenden Stellen ja genauso wie die Inquisitoren. Einem Kritiker des Christentums, der vorbringt, dass die Bibel das Schlagen von Kindern befürwortet, könnte man vorwerfen, er argumentiere ja genauso wie christlich-fundamentalistische Eltern, die ihre Kinder schlagen. Das heißt doch noch lange nicht, dass man dieselbe Einstellung hat, im Gegenteil. Die Einen warnen vor der Lehre, die Anderen unterwerfen sich ihr. Beide Parteien in dieselbe Schublade zu stecken, ist daher absolut lächerlich, ist aber nach wie vor eine beliebte Taktik in politischen Debatten, Zeitungsartikeln oder Talkshows, um Kritiker zu diskreditieren. Auch das ist ein Beispiel für Whataboutery.

Und weiter geht's:

Die meisten Opfer islamischer Gewalt sind Muslime.

Das stimmt, aber will uns der Gesprächspartner damit sagen? Die meisten Opfer von Scientology sind Scientologen, macht das die Sekte weniger gefährlich? Die meisten Opfer des Christentums waren Christen und hauptsächlich Christinnen, macht das die Verbrechen weniger grausam? Wenn die meisten Opfer islamischer Gewalt Musliminnen und Muslime sind, wird dadurch das Gewaltpotenzial des Islam reduziert? Ich denke nicht. Gewalt gegen Musliminnen und Muslime ist doch genauso schlimm wie Gewalt gegen Opfer außerhalb der Religion und es entschuldigt die Religion nicht. Wenn Gewalt im Namen einer Religion ausgeübt wird UND sich aus den Texten dieser Religion heraus sowie aus den Handlungen und Aussagen ihres Gründers rechtfertigen lässt, dann kann diese Religion auch für die Gewalt verantwortlich gemacht werden und es spielt absolut keine Rolle, ob auch die Opfer dieser Religion angehören.

Geht noch eins? Hier ein weiteres typisches Whataboutery-Argument:

Aber die USA und andere westliche Länder haben doch so viel angerichtet in der islamischen Welt!

Das stimmt. Und nicht nur dort. Es ist ein großes Problem, dass die USA mit ihrem liebsten Verbündeten Großbritannien und weiteren Alliierten, oft auch mit deutscher militärischer oder moralischer Unterstützung, unglaubliches Leid auf der Welt angerichtet haben und immer noch anrichten. Auch wir waren damals geschockt, als das US-Militär mit seiner ganzen Härte gegen ein Land, das weder mit 911 etwas zu tun hatte noch Massenvernichtungswaffen (welch ein absurder und dreister Vorwurf seitens der USA!) besaß, einen brutalen Angriffskrieg begann, der über 700.000 unschuldige Männer, Frauen und Kinder das Leben kostete. Man mag es kaum ‚Krieg‘ nennen, eher einen grausamen, zynischen Terrorfeldzug, bei dem barbarische Terrorbanden in US-Uniformen aus der Sicherheit ihrer Fighter-Jets unschuldige Menschen abschlachteten wie bei einem Computerspiel und sich dabei amüsierten und mit unfassbarer Grausamkeit gegen die einheimische Bevölkerung und den irakischen Widerstand vorgingen; bei dem US-Marines kleine Kinder vergewaltigten, nachdem sie deren Familie ermordet hatten, und unschuldige Irakerinnen und Iraker von US-Soldaten entführt und grausam gefoltert wurden.

Ich habe dieses erschütternde Video von Chelsea Manning auch noch im Kopf, und die hämische Freude der Monster im Helikopter, als sie den unschuldigen Vater der Kinder im Van aus reinem Spaß am Töten ermordeten, das vergisst man nicht. Ich weiß noch, wie gut es meinem Gerechtigkeitsempfinden tat, als u. a. auch deutsche, britische und amerikanische Liedermacher sofort gegen diese Verbrechen ansangen, auch wenn sie kaum gehört wurden, etwa der US-Singer/Songwriter David Rovics mit seinen engagierten, berührenden Liedern *Song for Bradley Manning* und *Operation Iraqi Liberation (OIL)* (https://www.youtube.com/watch?v=dSVGy8fhMYs). „Die Linke“ und ihre Sänger und Songwriter mussten nicht lange gebeten werden, bevor sie ihre Stimme erhoben, für (damals noch Bradley) Manning einstanden und im Allgemeinen gegen die Kreuzzüge der USA protestieren. Viel mehr als die erschütternden Terroranschläge in New York haben diese US-amerikanische Barbarei und die arschkriecherischen Reaktionen der deutschen Regierung darauf meine Welt und auch mein Verständnis unseres „Rechtsstaats" verändert, denn immerhin ist es ein großer Unterschied, ob eine Terrorbande schreckliche Verbrechen verübt oder ein Land, das sich Rechtsstaat nennt. Ich erinnere mich auch, wie ich und viele andere Tag für Tag immer wütender und fassungsloser wurden und wie erschüttert ich war über die Enthüllung des Dokuments zum „Global Pax Americana" vom September 2000 mit dem Titel *Rebuilding America's Defenses: Strategies, Forces and Resources for a New Century*, ausgearbeitet von mehr oder weniger faschistischen Verbrechern wie George W. Bush, Donald Rumsfeld, Dick Cheney und Paul Wolfowitz, das von einer globalen amerikanischen Vorherrschaft träumte und im Vorjahr von 911 verschiedene Möglichkeiten zur amerikanischen Machtübernahme im Irak, Libyen, Syrien und anderen Ländern des Mittleren Ostens erörterte

(http://www.historycommons.org/context.jsp?item=a0900paxamericana).

Aber dennoch kann man den Westen nicht für alle Gewalttaten im Namen des Islam verantwortlich machen. Ich weiß auch, dass es die Taliban ohne die USA nie gegeben hätte. Aber es waren nicht die USA, die den Taliban sagten, sie sollen in Afghanistan eine unterdrückerische, frauenverachtende, blutige Schreckensherrschaft aufbauen. So dankbar die Taliban der US-Regierung auch waren, ihre Einstellung gegenüber Frauenrechten und Menschenrechten im Allgemeinen, gegenüber Gewalt und Demokratie, stammt nicht aus der US-amerikanischen Verfassung, sondern direkt aus dem Koran und den Hadithen. Die zahlreichen Toten nach Beendigung des Irakkriegs, der das Land in Chaos und Elend gestürzt hatte, gingen nicht alle auf das Konto der Amerikaner, sondern auf die gegenseitigen Abneigung, manchmal Hass, zwischen Sunniten und Schiiten. ISIS wurde nicht von der CIA gegründet, sondern von einem brutalen Fanatiker, der die einzig gültige Wahrheit für sich gepachtet hat und Mohammed und dessen Eroberungskriege als sein Vorbild sieht. Es war nicht der

Westen, der die IS-Terroristen auf die Idee gebracht hat, die Männer in den eroberten Gebieten abzuschlachten und deren Frauen zu entführen und zu ihren „Sklavinnen" zu machen. Das Argument, das habe nichts mit dem Islam zu tun, wirkt lächerlich, denn der Islamische Staat befolgt buchstabengetreu die Aussagen Mohammeds, der seinen Gefolgsleuten ausdrücklich erlaubte, die Frauen des besiegten Gegners zu entführen und zu ihrem Eigentum zu machen, d. h. sich ganz ohne Schuldbewusstsein an den verängstigten Gefangenen zu vergehen und sie zu vergewaltigen. Jetzt haben diese lächerlichen Gestalten vom IS, die an jedem anderen Ort der Welt als Versager gelten und weder Schulabschluss noch eine ordentliche Ausbildung schaffen würden, auf einmal Macht und ein klares Ziel vor Augen. Hier würden sie wahrscheinlich nachts in dunklen Straßen mit Drogen handeln und den dunklen Bodensatz der Gesellschaft bilden. Dort drückt man ihnen eine Kalaschnikow in die Hand und auf einmal dürfen sie Erwachsensein spielen, sich wichtig fühlen und nach Herzenslust ihre Tyranneigelüste ausleben. Genauso gingen Mohammed und seine Leute bei ihrer Kriegsführung vor, und wer heute tatsächlich behauptet, deren Taten haben nichts mit dem Islam zu tun, muss auch bestreiten, dass Mohammed, der Koran und die Hadithe irgendetwas mit dem Islam zu tun haben. Ebenso wenig ist es die Schuld „des Westens" oder Israels, wenn in ein Vater in Gaza seine Tochter ermordet, weil sie seiner Ansicht nach seine Ehre beschmutzt habe, wenn ein 9-jähriges Mädchen im Jemen mit einem 50-jährigen „Mann" verheiratet wird oder wenn eine Schülerin in Berlin nicht am Schwimmunterricht und Klassenfahrten teilnehmen darf, weil er Angst um ihre Ehre hat. Das alles ist nicht die Schuld des Westens, dieser trägt allenfalls die Schuld dafür, dass Täter mit solchen und ähnlichen Gewalttaten „durchkommen", weil Toleranz im Westen viel zu oft Priorität über Hilfe und Mitgefühl erhält.

Damit verbunden ist das Whataboutery-Argument:

Das hat nichts mit dem Islam zu tun,

doch wie in den vorherigen Punkten ausgeführt: Wenn es quakt wie eine Ente, sich anhört wie eine Ente, und watschelt wie eine Ente, ist es womöglich eine Ente. Die unter dem vorherigen Punkt besprochene Diskriminierung von Mädchen und Frauen hat deshalb etwas mit dem Islam zu tun, weil sie sich aus dem Frauenbild des Islam ergibt. Die Tochter, Schwester oder Ehefrau gilt als die Ehre des Mannes und der Familie, und an ihrem Verhalten entscheidet es sich, wie eine Familie in der Community angesehen wird. Sie wird nicht als Individuum gesehen, sondern als Teil einer Gemeinschaft, welches sich dieser unterzuordnen hat. Der Islam ist so tief in die Kulturen der von ihm eroberten Länder eingedrungen, dass er davon oft gar nicht mehr zu trennen ist und das Leben und Denken der Menschen bestimmt.

Meiner Meinung nach ist einer der wichtigsten Gründe, warum heutzutage Terroranschläge wie die beiden furchtbaren Anschläge in Frankreich 2015 oder die Anschläge in Brüssel im März 2016 hauptsächlich von Muslimen ausgeführt werden – und nicht etwa von den BewohnerInnen des von China grausam unterdrückten Tibets – das im Koran niedergelegte Konzept des Jihads (oder Dschihads), des heiligen Kriegs. Der Begriff steht etymologisch zwar für eine auf ein bestimmtes Ziel gerichtete Anstrengung, im Koran und in der Sunna (gewohnte Handlungsweisen/ etablierte Praxis) bezeichnet er jedoch in erster Linie den militärischen Kampf. Aus dem Koran geht nicht eindeutig hervor, ob es sich dabei um einen universellen Kampf gegen Andersgläubige handelt oder dieser Kampf nur defensive Ziele verfolgt, daher gibt es unterschiedliche Interpretationen. Nach der klassischen islamischen Rechtslehre (Fiqh) dient dieser Kampf der Erweiterung und Verteidigung islamischen Territoriums, bis der Islam die beherrschende Religion ist, wobei das Haus des Friedens (islamische Umma) dem Haus des Krieges (nicht-islamische Welt) gegenübergestellt wird. Daher ist durchaus die Interpretation möglich, die nicht-islamische Welt sei ein ständiger Kriegsschauplatz, auf dem Kriegshandlungen zulässig sind. Andere Interpretationen bevorzugen eine nicht-militärische Definition des Jihads oder gehen sogar soweit, den Jihad als rein inneren Kampf mit sich selbst zu betrachten. Nach dieser sehr pazifistischen Definition kann also auch der Widerstand gegen das Drücken der Snooze-Taste, wenn morgens der Wecker klingelt, eine Form des Jihads sein. Angesichts Mohammeds Lebens, seiner Kriegszüge und Grausamkeit gegenüber den „Ungläubigen" wage ich allerdings zu bezweifeln, dass allein dieser innere Kampf gemeint ist. Damit verbunden ist die Beschreibung des Himmels für Märtyrer, wo angeblich 72 Jungfrauen auf die toten Helden warten.

Neben dem Konzept des Jihads und der Verlockung des Himmels ist es auch nicht von der Hand zu weisen, dass bei Anschlägen im Westen durch islamische Täter (die übrigens sämtlich „Allah hu akbar" rufen und nicht etwa „Das hat nichts mit dem Islam zu tun"), auch die unislamische Lebensweise im Westen eine Rolle spielt. Diesen Tätern ist das Konzept einer multikulturellen Gesellschaft, in der Menschen mit verschiedenen Religionen und sogar Menschen ohne Religion friedlich miteinander leben, vollkommen fremd. Für sie existiert ein einziger Gott, ist nur eine einzige Lehre gültig und ihr Ziel ist eine monokulturelle (und, lieber Gutmensch, sehr un-bunte) Welt unter der Scharia. Die unschuldigen Opfer in Paris starben, weil sie gegen religiöses Recht verstoßen haben, das in den Augen der Täter nicht nur für Musliminnen und Muslime, sondern für alle Menschen auf der Welt gilt.

Oh, fast hätte ich es vergessen, eines deiner absoluten Lieblingsargumente, lieber Gutmensch:

Aber was ist denn mit der rechten Gefahr und Pegida?

Wie gesagt, gegen rechts sind wir auch. Und wir sind uns der Gefahr wohl bewusst, dass es in Deutschland und vielen europäischen Ländern eine scheinbar steigende Zahl von Menschen aus dem rechten Lager gibt.

Übrigens, fällt dir vielleicht aktuell ein Ort auf der Welt ein, an dem echter, unverfälschter, grausamer Faschismus herrscht? Vielleicht viele Kilometer östlich von hier? Nein, nicht was du schon wieder denkst! Viel weiter nach Osten, weit über die deutsche Grenze hinweg, in Richtung Süd-Ost, gute 3000 Kilometer. Nur 3000 Kilometer. Dort, gleich hinter der Türkei, beginnt Syrien, und an dessen Grenze liegt der Irak. Mitten in Syrien und in Teilen des Iraks und Libyens regiert der Islamische Staat und riss die Menschen von einem Tag auf den anderen in einen absoluten Alptraum, eine Tyrannei rechtsextremer Religionsfaschisten, die Margaret Atwoods Roman „Der Report der Magd" (The Handmaid's Tale, verfilmt als „Die Geschichte der Dienerin") wie einen Bericht aus einer Hippiekommune erscheinen lassen. Falls du ein weiblicher Gutmensch bist, findest du dieses unwirkliche Szenario vielleicht noch beängstigender. Wenn du dort leben müsstest, würdest du versuchen, den Herren vom Islamischen Staat gegenüber möglichst tolerant, weltoffen und multikulti zu sein? Aber deine geliebte bunte Idealwelt findest du dort nicht. Dort ist die Welt dunkel, gleichgeschaltet und so intolerant und brutal, dass sie vergewaltigte Frauen steinigt, die Frauen aus den eroberten Gebieten zu sexuell ausgebeuteten, rechtlosen Sklavinnen macht und Homosexuelle von Hausdächern wirft. Die IS-Terroristen rechtfertigen ihr Handeln mit dem Koran und Mohammed als Vorbild. Du sagst, ich schweife ab und solle doch über die rechte Gefahr schreiben? Das tue ich gerade, denn auch religiöse Fanatiker können rechtsextrem und faschistisch sein.

Aber gut, zurück zu den deutschen, nicht-muslimischen Rechten. Es gibt sie natürlich, die Neonazis und Rechtsextremen, die Fremdenhasser, die geistigen und tatsächlichen Brandstifter und Demokratieverweigerer. Und gegen die müssen wir uns wehren, Bewusstsein schaffen und warnen. Ich war zugegebenermaßen bei der Recherche für dieses Buch selbst erstaunt, in welchem Ausmaß Rechtsextremismus und Fremdenhass in unserer Gesellschaft vorhanden sind. Ich weiß jedoch auch aus eigener Erfahrung aus Seite der Opfer, wie gefährlich rechte Gruppen heute in Deutschland sind.

Allerdings sind Rechtsextreme und Neonazis nicht dasselbe wie Personen, Gruppen oder Parteien, die innerhalb des demokratischen Spektrums rechts oder sogar ganz rechts außen stehen. In diese Gruppe ordne ich Pegida, Pro-Köln oder auch die AfD ein. Es mögen sich einzelne Personen darunter finden, die über das demokratische Spektrum hinausgehen, und diese müssen ausgeschlossen werden, damit sie keine Gelegenheit haben, Hass und Hetze zu verbreiten, und auch die Gruppen oder Parteien selbst sollten sich darum kümmern und ihren Mitgliedern gegenüber deutlich machen, dass Rechtsextremismus ein Verbrechen ist.

Wir sollten auch nicht ignorieren, dass Parteien oder Gruppen rechts der Mitte oder auch ganz weit rechts durch die bedingungslose Toleranz der Gutmenschen in Medien, Politik und der Gesellschaft eher gefördert als bekämpft werden, denn Ängste und Meinungen lassen sich nicht abschalten, indem man sie ignoriert oder verlacht:

Denn ich bin überzeugt, dass es heute keine Pegida und keine AfD gäbe, hätten nicht alle Parteien sowie die Mehrheit der Medien in Deutschland über 25 Jahre weggesehen. Im Lichte dieser unbarmherzigen Realitäten erweist sich der linke, akademische Kulturrelativismus als elitär, ja reaktionär.

Alice Schwarzer, Artikel: Was geschah wirklich an Sylvester, http://www.aliceschwarzer.de/artikel/editorial-von-alice-schwarzer-331581)

Dennoch sind sowohl Pegida und Pro-Köln als auch die Alternative für Deutschland Spiegel der Bevölkerung, auch wenn es dir und mir nicht passt, und auch sie haben das Recht, gehört zu werden und ihre Stimme in die politische Entscheidungsfindung einzubringen. Gerade bei Pro-Köln bzw. Pro-NRW ging es mir ein bisschen wie bei Charlie Hebdo und ich glaube, ich bin nicht die einzige Linke, die wütend darüber war, dass das „Verbrechen", damals in Bonn gegen das Geschrei hysterischer Salafisten Mohammed-Karikaturen hochzuhalten (die nicht nur witzig waren, sondern auch einen wahren Kern hatten) in der Sprache der Medien, in jedem Wort und im Tonfall der NachrichtensprecherInnen, Talkshow-ModeratorInnen und KommentatorInnen als mindestens genauso schlimm betrachtet wurde wie das Verhalten der vollkommen außer Kontrolle geratenen Salafisten auf der anderen Seite und deren tatsächliche Gewalt. Selbst als einer der Fanatiker einen Polizisten mit dem Messer verletzte, reagierten die Gutmenschen in den Medien fast verständnisvoll, weil ihn die „Nazis" von Pro-NRW doch auch so wahnsinnig und gemein provoziert hätten.

Immerhin haben sie ja mehrere höchst bedrohliche Blätter mit Tinte darauf in die Luft gehalten, da haben sie bestimmt auch eine Hakenkreuzflagge daheim im Keller hängen, oder, lieber Gutmensch? Manchmal kann man wirklich nur noch seufzend den Kopf schütteln und möchte in ein Paralleluniversum umziehen.

Und nun das allerletzte Argument:

Deutsche Männer üben doch auch Gewalt gegen Frauen aus!

Oder etwas abgewandelt:

Deutsche Frauen sind doch auch nicht gleichberechtigt!

Hallo?? Ich bin Feministin und Emma-Abonnentin, das musst du mir nicht sagen! Es besteht doch gar kein Zweifel, dass auch in Deutschland in Sachen Gleichberechtigung und Gewalt gegen Frauen noch viel zu tun ist, sowohl was die Gesetzeslage als auch was die tatsächlichen Übergriffe und die Frauenverachtung in vielen deutschen Männerköpfen angeht. Aber wenn ihr dieses Argument ständig anführt, wenn von organisierten Gewalttaten in einem Ausmaß die Rede ist, wie wir es bei uns nun wirklich noch nicht kannten, wenn sich Tausende von jungen Männern in deutschen und europäischen Großstädten verabreden, um im wahrsten Sinn des Wortes Frauen und Mädchen zu terrorisieren (oder Frauen „zu klatschen", wie es Alice Schwarzer so passend ausdrückte), und wenn diese Männer fast ausnahmslos aus Kulturen stammen, in denen Frauen eine niedrige Stellung haben und entweder als Huren oder als unantastbar und „ehrbar" angesehen werden, was sich auch aus der Religion begründet, dann verschleiert ihr diese Gewalttaten und verhöhnt im Grunde die Opfer. Diese Taten gingen weit über die „alltägliche" sexuellen Übergriffe, denen Frauen leider auch in Deutschland noch ausgesetzt sind, hinaus. Ein Vergleich dieser unfassbaren Gewalttaten mit dem Münchner Oktoberfest mit Millionen von Gästen, wo auch deutsche Männer – zuweilen nüchtern, zuweilen zugedröhnt – Frauen belästigen, ist schon allein wegen dem Ausmaß vollkommen unangebracht und greift einfach nicht, weil diese Übergriffe weder organisiert noch in großen Gruppen, sondern meist von Einzeltätern begangen werden. Dass diese Taten ebenfalls schlimm und zu verurteilen sind, und viel härter bestraft werden sollten, versteht sich von selbst.

Und so viel strenger wir uns die entsprechenden Gesetze auch wünschen, immerhin werden in Deutschland sexuelle Gewalttaten bestraft – zumindest einige davon. (Grrrr, wenn ich an die Gesetzeslücken denke, werde ich schon wieder wütend. Ich bin vor der Recherche für dieses Buch ganz selbstverständlich davon ausgegangen, dass das Anfassen von Po, Busen oder überhaupt einem Körperteil gegen meinen Willen natürlich strafbar sei und kann immer noch nicht fassen, dass hier eine solche Gesetzeslücke bzw. gähnende Schlucht besteht. Falls du Zeit für eine Demo hast, lieber Gutmensch, sollten wir was organisieren, da sind wir wenigstens mal wieder auf derselben Seite!).

Immerhin: Sexuelle Nötigung und Vergewaltigung sind in Deutschland strafbar und werden mittlerweile von Polizei und Justiz ernst genommen. Das ist in den meisten islamischen Ländern anders, geschweige denn in Ländern, in denen die Scharia herrscht und vergewaltigte Frauen wegen „Ehebruch" gesteinigt werden oder ins Gefängnis geworfen werden, falls sie nicht einverstanden sind, den Täter zu heiraten.

Übrigens werfen viele Whataboutery-Strategen auch immer wieder gern in die Diskussion ein, in diesen Ländern interpretiere man den Islam ganz falsch und deren Scharia sei nicht die eigentliche Scharia. Doch wer entscheidet, wessen Interpretation die richtige ist? Die Regierenden der Länder, in denen die Scharia als Rechtssystem eingesetzt wurde, sind der Meinung, es sei die richtige Scharia, also geht doch hin und sagt denen, sie interpretieren die Scharia falsch.

In Deutschland mag noch viel zu tun sein, aber es besteht ein gesellschaftlicher Konsens, dass sexuelle Gewalt abzulehnen ist und echte Männer keine Frauen schlagen, belästigen oder vergewaltigen. Wenn wir uns nun mit Einstellungen und Frauenbildern konfrontiert sehen, sowohl auf Seiten eines Teils der Flüchtlinge und Migranten als auch auf Seiten eines Teils der Muslime, die schon länger in Deutschland leben, die wir schon vor Jahrzehnten oder Jahrhunderten überwunden hatten, müssen wir das ansprechen, auch um die Frauen und Kinder hier zu schützen und zukünftige Straftaten zu verhindern – sowohl gegen deutsche als auch gegen alle anderen Frauen.

Dasselbe gilt natürlich auch für sexuelle Gewalt und andere Arten der Gewalt gegen Männer, auch homosexuelle Männer. Diese haben zwar leider auch in Deutschland mit Diskriminierung zu kämpfen, aber mit ihrer Diskriminierung und Verfolgung in islamischen Ländern ist diese nicht vergleichbar.

Dies waren nur einige Beispiele für die Ablenkungsstrategie der Whataboutery, und leider funktionieren sie viel zu oft in der öffentlichen Diskussion, etwa bei politischen Fernseh-Talkshows, bei denen es für die Gäste oft schwierig genug ist, in einer größeren Runde, in der vielfältige Meinungen vertreten sind, einen Gedanken auszuformulieren und zu Ende zu führen. Ein kleiner Einwurf wie „aber das finden Sie doch auch in der Bibel" reicht unter Umständen schon, um den Redner aus dem Konzept zu bringen. Der Moderator greift ein und gibt das Wort weiter, und schon ist die Chance vergeben, den Gedanken auszuführen, und die Strategie der Whataboutery hat ihren Dienst getan. Die einzige Möglichkeit für diejenigen, die mit dieser Taktik konfrontiert werden, ist wohl, den Einwand sofort abzuweisen und allenfalls mit einem kurzen „Das hat nichts mit dem Thema zu tun" zu reagieren.

11. Lösungsansätze

So sehr Religionen und Ideologien Herz und Verstand von Menschen vergiften können und der kulturelle und religiöse Hintergrund auf der Suche nach Lösungen für die Flüchtlinge und Migranten, die bereits bei uns im Land sind, eine wichtige Rolle spielen müssen – eins ist offensichtlich. Eines der zugrundeliegenden Probleme sind Waffenlieferungen in diese Länder. Und diejenigen, die fliehen müssen, weil ihre Städte unter Beschuss sind oder weil schwer bewaffnete ISIS-Kämpfer über die Bevölkerung herfallen, fliehen auch vor deutschen Waffen.

> *Sämtliche Kriegsparteien kämpfen, schießen und morden mit ihrer Hilfe. Die libanesische Hisbollah, kurdische Kämpfer, die Terroristen des Islamischen Staates: Sie alle nutzen Gewehre und Raketen, die in der Bundesrepublik entwickelt wurden. Vor allem das G3-Gewehr der Firma Heckler & Koch ist in zahlreichen Filmaufnahmen und auf vielen Fotos aus dem syrischen Bürgerkrieg zu sehen. Woher die einzelnen Gewehre stammen, wie sie ins Kriegsgebiet gelangten, lässt sich kaum noch feststellen. Zu viele Staaten in der Region haben aus Deutschland die Lizenz erhalten, das Gewehr nachzubauen: Der Iran, der die Hisbollah unterstützt. Saudi-Arabien, das jüngst Kisten voller G3-Gewehre über dem Jemen abgeworfen hat, um dort Verbündete zu unterstützen. Die Türkei, die an Syrien grenzt und ebenfalls Assad-Gegner ausrüsten soll. Auch Deutschland selbst hat im vergangenen Jahr 8.000 G3-Gewehre in die Region geschickt: an kurdische Kämpfer im Nordirak. Sie sollen mit diesen Waffen den "Islamischen Staat" bekämpfen. Der syrische Diktator Assad ließ Aufständische mehrfach mit Chemiewaffen bekämpfen. Auch an ihrer Produktion hatten deutsche Firmen einen Anteil.*
>
> *Zeit Online, Artikel Flucht vor deutschen Waffen, 1. 10. 2015,*
> *http://www.zeit.de/2015/38/syrien-krieg-deutsche-waffen)*

Die Bundesregierung erlaubt trotz aller Menschenrechtsverletzungen nach wie vor in großem Stil Waffenlieferungen nach Saudi-Arabien. Laut einem Artikel bei Spiegel Online vom Februar 2015 wurden zwischen Oktober 2014 und Februar 2015 Waffen im Wert von 332 Millionen Euro, ausgeführt. Darunter befanden sich neben Lenkflugkörpern und Ersatzteilen für Kampfflugzeuge auch „Teile für Geschützmunition, Haubitzenmunition, Mörsermunition", heißt es in einer Antwort des Wirtschaftsministeriums auf eine Anfrage der Linkenfraktion. (vgl. Spiegel Online, 14. 2. 2015, Artikel Umstrittene Ausfuhren: Exportboom von Kriegsgerät nach Saudi-Arabien). Bundeswirtschaftsminister und SPD-Vorsitzender Sigmar Gabriel, der zu Beginn seiner Amtszeit noch erklärt hatte, er wolle bei Rüstungsexporten in Staaten, die nicht der EU oder der Nato angehören, restriktiver entscheiden als sein Vorgänger Philipp Rösler von der FDP, ist gegen einen generellen Stopp deutscher Rüstungsexporte in die Krisenländer der arabischen Welt, wofür er sogar aus den eigenen Reihen viel Kritik einstecken muss. Nach Ansicht vieler Nahost-Experten tragen vor allem Katar und Saudi-Arabien Mitverantwortung für den Aufstieg radikaler Islamisten-Gruppen in Syrien und dem Irak. (vgl. Online-Ausgabe Frankfurter Rundschau, 8. 10. 2014, Artikel Gabriel verteidigt Rüstungsexporte).

Trotz der hohen Zahl an Menschenrechtsverletzungen im streng islamistischen Staat Saudi-Arabien gehören die Saudis bis heute zu den wichtigsten Kunden deutscher Rüstungskonzerne, so wurden im ersten Halbjahr 2015 Waffenexporte im Wert von knapp 180 Millionen Euro nach Saudi-Arabien genehmigt - nur mit Großbritannien und Israel gab es noch umfangreichere Geschäfte. Als Merkel 2005 als Bundeskanzlerin nach Schröder zu meinem Leidwesen die Macht übernahm, wurden unter ihrer Regierung die Exportbedingungen ständig gelockert, deshalb sollten wir ihrer „christlichen, hilfreichen" Einstellung gegenüber den Flüchtlingen heute wohl ebenfalls etwas kritischer gegenüberstehen. Nachdem eine Lieferung von schwerem Kriegsgerät in das Land jahrzehntelang als tabu gegolten hatte, beschloss der Bundessicherheitsrat unter Leitung von Bundeskanzlerin Angela Merkel, einen Verkauf des Kampfpanzers

„Leopard 2" an die Saudis zu genehmigen. Der SPIEGEL machte die Entscheidung öffentlich und der Deal kam letztlich nicht zustande.

Dabei spielen in erster Linie die Interessen großer deutscher Wirtschaftskonzerne eine große Rolle, die durch kräftige Lobbyarbeit und anderen Arten der Einflussnahme auf die politischen Entscheidungsträger auf Bundesebene einwirken, und eine wichtige Maßnahme wäre sicherlich, den Einfluss von Lobbyisten auf die Bundesregierung deutlich einzuschränken und die Lobbyisten, ihre Unternehmen und die entsprechenden Parteispenden öffentlich zu benennen und einzuschränken.

Darüber hinaus gehen bei der sogenannten Realpolitik ethische Grundsätze immer mehr verloren und Regierungsvertreter geben ganz offen zu, dass man Saudi-Arabien nun mal als Geschäftspartner brauche, schon allein wegen des Öls und seines stabilisierenden Einflusses auf die Region, um letztendlich auch Israel zu schützen.

Bei der Suche nach Lösungen wäre ein Ende der Waffenlieferungen in diese Region also ein wichtiger Ansatz, um die Fluchtursachen zu bekämpfen und auch um bei Entscheidungen zur Lieferung von Waffen neben wirtschaftlichen und politischen Überlegungen endlich auch ethischen Grundsätzen mehr Gewicht zu verleihen. Gleichzeitig sollten wir uns aber auch nicht der Illusion hingeben, eine solch radikale Gruppe wie der IS hätte irgendwann keinen Nachschub an Waffen mehr, denn selbst der IS ist sicherlich clever genug, um sich diese auf viele verschiedene Wege zu beschaffen. Und selbst ohne Maschinengewehre wären seine Kämpfer immer noch brandgefährlich, weil sie ihre gefährlichste Waffe im Kopf und Herzen mit sich tragen.

Dennoch trifft es natürlich auch den Islamischen Staat empfindlich, wenn eine finanzielle Versorgung verknappt wird, was etwa durch ein Unterbindung bzw. die Sabotage des Ölverkaufs möglich wäre, einer wichtigen Einnahmequelle des IS.

Und, jetzt darfst du wieder protestieren, motiviert werden ihre grausamen Handlungen ohne Zweifel von ihrem „heiligen" Buch und dem zweifelhaften Vorbild von Mohammed. Die meisten Muslime und Musliminnen dieser Welt mögen den

Islamischen Staat auch für gefährliche Terroristen und Fanatiker halten, aber während diese den IS-Kämpfer oft absprechen, im Namen des Islam, gemäß der Lehre des Korans oder überhaupt als Muslime zu handeln, ist ein Zusammenhang nicht zu leugnen. Wer den Koran und die Hadithe gelesen hat und sich über die Person und das Leben von Mohammed informiert hat, muss erkennen, dass der IS genau nach der Schrift handelt, den Islam kompromisslos auslebt und kaum etwas tut, das Mohammed nicht auch getan und befürwortet hat. Der terroristische Abschaum des IS hält sich tatsächlich für gute Menschen, die ganz im Sinne Gottes handeln und allen anderen moralisch überlegen sind. Abgesehen davon, dass es den Islamischen Staat ohne Mohammed und den Islam gar nicht gäbe, versetzt er uns regelrecht in das 7. Jahrhundert zurück und führt uns vor Augen, wie der Islam zu Zeiten Mohammeds überhaupt erst verbreitet wurde, wie sogenannte Ungläubige und Frauen behandelt wurden, wie das eigene Gewissen, die eigenen ethischen Grundsätze, das eigene Wissen um Gut und Böse, Intuition, Mitleid und Empathie verdrängt werden, um Platz für eine gewalttätige Ideologie mit einem strengen Dogma und einem lebensumfassenden Regelwerk zu machen, das sich anmaßt, von Gott persönlich herabgesandt worden zu sein. Der IS hat nicht nur mit dem Islam zu tun, der IS lebt, reflektiert und ist Islam, zumindest den Islam aus der Zeit Mohammeds. Und schon wieder höre ich dich protestieren, weil du dich wie immer weigerst, über diese Zusammenhänge überhaupt nur nachzudenken.

Doch während wir miteinander streiten, lieber Gutmensch, sind draußen Menschen auf dem Weg zu uns. Viele von uns haben Angst vor ihnen, weil es so viele sind und weil ihre Kultur uns so fremd ist. Vielleicht haben sie auch Angst vor uns, dass sie hier so feindselig aufgenommen werden wie in einigen Ländern auf dem Weg. Ich möchte mir gar nicht vorstellen, wie es wäre, vielleicht als Mutter mit einem kleinen Kind, als ein winziges Puzzleteil in dieser Menschenmenge mitzulaufen. Selbst die anderen Menschen um mich herum wären vermutlich Fremde, die meisten von ihnen Männer, vor denen ich kaum Schutz hätte. Ich hätte wohl manchmal Zweifel, ob wir überhaupt auf dem richtigen Weg sind oder sich irgendwann irgendjemand da vorne verlaufen hat, und wir alle folgen. Ich hätte wohl Angst vor der Nacht, vor den Männern und der Kälte und um mein Kind. Ich würde mir Sorgen machen, ob ich ihm oder ihr genug zu essen geben kann, bis wir endlich in Sicherheit wären. Ich würde mir Gedanken machen, wie lange dieser kraftraubende Marathon wohl noch dauert, und ob ich und das Kleine mit dem Tempo mithalten können. Und dann, wenn wir endlich in einem Aufnahmelager ankommen würden, würde mich die Angst immer noch begleiten, auch wenn wir endlich im Warmen wären. Ich würde vermutlich auch versuchen, bis nach Deutschland zu kommen, weil ich meinem Kind und mir dort am meisten bieten könnte und unsere Versorgung zunächst mal gesichert wäre. Aber wahrscheinlich wäre ich schon froh, in einem der Länder auf dem Weg eine neue Heimat zu finden. Ich würde eventuell noch hoffen, irgendwann zurückkehren zu können, oder mein Gastland irgendwann als Heimat betrachten, je nachdem, wie man uns dort aufnehmen würde.

Die Flucht aus dem eigenen Land ist ein Trauma, und aus Sicht der Menschen, die aus Angst vor Gewalt ihre Heimat verlassen mussten, aus Sicht von Müttern und Vätern, ist es absolut verständlich, dorthin zu gehen, wo die Startbedingungen am besten sind, auch was die Sozialleistungen angeht.

Auf den langen, anstrengenden Weg machen sich auch viele männliche Flüchtlinge und Migranten, von denen viele aus einer ausweglosen Situation zuhause fliehen und auf eine neue Chance auf ein besseres Leben hoffen. Viele davon sind Väter, Ehemänner, Brüder und Söhne, die ihren Familien den anstrengenden Weg nicht zumuten wollten und diese später nachholen möchten. Sie freuen sich auf den ersten Brief, den sie ihren Lieben schreiben können, wenn sie endlich im Warmen und in Sicherheit sind und vielleicht schon eine Vorstellung davon haben, wann sie Geld nach Hause schicken können. Einige malen sich in den Briefen ein Bild von einer sonnigeren Zukunft, wie es erst werden wird, wenn sie alle wieder zusammen sind und wissen, dass sie den Kindern jeden Tag ausreichend zu essen und eine Umgebung bieten können, in der sie das Trauma der letzten Monate und Jahre irgendwann bewältigen können.

Es gibt die allein reisenden Jugendlichen, weil deren Familie nicht genug Geld hatten, um dem Schlepper genug zu zahlen, die in der großen Menge mitlaufen, vielleicht in mancher Nacht weinen, weil sie ihre Eltern und Geschwister vermissen, nicht genau wissen, wo es hingeht, und darauf hoffen, dass sich im Gastland jemand um sie kümmert und es nicht zu lange dauert, bis sie ihre Familie wiedersehen.

Es ist eine Tatsache, dass viele verzweifelte Menschen auf dem Weg nach und durch Europa sind, Schutzsuchende im wahrsten Sinne des Wortes, die ein zerstörtes Land hinter sich gelassen haben, um vor der Angst, vor den grausamen Islamisten, vor Entführung, Folter, Bomben, Maschinengewehren und dem Tod zu fliehen. Kaum jemand verlässt gerne seine Heimat, aber wenn Leib und Leben bedroht sind und sich ein Vater oder eine Mutter am Abend fragen, ob die Kinder am nächsten Tag noch genug zu essen haben, ob ihnen etwas geschieht oder ob das Haus noch steht, bleibt irgendwann keine Wahl. Diesen Menschen geht es nicht in erster Linie um die Sozialleistungen im Gastland, sondern zunächst einmal darum, sich und ihre Familie in Sicherheit zu bringen.

Aber es gibt eben auch die Anderen. Und niemand kann genau sagen, wie hoch deren Anteil an dieser Menschenmenge ist. Wir wissen, dass getarnt unter den Flüchtlingen und Migranten auch hoch gefährliche IS-Terroristen unkontrolliert in unsere Länder eindringen, und von diesen Fanatikern reicht ein einziger, um einen riesigen Schaden anzurichten. Doch neben den tatsächlichen Terroristen kommt auch eine hohe Anzahl von Männern in unser Land, von denen einige Sympathien für den Islamischen Staat hegen mögen und einige diesen als unislamisch verachten, die nichtsdestotrotz den Koran und die Scharia an oberste Stelle setzen, für die es keine Alternative zum „Gesetz Gottes" gibt, die sich uns als „Ungläubigen" grenzenlos überlegen fühlen und den Westen und unsere Lebensweise aus tiefstem Herzen verachten. Diese Menschen kommen nicht als Schutzsuchende, die im Gastland eine neue Heimat finden möchten, sondern als Eroberer, die das Gastland, wie die ganze übrige Welt, als Eigentum Allahs betrachten, das rechtgeleitet, also auf den „richtigen" Weg geführt werden muss.

Diese Leute wollen nicht dein buntes, weltoffenes Land, lieber Gutmensch, in dem alle so akzeptiert werden, wie sie sind und jeder nach seiner Facon glücklich werden darf. Sie lachen über dich und über mich, denn auch sie wähnen sich im Besitz der absoluten Wahrheit, niedergelegt vor 1400 Jahren im Koran oder den Hadithen. Sie verachten dich als Relativierer, für den alle Kulturen gleichermaßen akzeptabel sind, sie verachten mich als Frau und Agnostikerin, sie verachten unsere Rechtsprechung als menschengemachte Kuscheljustiz, sie verachten unsere Werte als korrupt und dekadent, sie verachten unsere Gesellschaft als säkular und minderwertig und sie verachten unsere Freiheit. Ein ganz besonderes Hassobjekt für diese Art „Mann" ist die Frau an sich, besonders wenn sie sich, wie in unseren westlichen Staaten, relativ frei bewegen kann, als gleichwertiger Mensch angesehen wird und nicht als Tochter von, Frau von, Schwester von oder Mutter von definiert wird. Die Tatsache, dass wir Frauen uns hier in Deutschland im kurzen Top und Minirock, im Bikini oder an manchen ostdeutschen Strand sogar ganz ohne Kleidung in der Öffentlichkeit bewegen können, ohne dass ein Mann das Recht hat, uns zu nahe zu kommen, ist für diese Männer eine unglaubliche Provokation.

Dazu kommt, dass sie aus ihrer Heimat nicht daran gewöhnt sind, dass Frauen und Mädchen in der Öffentlichkeit Haut zeigen, laut lachen, miteinander feiern gehen, widersprechen, sichtbar und präsent sind, d. h. sie werden von den unverschämten Sexobjekten auch noch gegen ihren Willen sexuell erregt und sind gleichzeitig wütend darüber – keine ideale Kombination für eine unbefangene Kommunikation zwischen den Geschlechtern. Sie haben nicht nur ein Frauenbild im Kopf, das den weiblichen Körper als Verführung ansieht, der demzufolge verhüllt werden muss, sondern auch ein Männerbild von einem armen Wesen, das sich gar nicht gegen die eigene Triebe wehren kann und sofort auf jede unverhüllte Frau springt, die nicht schnell genug auf den Bäumen ist. Daher bemühen sie sich erst gar nicht darum, ihre eigenen Triebe unter Kontrolle zu halten und sich zivilisiert zu verhalten. Aufgrund ihres Schwarz-Weiß-Denkens, das eine Frau – typisch für Männerreligionen – entweder als Heilige oder Hure sieht, behandeln sie vielleicht noch ihre Mutter mit etwas Respekt, aber diese westlichen Frauen, die sich anmaßen, genauso viel wert wie Männer zu sein, die sich mit einer unverschämten Selbstverständlichkeit in der Öffentlichkeit bewegen, die schamlos Gesicht, Haare, Arme und Beine (und manchmal sogar Bauch!) zeigen, viel zu laut reden, lachen und singen, die Berufe ausüben und es sogar wagen, als Polizistin oder Behördenleiterin Männer „herumzukommandieren", verdienen in ihren Augen keinen Respekt, werden vermutlich gar nicht mehr als Menschen wahrgenommen. Diese „Huren" verdienen es in den Augen dieser Männer, angefasst, verletzt und belästigt zu werden, sind selbst dran schuld. Wenn sie selbst nicht wissen, wie sich eine anständige Frau zu verhalten hat, muss Mann es ihnen beibringen, ihnen durch sexuelle Gewalt zeigen, wohin ihr gottloses Leben führt, sie von der Straße vertreiben und so viel Angst verbreiten, dass sich auch andere Frauen nicht mehr auf die Straße trauen. In ihren Augen darf es nicht mehr selbstverständlich sein, dass sich Frauen unbeschwert tagsüber und nachts draußen bewegen, und dafür wollen sie sorgen.

Ja, lieber Gutmensch, auch diese „Männer", deren Existenz und kulturell/religiöse Motivation du immer so gern verleugnest, sind hier und viele davon sind noch unterwegs. Männer wie diese waren es, die an Sylvester in Köln und vielen anderen Städten den „schamlosen Huren" gezeigt haben, wo der Hammer hängt, die in deutschen Schwimmbädern Mädchen und Frauen belästigen, die dafür sorgen, dass heute Frauen und Mädchen in Deutschland, tatsächlich mehr Grund zur Angst haben, wenn sie sich draußen bewegen, als noch vor zwei oder drei Jahren. Und es ist unfassbar und erschreckend, wie schnell sich unsere Welt verändert hat. Noch vor zwei oder drei Jahren bin ich ab und zu spät abends oder nachts in Köln über eine der Rheinbrücken spaziert und am Tanzbrunnen vorbei geschlendert, um von der anderen Rheinseite aus die Lichter der Stadt und den beleuchteten Dom zu bewundern und ein paar Schritte am Ufer zu laufen, ein wunderschönes und berührendes Erlebnis. Damals musste ich mir höchstens Sorgen wegen der Kälte machen, wenn mir festlandgewöhnten Immi beim langen Weg über den Fluss der Wind um die Ohren wehte. Heute traue ich mich das nicht mehr, wegen dieser Gruppe von Männern innerhalb der Flüchtlinge und Migranten, was mich wütend und traurig zugleich macht. Auch diese Gruppe muss bei der Suche nach Lösungen berücksichtigt werden, um die Frauen in Deutschland und auch die weiblichen Flüchtlinge zu schützen. Gegen diese Gefahr helfen deine Toleranz und Multikulti-Romantik nicht, sondern nur eine wehrhafte Demokratie, Aufklärung, konsequentes Handeln und der Mut zur Wahrheit.

Es ist gut und richtig, den Menschen, die zu uns fliehen, zu helfen. Aber das kann Deutschland nicht alleine, und wir werden irgendwann vor der Situation stehen, dass wir einem Schutzsuchenden sagen müssen: Es geht nicht mehr. Auch um die Versorgung derer sicherzustellen, die schon hier sind, und (ja, sorry, lieber Gutmensch) auch die Versorgung der hilfsbedürftigen deutschen Bürgerinnen und Bürger. Und es geht auch um unsere Sicherheit, um den Bestand unseres Rechtsstaats und unserer Demokratie, um den Erhalt alles dessen, das uns wertvoll ist in unserer Gesellschaft.

Um Lösungen zu finden, müssen wir die Tatsachen akzeptieren. Dazu gehört auch, dass nur ein Teil dieser Menschen tatsächlich aus Syrien und anderen Kriegsgebieten kommt, also wirklich schutzsuchend ist. Ein Großteil stammt aus Ländern, die relativ sicher sind und (abgesehen etwa von Homosexuellen, die Repressionen ausgesetzt sind und deshalb bei uns Asyl erhalten sollten) für die Bevölkerung keine Gefahr darstellen. Das bedeutet, dass sich diese Menschen aus wirtschaftlichen Gründen oder auch wegen des Klimawandels auf den Weg machen. Und wenn wir den Kriegsflüchtlingen helfen wollen, müssen wir diejenigen, die aus wirtschaftlichen Gründen zu uns kommen, abweisen, auch wenn wir das nicht gerne tun, denn auch wirtschaftliche Not ist Not. Ein Grund, warum sich Wirtschaftsflüchtlinge auf diesen Weg machen, ist natürlich, dass die Bundesregierung in ihren Heimatländern regelrecht Werbung für den Wohnsitz Deutschland gemacht hat. Deutschland bietet im Vergleich zu anderen EU-Ländern und den USA deutlich höhere Sozialleistungen, eine großzügige, ordentliche Krankenversorgung und eine optimistische Willkommenskultur, deshalb ziehen sowohl Wirtschaftsmigranten als auch

Kriegsflüchtlinge weiter, auch wenn sie schon in sicheren Ländern angekommen sind. Schon das Aussprechen dieser offensichtlichen Tatsache sorgt leider oft dafür, dass die betreffende Person in die rechte Schublade gesteckt wird, aber es ist nicht rechts, das auszusprechen. Es ist eine Tatsache. Und kann man es den Flüchtlingen verdenken?

Schuld an deren Misere trägt, neben ISIS und dem Krieg, auch die Merkel-Regierung mit ihrer von der deutschen Wirtschaft inspirierten Werbestrategie für Deutschland als Ziel, sonst hätten sich wohl viele der Wirtschaftsmigranten erst gar nicht auf den Weg gemacht. Und diese kurzsichtigen, dummen und naiven Entscheidungen müssen wir und sie nun ausbaden.

Und ein Aufschieben der Probleme können wir uns nicht mehr leisten. Publizist und Buchautor Henryk Broder sprach davon, dass die Bundesregierung und die anderen Regierungen in Europa die schlechte Angewohnheit haben, die großen Probleme so lange vor sich herzuschieben, bis sie zu riesigen Problemen würden, ob Flüchtlingskrise, Ukrainekrise, Griechenlandkrise oder Eurokrise:

Das Prinzip dieser Politik europaweit lautet: Zeit gewinnen, Zeit gewinnen.
Ich gehe nicht heute zum Zahnarzt, ich gehe ein bisschen später, heute
nehme ich 'ne Tablette. Und das fällt uns jetzt alles auf die Füße.

(Henryk M. Broder im Interview mit N24).

Aus dem „Global Risk Report", den das Schweizer Weltwirtschaftsforum (WEF) 2016 zur Vorbereitung auf das Gipfeltreffen in Davos veröffentlicht hat, geht hervor, dass der Flüchtlingsstrom als das weltweit höchste Risiko gilt, und tatsächlich befinden sich fast 60 Millionen Menschen weltweit auf der Flucht vor Kriegen, Terror oder Verfolgung, und auch die Flucht aufgrund der Folgen des Klimawandels spielt schon eine Rolle:

Die Folgen dieser massenhaften Migration von Flüchtlingen insbesondere aus dem arabischen Raum und Teilen Afrikas bekommen Europa und Deutschland derzeit besonders zu spüren. Entsprechend groß ist die Sorge, dass die Folgen von Massenflucht und Massenzuwanderung die Weltgemeinschaft in den kommenden eineinhalb Jahren so stark herausfordern werden wie kein anderes globales Problem.

Noch vor den Risiken eines Zusammenbruchs von Staaten, staatlichen Konflikten und Arbeitslosigkeit Verweildauer von Flüchtlingen in Zufluchtsländern seit den Achtzigerjahren von neun auf mittlerweile 20 Jahre. Wenn gleichzeitig die Integration versage, vergrößere sich die Gefahr einer Gettoisierung der Migranten in den Zufluchtsländern. "In Europa hat der rasante Zustrom von Migranten im Jahr 2015 die finanziellen und bürokratischen Aufnahmekapazitäten herausgefordert und die Polarisierung der Gesellschaft verschärft", warnen die Experten.

Die Welt, Anja Ettel, Artikel *Flüchtlinge gelten als größtes Risiko für die Welt*, http://www.welt.de/wirtschaft/article150994899/Fluechtlinge-gelten-als-groesstes-Risiko-fuer-die-Welt.html)

Wir müssen handeln, und bei unseren Lösungsansätzen auf eine gerechte Verteilung achten, und auch die Kultur und Religion der Flüchtlinge und MigrantInnen, einschließlich der sich daraus ergebenden Probleme, nicht aus den Augen verlieren. Dazu gehört bei allem Willen zur Hilfe auch, die Aufnahmegesellschaft zu schützen – sowohl deren Bürgerinnen und Bürger als auch deren demokratische, rechtsstaatliche Ordnung, deren Freiheiten und bürgerlichen Rechte.

Doch was ist zu tun? Hier meine Vorschläge:

1. In deutschen Flüchtlingsheimen und sonstigen Aufnahmeeinrichtungen müssen nicht-muslimische Flüchtlinge und alle Frauen und Kinder die Wahl einer getrennten Unterbringung haben, mit sicheren Schlafplätzen und getrennten Waschräumen, um sexuelle Belästigung und sonstige Gewalt zu verhindern.

2. Einführung einer Obergrenze zur Aufnahme von Flüchtlingen und Migranten

3. Falls bei Ehepaaren erkannt wird, dass die „Frau" noch minderjährig ist, muss eingegriffen, das Kind oder die Jugendliche sofort von dem Mann getrennt und eine Strafverfolgung eingeleitet werden.

4. Weibliche Flüchtlinge müssen in Form von Kursen oder Gesprächsrunden Informationen über ihre Rechte als Frau in Deutschland erhalten.

5. Männliche Flüchtlinge müssen in Form von Kursen oder Gesprächsrunden über das in Deutschland akzeptable Verhalten gegenüber Frauen informiert werden.

6. Die Sozialleistungen in Form von Finanz- und Sachleistungen für Asylbewerber müssen gesenkt werden, wenigstens auf das Niveau der übrigen EU-Länder, um keinen zusätzlichen Anreiz als Zielland zu bieten.

7. Im Allgemeinen muss eine strengere Bestrafung bei sexueller Belästigung erfolgen, egal ob durch Flüchtlinge oder Deutsche.

8. Sofortige Abweisung für Asylbewerber aus sicheren Staaten mit möglichen Ausnahmen für tatsächlich Verfolgte, wie etwa Homosexuelle.

9. Sofortige und kompromisslose Abschiebung von Asylbewerbern, die Sexualstraftaten begehen, denn der Schutz potenzieller weiterer Opfer muss über dem Schutz des Täters vor Gefahren im Heimatland stehen.

10. Es muss verhindert werden, dass die erzkonservativen Islamverbände die „Integration" der Flüchtlinge in Deutschland übernehmen.

11. Konfessionsübergreifende Gespräche und gemeinsame Aktivitäten mit ChristInnen, JüdInnen, AtheistInnen usw. als Integrationsmaßnahme.

12. Schulungen zum kritischen Umgang mit dem Koran und Diskussionen mit IslamkritikerInnen sowie eine wissenschaftliche Betrachtung des Korans und „Entzauberung" von Mohammed als unantastbarer Figur.

13. EU-weites System zur Registrierung der AsylbewerberInnen mit Fingerabdruck, Foto, Ausweis und digitaler Erfassung.

14. Um eine Überbelastung Deutschlands zu verhindern, müssen Flüchtlinge notfalls einem Land zugewiesen werden, d. h. ein Flüchtling, der beispielsweise Frankreich zugewiesen wird, muss sich dort registrieren lassen und muss dort seinen Wohnsitz suchen, ohne die Möglichkeit, nach Deutschland oder in ein anderes Land der EU umzuziehen. Dies könnte man auf 1-2 Jahre oder eine längere Zeit begrenzen.

15. Strenge Beschränkung des Familiennachzugs auf die engste Familie (Kinder/Eltern).

16. Leichterer Zugang zum kleinen und großen Waffenschein für Frauen als Personen, die einer höheren Gefährdung ausgesetzt sind.

17. Generelle Behandlung von Sexualstraftätern ab 18 Jahren nach Erwachsenenstrafrecht ohne Ausnahme. Auch hier muss der Schutz potenzieller zukünftiger Opfer über der Resozialisierung bzw. dem erfolgreichen Werdegang des Täters stehen, d. h. Bestrafung statt Erziehungsmaßnahmen.

18. Internationale Bloßstellung von Sexualstraftätern mit Bild und Wohnort.

19. Schutzmaßnahmen von Kindern, Jugendlichen und Frauen während der Flucht (laut Europol sind in den letzten 18 bis 24 Monaten mindestens 10000 alleinreisende Kinder und Jugendliche auf der Flucht spurlos verschwunden, und es liegen Beweise vor, dass ein Teil Opfer krimineller Banden wurde).

20. Miteinbeziehung des überrumpelnden sexuellen Körperkontakts in die strafrechtliche Definition von „sexueller Nötigung" UND Schaffung eines neuen Tatbestandes der „tätlichen sexuellen Belästigung".

21. Einstellung der Waffenlieferungen aus Deutschland an Unrechtsstaaten.

22. Wirtschaftliche Blockade des Ölverkaufs durch den IS

Das sind nur einige Vorschläge, die jedoch ein Bewusstsein über die möglichen Schwierigkeiten und Integrationshindernisse aufgrund des kulturellen und religiösen Hintergrunds voraussetzen. Sexuelle Belästigung steht bei diesen Vorschlägen im Vordergrund, weil diese Gefahr beim Zuzug einer solch hohen Zahl von Männern mit einer entsprechenden Prägung eben auch im Vordergrund steht. Die Menschen haben zurecht Angst und hier sind grundlegende Änderungen bei der Strafverfolgung dringend notwendig. Meine Vorschläge stimmen teilweise mit dem Asylpaket II überein (https://www.bundesregierung.de/Content/DE/Artikel/2016/02/2016-02-03-asylpaket2.html) und teilweise mit dem Forderungskatalog von Emma (http://www.emma.de/sites/default/files/emma_forderungen_0.pdf), deren Forderung zum besonderen Schutz weiblicher Flüchtlinge im Asylpaket II leider nicht berücksichtigt wurden.

Bei der Suche nach Lösungen müssen praktische Hilfe, rigorose Strafverfolgung und der Schutz vor sexueller Belästigung und weiteren Straftaten über der Political Correctness stehen. Gerade bei Männern, die in Kulturen und mit Religionen aufgewachsen sind, die Frauen als dem Mann nicht ebenbürtig ansehen, darf bei der Bestrafung von aus Frauenhass und -verachtung begangenen Taten die Herkunft des Täters auf keinen Fall als Strafminderungsgrund angesehen werden, sondern sollte so hart ausfallen, wie es das Gesetz zulässt, damit dem Täter so deutlich wie möglich klargemacht wird, dass er ein schweres Verbrechen begangen hat und er die Konsequenzen dafür tragen muss. Wenn an dieser Stelle zu viel Rücksicht auf die Gefühle der Muslime und Gutmenschen genommen wird, wird die Zahl der Opfer steigen und wir machen uns mitschuldig.

Was den leichteren Zugang zu Waffenscheinen angeht, nein, das war nicht als Scherz gemeint. Ich selbst würde wohl keine Waffe in die Hand nehmen und möchte sicherlich auch die Waffenindustrie nicht unterstützen, aber ich finde, wir sollten die Wahl haben. Wenn sich unser Land nun wirklich so verändert, dass – so sehr wir uns auch drüber ärgern – wir als Frauen weniger sicher sind als noch vor wenigen Jahren, müssen wir uns schützen können. In einer Situation, in der eine Frau einer Gruppe von 10 oder mehr heldenhaften „Männern" gegenübersteht, kann eine Schreckschusspistole oder eine scharfe Waffe eventuell die letzte und einzige Möglichkeit sein, das eigene Leben zu retten, oder – falls das nicht möglich ist – die Waffe gegen sich selbst zu richten, um eine Vergewaltigung zu verhindern.

12. Lieber guter Mensch statt Gutmensch

Lieber Gutmensch, was soll ich dir noch sagen? Bitte sei dir bewusst, dass wir nicht deine Gegner sind. Wir haben kein Problem damit, dass du Flüchtlingen hilfst, im Gegenteil. Das ist gut und wichtig. Meine eigene Familie musste kurz vor Kriegsende von Schlesien in die bayrische Oberpfalz fliehen und meine Mutter und mein Großvater haben mir oft davon erzählt. Vom Schock, als es an die Tür klopfte und hieß, man müsse schnellstmöglich mit Sack und Pack bereit zu sein, sich auf den Weg zu machen. Von der Hoffnung, man könne wieder zurückkehren, wenn der elende Krieg, in den sie Hitlers hasserfülltes Terroristenpack getrieben hatten, endlich vorbei wäre. Vom eiligen Zusammenpacken der allernötigsten Dinge und den Tellern mit warmer Suppe, die noch auf dem Tisch standen, als meine Großmutter ein letztes Mal zurücksah, bevor sie die Tür schloss und sich die Familie einem langen Zug in den Westen anschloss, auf einen unsicheren Weg in einem der kältesten Winter, die Deutschland je erlebt hatte. Von der Hoffnung, der ganze Spuk sei bald vorbei und man könne in wenigen Wochen zurückkehren. Von der ersten vorsichtigen Erleichterung, nach der anstrengenden Flucht endlich angekommen zu sein, und davon, wie es sich anfühlte, von den „Ureinwohnern" als „die Anderen" angesehen und zurückgewiesen zu werden. Von der Maulerei so mancher Oberpfälzer, die „Fremden" solle man davon jagen, für Flüchtlinge habe man keinen Platz. Davon, wie viel es meinen Großeltern und den Kindern bedeutet hat, auf einige freundliche Gesichter zu stoßen, die geholfen haben, einfach weil Menschen Hilfe brauchten und weil man als guter Mensch half. Wir sind alle Menschen und es liegt in unserer Natur, einander zu helfen. Deshalb kommt keiner von uns auf die Idee, auf euch herabzusehen, weil ihr helft, eure Freizeit opfert, Geld oder Kleider spendet, Sprachunterricht gebt, Veranstaltungen organisiert usw. usw. Das verdient Anerkennung. Davon abgesehen ist der Staat auf freiwillige Helferinnen und Helfer angewiesen, weil er es alleine trotz aller Merkel'schen Zuversicht und verzweifelten Durchhalteparolen aus Berlin nicht schaffen würde.

Aber es gibt eben auch die andere Seite der Medaille. Während die Kriegsflüchtlinge damals dieselbe Kultur und Religion teilten, auch wenn es innerhalb Deutschlands natürlich Unterschiede und Vorurteile gab, haben viele der Flüchtlinge heute einen kulturellen und religiösen Hintergrund im Gepäck, der, wie Köln gezeigt hat, eine gefährliche Zeitbombe sein kann, wenn man ihn ignoriert.

Und, auch anders als damals, spielen heute neben anderen Faktoren auch finanzielle Anreize eine Rolle, sonst würden sich weit weniger Flüchtlinge aus einem sicheren Staat wie Italien oder Frankreich auf den Weg nach Deutschland oder Schweden machen. Auch das können wir nicht ignorieren.

Ich möchte dich nicht davon abbringen zu helfen, aber bitte hilf nicht aus Angst, sonst als rassistisch zu gelten oder weil du dich gut fühlen willst, oder aus einem Gefühl der Selbstgerechtigkeit heraus, des Bewusstseins, du allein wüsstest, was gut und richtig ist. Hilf' aus Mitgefühl. Versuche, auch die Gefahren und Hintergründe dieser Migrationsbewegung zu sehen und ein wenig offener für Kritik zu sein. Sei (mit uns!) gegen rechts, aber nenne uns nichts rechts, nur weil wir Kritik äußern, auch wenn es manchmal harte Religionskritik ist, von der sich einige beleidigt fühlen. Übrigens solltest du nicht davon ausgehen, dass sich diese Kritik allein gegen den Islam richtet, auch nicht von meiner Seite. Bei diesem Buch ergibt sich der Fokus auf den Islam(ismus) aus dem Thema, denn bei Kritik gegen das Christentum, gegen den Hinduismus oder auch gegen das Judentum zetert eben keine Herde hysterischer Hyänen mit wild wedelnden Political-Correctness-Plakaten und schreit „Rassismus!" Naja, bei Kritik am Judentum vielleicht ein kleines bisschen, aber doch wesentlich subtiler. Versuche, Andersdenkende zu verstehen, ihnen gegenüber tolerant zu sein.

Kurz gesagt: Versuche, statt einem selbstherrlichen, arroganten, intoleranten und politisch ungebildeten Meinungsfaschisten ein guter Mensch zu sein. Denke weniger daran, was Andere von dir denken und höre auf dein Herz.

Und noch ein Wort zu den ganz extremen und aggressiven unter euch Gutmenschen, denn zu freundlich möchte ich meine Gardinenpredigt auch nicht beenden, dazu muss ich mich Tag für Tag viel zu sehr aufregen. Ich habe das Gefühl, wir selbstständig denkenden Menschen aus der Linken oder Mitte der Gesellschaft haben uns schon viel zu viel von euch gefallen lassen, es wird höchste Zeit, endlich die Grenze zu ziehen. Eine längst fällige Obergrenze! Also, lieber Gutmensch, ich rate dir gut davon ab, mir jemals eine solch ehrverletzende und unverschämte Beleidigung wie „Nazi" ins Gesicht zu schleudern und sei es auch nur in sozialen Netzwerken. Ich habe nämlich meine Geduld für Menschen wie euch schon lange verloren und bei falschen Beschuldigungen habe ich keine Lust mehr, tolerant zu sein. Allein das Schreiben dieses Buchs war ziemlich therapeutisch für mich und statt frustrierter Resignation verspüre ich wieder gerechten Ärger. Wenn ich also das nächste Mal nach einer Verleumdung oder Beleidigung im Auto vor dem Polizeirevier sitze, kann es gut sein, dass ich zumindest aussteige, und beim nächsten Mal vielleicht sogar hineingehe und Strafanzeige erstatte.

Das würde ich allen empfehlen, die sich beim Lesen dieses Buchs auf der Seite der zu Unrecht Angegriffenen wiederfinden. Wir sollten diese unerträglichen Meinungsfaschisten auch unsererseits nicht mehr als unschuldige Kinder behandeln, die es ja doch irgendwie gut meinen und es halt nicht besser wissen, und die trotz Tobsuchtanfällen und aufgebrachten Schreiphasen mit Geduld behandelt werden sollten, sondern als die zutiefst unsicheren und dennoch unerträglich selbstgerechten, nach allen Seiten ausschlagenden, hasserfüllten Hetzer, die sie sind.

Auch wenn wir ursprünglich aus derselben oder ähnlichen politischen Richtung kommen und die dumme Hälfte im Namen der Political Correctness irgendwann sämtliches kritische, eigenständige Denken abgelegt hat, die Zeiten der Samthandschuhe sollten nun wirklich vorbei sein. Beleidigung, üble Nachrede und Verleumdung sind in Deutschland – seltsamerweise im Gegensatz zum Po- und Busengrapschen – Straftaten, auch wenn sie virtuell in sozialen Netzwerken begangen werden, und auch dann, wenn sie von Angehörigen der Medien oder politischer

Parteien oder gar von „linken" Liedermachern begangen werden, die uns echten Linken und AntifaschistInnen Messer für Messer in den Rücken stechen und sich in der gegenwärtigen politischen Stimmung oft unangreifbar fühlen. Daher sollten wir diesen Weg in jedem einzelnen Fall gehen, nicht zuletzt, weil es die persönliche Ehre und Würde verletzt und weh tut, als rechts oder gar als Nazi beschimpft zu werden, wenn man vielleicht weiter davon entfernt ist als der gemeine Gutmensch. Seien wir froh und stolz darauf, in einem Land zu leben, in dem freie Meinungsäußerung und vor allem wichtige und notwendige Religionskritik (noch) erlaubt sind und lassen wir uns nicht einschüchtern und verunsichern vom Schubladendenken der Gutmenschen, ihrer Hetze und ihren ab und zu auch ganz konkreten Drohungen. Wir sind diejenigen, die linke und antifaschistische Ideale vertreten und dazu gehört auch eine gesunde Portion Religionskritik. Offene Worte, mutiges Ansprechen der Tätergruppen und Kritik am Islamismus und am Islam selbst machen uns nicht zu rechten, sondern zu aufrechten Menschen.

Liebe Feministinnen, bitte lasst euch nicht einschüchtern von den zutiefst intoleranten und selbstgerechten MeinungsfaschistInnen, die ausnahmslos aufschreien, wenn frauenverachtende Greise „Herrenwitze" machen, aber aggressiv die Opfer von Köln und so vielen anderen Städten niederschreien, wenn diese es wagen, offen die Tätergruppen zu benennen. Wir müssen offen über diese Tatsachen sprechen können, wenn wir Lösungen finden und eine Wiederholung dieser furchtbaren Anschläge verhindern möchten, und dazu gehört auch, die Kultur und Religion der Täter zu erwähnen, statt die Frauen und Mädchen auf dem Altar der Political Correctness und, wie es Alice Schwarzer so schön sagte, der „falschen Toleranz", ein zweites Mal zu Opfern zu machen.

So, lieber Gutmensch, ich glaube nicht, dass du viel gelernt hast, aber hoffentlich nimmst du wenigstens ein bisschen von dem Gesagten mit. Überlege dir deine Worte etwas besser, bevor du die Öffentlichkeit mit deinen geistigen Ergüssen belästigst, sei dir bewusst, dass du auch online Menschen verletzen kannst und gleichzeitig nicht so anonym bist, dass nach einer Anzeige nicht gegen dich ermittelt werden kann, lerne etwas Bescheidenheit und die Argumente und die Meinung deiner Mitmenschen zu respektieren, mach' die Schule fertig und schalte dein Gehirn ein, solange es noch einigermaßen funktionsfähig ist.

Mit unfreundlichen Grüßen von links.

Mein Gott, bewahre mich vor meinen Freunden, mit meinen Feinden werde ich allein fertig.

Voltaire

Nachwort

So ärgerlich, frustrierend und pessimistisch stimmend die Entwicklung der Gutmenschbewegung auch ist, es gibt Hoffnung und der Widerstand, der sich in den letzten Jahren und Monaten nur vorsichtig und verschämt geregt hat, wird lauter, empörter und immer schwieriger zu ignorieren.

Beispiele hierfür sind die mutige Berichterstattung über die Gefahren des Islamismus in der Emma, die sich nie von gutmenschelnder Zeterei davon hat abbringen lassen, unangenehme Wahrheiten auszusprechen, auf die Gefahren des Islamismus hinzuweisen und den Frauen und Mädchen in der islamischen Welt den Rücken zu stärken.

Ein weiteres Beispiel ist das taz.lab 2016, ein eintägiger Kongress der linksliberalen taz zum Brainstorming und Gedankenaustausch, wo ebenfalls die religionskritischen Stimmen mehr Gehör fanden und wo sich zeigte, dass ein Umdenken in der Gesellschaft beginnt, das taz.lab-Podiumsgast, Philosoph und atheistischer Autor Michael Schmidt-Salomon, der für seine islamkritischen Kommentare große Zustimmung erhielt, folgendermaßen beschreibt:

> *Im linksliberalen Spektrum findet ein Umdenken statt: Immer mehr Menschen verabschieden sich von kulturrelativistischen Positionen und treten für eine stärkere säkulare Profilierung der Staates ein. (...)*
>
> *Leider aber wurde dieser Minderheitenschutz so pauschalisiert, dass jede noch so berechtigte Kritik als chauvinistischer Angriff der Mehrheitskultur, als Ausdruck von Fremdenfeindlichkeit, interpretiert wurde. Diese Denkschablone sorgte dafür, dass in linksliberalen Kreisen kaum jemand wahrhaben wollte, wie stark autoritäre, antisemitische, frauenverachtende oder homophobe Normen in bestimmten muslimischen Communities verankert sind. (...)*

Auf dem taz.lab war deutlich spürbar, wie stark sich die Einsicht verbreitet

hat, dass man sich vom Dogma des Kulturrelativismus lösen muss, wenn

man den universalistischen Charakter der Menschenrechte verteidigen

will. (...)

Michael Schmidt-Salomon im Interview mit dem Humanistischen

Pressedienst hpd, Artikel *Säkulare Positionen gewinnen zunehmend an*

Bedeutung, http://hpd.de/artikel/saekulare-positionen-gewinnen-

zunehmend-an-bedeutung-12978?nopaging=1

Kulturrelativismus ist kein Garant für eine freiheitliche, demokratische Gesellschaft, die ihren Bürgerinnen und Bürger Rechte und Freiheiten wie die Meinungsfreiheit, Pressefreiheit und Religionsfreiheit gewährt, sondern gefährdet die Grundfesten einer solchen Gesellschaft. Reaktionäre, bigotte Einstellungen gegenüber Frauen, Homosexuellen, Andersgläubigen und der „westlichen" Lebensweise werden nicht dadurch akzeptabel, dass sie von einer Gruppe von Menschen vertreten werden, die als unterdrückte Minderheit wahrgenommen wird. Die Freiheit des Menschen verdient unseren Schutz, jedoch nicht dessen Überzeugungen.

Dabei ist es wichtig, sich darüber bewusst zu sein, dass Islamismus und Fremdenfeindlichkeit, dass die rechten, reaktionären Kräfte auf beiden Seiten wesentlich mehr gemeinsam haben als IslamkritikerInnen mit FremdenhasserInnen oder moderate MuslimInnen mit IslamistInnen. Lassen wir unser Handeln von Mitgefühl, unseren gemeinsamen Werten und einem gesunden Gerechtigkeitssinn bestimmen und unterstützen wir auch innerhalb der als Minderheiten wahrgenommenen Gruppen die Opfer statt der Täter, und sehen wir den Menschen als Individuum mit eigenen Bedürfnissen denn als Mitglied einer bestimmten, schubladenfertigen Kategorie.

So heißt es auch in der Abschlusserklärung der Kritischen Islamkonferenz 2013:

Die Freiheit der Meinungsäußerung, der Kunst und Wissenschaft ist die
unverzichtbare Grundlage einer modernen, offenen Gesellschaft und darf nicht aus
Rücksicht auf religiöse Denkverbote beschnitten werden. Auch sollte sachlich
begründete Kritik am Islam/Islamismus nicht als „rassistisch", „fremdenfeindlich"
oder „islamophob" diffamiert werden. Zwischen einer humanistischen Islamkritik,
die sich für die Stärkung der Menschenrechte einsetzt, und chauvinistischer
Muslimfeindlichkeit, die die Menschenrechte untergräbt, bestehen grundsätzliche
Unterschiede, die nicht übersehen werden dürfen.

http://kritische-islamkonferenz.de/selbstbestimmung-statt-gruppenzwang/

Mutige Autorinnen und Autoren, Medienschaffende, Kabarettistinnen und Kabarettisten wie Necla Kelek, Alice Schwarzer, Seyran Ates, Gülcan Balci, Horst Buschkowsky, Hamed Abdel-Samad, Andreas Thiel, Dieter Nuhr, Maryam Namazie und viele mehr geben den Opfern dieser ad absurdum geführten Political Correctness eine Stimme, und auch die hypertolerantesten, multikultiverliebten Linksliberalen beginnen zu begreifen, dass es eben nicht liberal, tolerant oder progressiv ist, reaktionäre Werte zu vertreten, nur um eine „Minderheit" zu verteidigen.

Toleranz gegenüber Andersdenkenden ist gut und lobenswert, aber sie muss dort enden, wo kulturelle und/oder religiöse „Werte" um Toleranz buhlen, die selbst zutiefst intolerant, undemokratisch und unvereinbar mit unserer säkularen, weltoffenen Gesellschaft sind.

Die meisten Menschen, die Religionskritik üben, wenden sich nicht gegen die Gläubigen selbst, sondern gegen die Dogmen der Religionen, die oft zutiefst frauenfeindlich, homophob, ausgrenzend gegenüber anderen Gruppen und intolerant sind, die den heutigen demokratischen Strukturen und aus gesellschaftlichem Dialog hervorgegangenen Menschenrechten nicht das Wasser reichen können und oft aktiv gegen diese arbeiten. Wie sollte es auch anders sein, wenn diese religiösen Dogmen aus Zeiten stammen, in denen ein stark in den Köpfen verwurzeltes patriarchalisches Stammesdenken und grausame Bestrafungen an der Tagesordnung waren? Diese Dogmen müssen kritisiert werden und bei der Frage, ob das Gesetz des Menschen oder das Gesetz eines imaginären Gottes Priorität hat, dürfen wir keine Kompromisse eingehen, sonst gefährden wir unsere Demokratie und unseren freiheitlichen Rechtsstaat.

Also lasst uns hoffen, dass der nervende, politisch überkorrekte und zutiefst intolerante Gutmensch bald in den Annalen der Geschichte verschwindet und Platz macht für gute Menschen, die selbstständig denken, aus Mitgefühl handeln und gemeinsam eine bessere Welt schaffen.

208

209

211

DISKUSSIONSSCHULUNG DER ISLANVERBÄNDE

Wir wiederholen:
Was rufen wir, wenn moderate Muslime, Islamkritiker oder Feministinnen frech werden?

Beste Todschlagargumente:

- falsche Übersetzung
- falsch interpretiert
- falscher Kontext
- Vergleich mit Islamisten
- Vergleich mit Faschisten
- der böse Westen
- aber in der Bibel steht doch auch
- Islamophobie / Hass / Hetze
- WÄH, WÄH, WÄH !!!

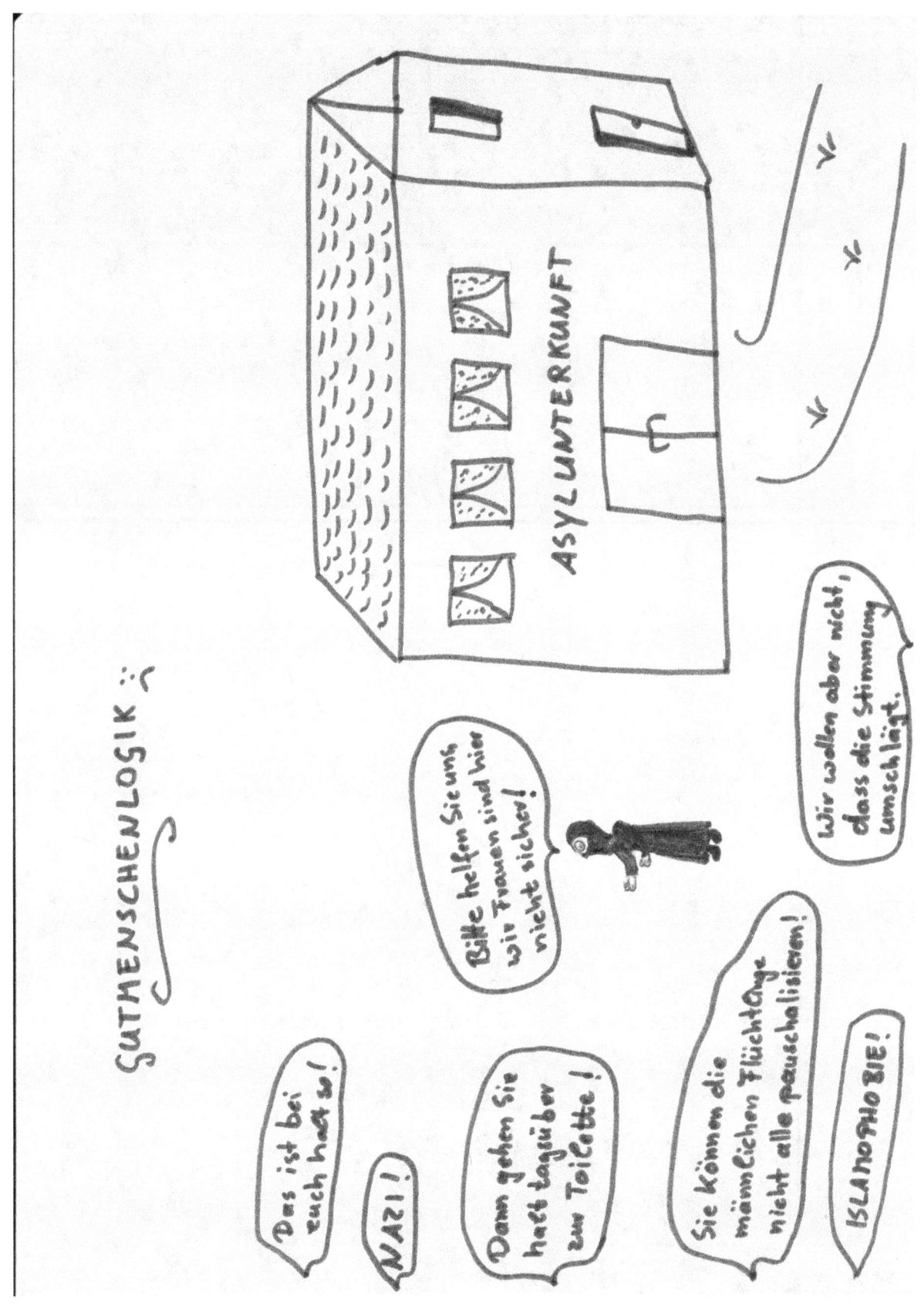

217

219

220